哲学基础理论研究丛书

LISHI DE KEGUANXING YANJIU

历史的客观性研究

刘雄伟 ⊙ 著

中国社会科学出版社

图书在版编目（CIP）数据

历史的客观性研究/刘雄伟著.—北京：中国社会科学出版社，2016.7

（哲学基础理论研究丛书）

ISBN 978-7-5161-8240-6

Ⅰ.①历… Ⅱ.①刘… Ⅲ.①历史哲学—研究 Ⅳ.①K01

中国版本图书馆 CIP 数据核字（2016）第 116790 号

出版人	赵剑英	
责任编辑	王 曦	
责任校对	孙洪波	
责任印制	戴 宽	

出 版	中国社会科学出版社	
社 址	北京鼓楼西大街甲 158 号	
邮 编	100720	
网 址	http://www.csspw.cn	
发行部	010-84083685	
门市部	010-84029450	
经 销	新华书店及其他书店	
印刷装订	三河市君旺印务有限公司	
版 次	2016 年 7 月第 1 版	
印 次	2016 年 7 月第 1 次印刷	
开 本	710×1000 1/16	
印 张	18	
插 页	2	
字 数	259 千字	
定 价	66.00 元	

凡购买中国社会科学出版社图书，如有质量问题请与本社营销中心联系调换
电话：010-84083683
版权所有 侵权必究

《哲学基础理论研究丛书》编委会

主　任　孙正聿

副主任　孙利天　贺　来

编　委　(以姓氏笔画为序)

　　　　　王天成　王南湜　王振林　孙正聿

　　　　　孙利天　刘福森　吴晓明　郇　正

　　　　　杨魁森　姚大志　贺　来

序　言

孙正聿

　　历史的客观性问题不仅是以"历史"为对象的史学和以"真理"为对象的哲学的根本性问题，而且是全部人文社会科学的基础性问题。关于人文社会科学的客观性问题，美国科学哲学家伽汀提出四条标准，即实在性、一致性、可证伪性和可预测性。显然，在包括史学和哲学在内的全部人文社会科学中，人们的理解很难达到绝对的"一致性"，人文社会科学也不像自然科学那样具有"可证伪性"和铁的"可预测性"，因此按照伽汀的逻辑，人文社会学科只能被称之为"学科"，而不能称之为"科学"。在科学主义的时代，伽汀关于科学客观性的四条标准彻底把全部人文社会科学的合法性逼到了绝境，从而也使得如何重新理解作为全部人文社会科学研究对象的"历史"的客观性成为时代性的重大课题。

　　本书是作者在其博士论文的基础上进一步锤炼而成的。在作者看来，传统历史客观性的论争是在实证历史学的意义上进行的，即追问历史事实的客观性何以可能的问题。这种囿于知性思维方式而对历史客观性问题的理解及争论，已经先行遮蔽了源始的历史，把人与历史的关系抽象化为人与自然式的外在关系。显然，对历史客观性的理解，首要的前提是突破对历史的编年史的理解，而达到对历史的存在论觉解。根据这一思路，作者以其坚实的理论功底和开阔的知识视野，在系统地梳理、回应和反思对历史客观性的诸种代表性观念的诘难中，首先是讨论和辨析了历史的客观性与思想的客观性、真理的历史性、解放的现实性的关系，澄清了历史客观性的

历史的客观性研究

真实含义。

在逐层深入地讨论了历史的科学化和意识化的基础上，作者进一步引入了黑格尔"思想的内涵逻辑"的思想。从思想史上看，黑格尔首先变革了对历史的编年史的理解，以"思想的内涵逻辑"在存在论的意义上展现了历史的生成性和辩证性。黑格尔认为，一方面，个体的认识不断升华为、浓缩为人类认识史的辩证发展，而另一方面，人类认识史的辩证发展（亦即理性的历史）又为个体的认识奠定了现实基础。这样一来，借助"历史"的中介，黑格尔"思想的内涵逻辑"就实现了个体理性与普遍理性的和解及全体的自由性与环节的必然性的统一。黑格尔把思想客观性的问题诉诸历史的客观性，以历史的客观性实现了为思想客观性的奠基。这一"辩证"思想启示我们，历史并不是外在于意识的编年史，而是意识的源始存在方式。或者说，人与历史的关系并不是一种抽象的二元对立关系，历史本身就是人的存在方式，是人的自由实现的表征。人作为历史文化的产物，总已经在历史之中了。马克思高度评价了黑格尔对历史的辩证理解，认为黑格尔"为历史的运动找到抽象的、逻辑的、思辨的表达"。但是，由于黑格尔不理解现实个人的存在方式，只从异化出发、从意识出发来理解人及其历史，所以现实的历史在他那里依然被遮蔽着。

马克思认为，历史不过是追求自己目的的人的活动而已。因此，历史并不是外在于现实个人的独立主体，而只是人的活动的产物，即人们自己创造自己的历史；但是，人们也并不能随心所欲地创造历史，现实的个人本身就是历史的结果和产物，他总是传承着历史文化的积淀，并不得不面对前人遗留下来的文明成果。仅仅因为这样，社会历史的发展才呈现为自然历史过程。马克思的这一洞见不但打破了旧唯物主义对历史的直观理解，而且重新颠倒了黑格尔对历史主客体的颠倒，使得人类现实的历史得以澄明和彰显。通过对"现实的历史"亦即资本主义的政治经济学批判，马克思既自觉到了人类在实现自由的过程中所经历"阵痛"的必然性，又意识到了"阵痛"本身的历史性和暂时性。这就是历史唯物主义对历史客观性的确证。

序　言

如果说黑格尔基于对理性生成性的理解所展现的"思想的内涵逻辑"变革了常人根深蒂固的编年史观念，实现了为思想的客观性的奠基，那么，马克思则以"历史的内涵逻辑"澄明了人类现实的历史，并为人的解放指明了现实的道路。历史唯物主义的历史科学把对个人的理解诉诸人们所创造的现实历史，又通过对现实历史的政治经济学批判来寻求现实个人的解放道路，因而它既不是非批判的实证主义，又不是抽象的人道主义，而是真理论、存在论和价值论的统一。

本书作者刘雄伟先是在历史学专业攻读学士学位和硕士学位，后又在哲学专业攻读博士学位，具有史学和哲学的知识基础，并形成了以史学和哲学的双重角度思考问题和论述问题的思维方式。他把双重的知识基础和思维方式聚焦于"历史的客观性"问题，因而能够富有创新性地探索这一千古聚讼的重大理论问题。通观全书，主题鲜明，逻辑清晰，材料翔实，论证深入，语言畅通，"靶子"明确，"灵魂"跃动，"血肉"充实，对于人文社会科学的基础性建设有重要的学术价值。期待作者在已有的研究成果的基础上，更为深切地展开对史学和哲学的基本观念的前提批判。

是为序。

前　言

传统历史客观性的论争是在实证历史学的意义上进行的，即追问历史事实的客观性何以可能的问题。我们认为，这种囿于知性思维方式的对历史客观性的理解及争论，已经先行遮蔽了源始的历史，把人与历史的关系抽象化为人与自然的外在关系。从思想史上看，黑格尔首先变革了对历史的编年史式理解，以思想的内涵逻辑在存在论的意义上展现了历史的生成性和辩证性。

黑格尔认为，一方面，个体的认识不断升华为、浓缩为人类认识史的辩证发展；而另一方面，人类认识史的辩证发展（亦即理性的历史）又为个体的认识奠定了现实基础。因此，如果离开认识史的辩证发展，个体意识只是抽象的主观任意。这样一来，借助历史的中介，黑格尔"思想的内涵逻辑"实现了个体理性与普遍理性的和解及全体的自由性与环节的必然性的统一。黑格尔把思想客观性的问题诉诸历史的客观性，以历史的客观性实现了为思想客观性的奠基。当然，这里的"历史"概念并不是传统意义上的编年史，而是理性历史的辩证展开。黑格尔"思想的内涵逻辑"启示我们，历史并不是完全外在于意识的现成存在，而就是意识的源始存在方式。或者说，人与历史的关系并不是一种抽象的二元对立关系，历史本身就是人的存在方式，是人的自由实现的表征。人作为历史文化的产物，总已经在历史之中了。马克思高度评价了黑格尔对历史的辩证理解，认为黑格尔"为历史的运动找到抽象的、逻辑的、思辨的表达"。但是，由于黑格尔不理解现实个人的存在方式，从异化出发、从意识出发来理解人及其历史，所以现实的历

历史的客观性研究

史在他那里依然被遮蔽着。

马克思认为，历史不过是追求自己目的的人的活动而已。因此，一方面，历史并不是外在于现实个人的独立主体，而只是人的活动的产物，即人们自己创造自己的历史；但另一方面，人们并不能随心所欲地创造历史，现实的个人本身就是历史的结果和产物，他总是传承着历史文化的积淀，并不得不面对前代人留下来的各种物质条件。仅仅因为这样，社会历史的发展才呈现为自然历史过程。马克思的这一洞见不但打破了旧唯物主义对历史的直观理解，而且重新颠倒了黑格尔对历史主客体的颠倒，使得人类现实的历史得以澄明和显现。在对现实的历史亦即资本主义的批判性考察中，马克思发现了私有制和分工，并高呼政治解放不等于人的解放，因为现代人的独立性依然是以物的依赖性为基础的。资本主义的这种社会关系的形成并不是一蹴而就的，它既是历史发展的必然结果，又是人类未来历史发展的前提。立足于对资本主义的批判，马克思通达了人类全部的历史，并提出著名的三形态说。显然，马克思既自觉到了人类在实现自由的过程中所经历的"阵痛"的必然性，又意识到了"阵痛"本身的历史性和暂时性。这就是唯物史观对历史客观性的基本理解。

总之，黑格尔基于对理性生成性的理解所展现的"思想内涵逻辑"变革了常人根深蒂固的编年史观念，实现了为思想的客观性奠基。而以黑格尔"思想内涵逻辑"为重要的理论资源，马克思以"历史的内涵逻辑"澄明了人类现实的历史，并为人的解放指明了现实的道路。历史唯物主义的历史科学把对个人的理解诉诸人们所创造的现实历史，又通过对现实历史的政治经济学批判来寻求现实个人的解放道路，因而它既不是非批判的实证主义，又不是抽象的人道主义，而是真理论、存在论和价值论的统一。对马克思历史概念的重新理解，也为我们如何回应后现代主义对历史唯物主义的诸多挑战提供了新的支撑。

目　　录

第一章　真理与历史的客观性 ……………………………………（1）
第一节　历史的客观性与思想的客观性 ……………………（1）
第二节　历史的客观性与真理的历史性 ……………………（5）
第三节　历史的客观性与解放的现实性 ……………………（8）

第二章　历史的科学化与意识化 …………………………………（12）
第一节　自然"科学"与历史"学科" ………………………（12）
　一　史学的科学化道路 ……………………………………（13）
　二　自然、历史与人的存在 ………………………………（19）
第二节　历史意识化与历史演进的形式 ……………………（26）
　一　"一切历史都是思想史" ……………………………（26）
　二　"思想史"与历史运动的形式 ………………………（32）
第三节　叙事的转向与后现代史学理论对历史
　　　　客观性的质疑 ………………………………………（38）

第三章　内涵逻辑与历史观念的变革 ……………………………（50）
第一节　历史性：内涵逻辑的内涵 …………………………（51）
　一　内涵逻辑与外延逻辑 …………………………………（51）
　二　内涵逻辑的历史感 ……………………………………（54）
　三　内涵逻辑：理解历史的通道 …………………………（58）
第二节　黑格尔与马克思的历史观念 ………………………（61）

一　黑格尔：思想的内涵逻辑 …………………… (61)
　　　二　马克思：历史的内涵逻辑 …………………… (65)
　　　三　黑格尔与马克思的理论传承：
　　　　　从内涵逻辑看 …………………………………… (70)
　　第三节　克罗齐与思想的内涵逻辑 ……………………… (74)
　　　一　内涵逻辑与思想的客观性 …………………… (74)
　　　二　克罗齐的"活历史"对内涵逻辑的展现 ……… (79)
　　　三　克罗齐对黑格尔的背离 ……………………… (87)

第四章　从历史客观性的争论到历史观的
　　　　"现实性和力量" ……………………………………… (92)
　　第一节　现实历史的敞开
　　　　　——历史唯物主义的历史科学 ………………… (93)
　　　一　旧唯物主义和唯心主义对历史的遮蔽 ……… (93)
　　　二　作为意识形态的思想内涵逻辑 ……………… (97)
　　　三　历史唯物主义"敞开"的现实历史 ………… (101)
　　　四　"历史科学"与人的解放 …………………… (111)
　　第二节　现实的历史与马克思的劳动主题 ………… (119)
　　　一　马克思对黑格尔精神劳动的扬弃 …………… (120)
　　　二　劳动的内涵及现实历史的彰显 ……………… (122)
　　　三　自由劳动及现实人的解放 …………………… (125)
　　第三节　活动、规律与趋势 ……………………………… (128)
　　　一　人的活动的现实性 …………………………… (128)
　　　二　作为人的活动的历史规律 …………………… (133)
　　　三　规律与趋势 …………………………………… (138)
　　第四节　《自然辩证法》的旨趣与历史唯物主义 …… (142)
　　　一　自然的存在论澄明 …………………………… (142)
　　　二　辩证法视域中的"自然"概念 ……………… (145)
　　　三　从"自然辩证法"到"历史辩证法" ……… (148)

目　录

第五章　《资本论》与现实历史的澄明 …………………（153）

第一节　历史主义谱系中的《资本论》 …………………（153）
一　拒斥启蒙的普遍理性：历史主义的由来 ……（154）
二　《资本论》与方法论的历史主义 …………（157）
三　"解放"的旨趣与马克思对历史主义的扬弃 …………………………………………（161）

第二节　《资本论》与共产主义的历史性意蕴 ………（164）
一　从哲学批判到政治经济学批判："共产主义"生成的理论语境 ……………………………（165）
二　瓦解资本的逻辑与"共产主义"的生成 ……………………………………………（169）
三　"共产主义"与人类的未来 …………………（173）

第六章　唯物史观与虚无主义 ……………………………（177）

第一节　马克思与虚无主义的两次相遇 …………………（177）
一　施蒂纳批判——马克思同虚无主义的首次相遇 ………………………………………（178）
二　政治经济学批判：马克思与虚无主义的第二次相遇 ……………………………………（182）
三　马克思克服虚无主义的当代启示 …………（185）

第二节　唯物史观与价值虚无主义课题 …………………（188）
一　"最高价值"的幻象与马克思对价值虚无主义根源的指认 ………………………………（189）
二　现实历史的澄明与人类价值诉求的历史性原则 ………………………………………（193）
三　解放的旨趣与价值虚无主义的克服 ………（196）

第三节　《资本论》与虚无主义的克服 …………………（200）
一　虚无主义的价值论视域及其克服的限度 ………………………………………………（201）
二　视域的转换：从价值虚无主义批判到

　　　　政治经济学批判 …………………………………… （203）
　　　三　《资本论》的"解放"旨趣与虚无主义
　　　　克服的可能 …………………………………………… （207）

第七章　历史唯物主义与历史学 ……………………………… （211）

　第一节　历史唯物主义与历史哲学的分野 ……………… （211）
　第二节　作为史学理论基础的历史唯物主义 …………… （219）
　第三节　唯物史观与中国语境中的历史
　　　　虚无主义课题 …………………………………… （225）
　　　一　从虚无主义到历史虚无主义：历史虚无
　　　　主义的由来 ……………………………………… （226）
　　　二　历史哲学与历史编纂学：马克思所指认的历史
　　　　虚无主义形态 …………………………………… （229）
　　　三　立场与史实之争：中国语境中的历史
　　　　虚无主义讨论 …………………………………… （234）
　　　四　回到马克思：历史虚无主义克服的可能 …… （238）
　第四节　论唯物史观对历史虚无主义的内在超越
　　　　——兼评杨天石、梁柱的历史
　　　　虚无主义争论 …………………………………… （242）
　　　一　历史虚无主义的由来 ………………………… （243）
　　　二　历史虚无主义的中国语境及其争论 ………… （245）
　　　三　唯物史观对历史虚无主义的内在超越 ……… （250）

第八章　编年史·理性史·文明史 ……………………………… （256）

　第一节　编年史 …………………………………………… （256）
　第二节　理性史 …………………………………………… （258）
　第三节　文明史 …………………………………………… （261）

参考文献 ……………………………………………………………… （266）

后记 …………………………………………………………………… （271）

第一章
真理与历史的客观性

客观性一词一般认为有两个层次的含义,即对象的自在性和对象的普遍必然性。就第一个层次而言,历史的客观性主要指历史是否是在人的主观意识之外的客观对象;就第二个层次而言,历史的客观性主要指历史是否有普遍必然性的规律可循。绪论首先从第一个层次的问题入手来开启我们的论述。

第一节 历史的客观性与思想的客观性

自19世纪末开始,学界发动了一场关于历史客观性问题的持久论争。这场论争如此之剧烈且影响深远,以至于直到后现代的今天几乎很少再有人相信历史具有纯粹的客观性了。在这场争论中,克罗齐"一切历史都是当代史"的口号首先引起了人们极大的关注。在他看来,"只有现在生活中的兴趣方能使人去研究过去的事实。因此,这种过去的事实只要和现在生活的一种兴趣打成一片,它就不是针对一种过去的兴趣而是针对一种现在的兴趣的。"① 但是克氏并不否认历史的客观性,而是转变了对历史的理解。他指出,精神本身就是历史,而"一种我们的精神现在所产生的东西怎么能不确凿呢?"② 历史并不是外在经验材料的积聚和归拢,它

---

① 克罗齐:《历史学的理论和实际》,商务印书馆1982年版,第2页。
② 同上书,第4页。

历史的客观性研究

作为精神本来就应该是精神能动性的产物，因而它的存在是确凿无疑的。继克氏之后，其弟子柯林武德更加明确地指出，"一切历史都是思想史"，即"思想史、并且因此一切的历史，都是在历史学家自己的心灵中重演过去的思想。"① 很显然，柯林武德也并不是在否定历史的存在，而是试图以"重演过去的思想"的方式来展示历史。尽管克罗齐及柯林武德一再申诉历史的确定性、客观性，但当其把历史归结为当代史、思想史时，历史客观性的基石就已经动摇。克氏及其弟子的口号在警示史学家：历史永远只能是历史学家叙述的历史，而不可能是自在的历史本身。

众所周知，19 世纪号称历史学的世纪。以兰克为首的史学家们对历史存在的客观性深信不疑。他们坚信，只要史料足够真实、齐全，就能够消除史家认识中的主观偏见，从而达到对历史本来面目的还原。历史学俨然成为一门名副其实的科学。史学家的天真、自信显然来自近代以来迅速兴起且获得巨大成功的自然科学的影响。自然科学的研究范式对自然规律精确无误的表述极大地征服了人们，以至于不少史学家试图非批判地将其移植于对历史的研究。然而如此这般的强行套用并没有达到预想的效果，史学家们从来没有能够在历史领域中寻找到令人信服的历史规律。这就促使人们开始逐渐意识到自然科学与历史学科之间的深刻差别。自然科学研究范式在历史领域的不成功应用导致了极为严重的理论后果：人们开始否认历史知识的客观性。康德在 1781 年出版的《纯粹理性批判》中试图为人类的认识划清界限。在他看来，知识由先验观念和经验材料共同组成，因此，人类只能认识现象界而无法通达物自体。康德的先验哲学很好地解释了自然科学知识何以可能的问题。但在历史领域，康德自觉地引入自然目的论来论证普遍的历史知识（先验的历史），即把历史看作合目的性与合规律性的统一。然而，自然目的论的引入自然而然地弱化甚至摧毁了历史学的"科学性"，以至于康德的后继者"往往在反对自然主义或实证主义的名义下，片面强调价值论或目的论而否认历史的合规律性，从而就在

---

① 柯林武德：《历史的观念》，商务印书馆 1997 年版，第 303 页。

第一章 真理与历史的客观性

一个根本之点上背离了康德的主旨。"① 一定意义上可以说,克罗齐、柯林武德在史学界所引起的人们对历史客观性的质疑是康德所发动的认识论革命最终在史学界的延伸。

克罗齐和兰克的根本分歧在于对"历史"的理解上。兰克将历史理解为素朴的编年史,所以他试图通过对科学史料的考证来还原历史的本来面目;克罗齐则反对对历史作编年史的理解,认为历史本来就是精神。兰克对历史的理解无法使历史学获得科学的尊严,而克罗齐对历史的理解则极易堕入历史主观主义的窠臼。这可能就是为什么自此之后史学理论界几乎一边倒地以思想的客观性问题为中介而否认历史的客观性。

把史学等同于诗学、文学的实质,就是片面强调史学家历史认识的主观性,而否认认识历史的可能性。对此,作为德国古典哲学集大成者的黑格尔,首先在理论上回应了质疑历史客观性的挑战。在他看来,那种把历史仅仅理解为主观认识的产物实质上根源于对思维自身的抽象理解,即把意识抽象化为僵死凝固的绝对基点(知性)去"观"历史,最终把历史意识化。针对于此,黑格尔提出,思维并不是外在于历史的,思维的辩证生成就是历史,或者说,历史在实质上就是人类认识的辩证发展史。只有人类认识史的辩证发展才深刻地表征了历史的本性——人类文明的客观演进。知性是有限而片面的,因为它只是辩证思维抽象凝固的结果,因此,只有将知性转化为人类认识史的一个内在环节才能使其获得具体内涵和现实意义。可见,正是历史——认识史、文明史——的客观性保证了意识的有效性、思想的客观性。对于那种脱离人类认识史的辩证发展,而囿于知性立场来质疑历史客观性的理论路径,黑格尔斥之为思想的主观任意。黑格尔在其几乎所有的著作中对知性都进行了近乎苛刻的批判(吴晓明语)。正是奠基于历史,意识消解了近代以来主体性哲学所造成的主客二元论而获得了现实意义。历史作为意识现实的存在方式,是现实意识的辩证发展过程,它理应具有无可置疑的客观性。哲学一直以来对思维凝固、现成的抽象理解

---

① 何兆武:《历史理性的重建》,北京大学出版社2005年版,第40页。

历史的客观性研究

被黑格尔改弦更张，思维被内化入辩证的因素而获得生成性、历史性。正因为如此，黑格尔对历史的存在论理解也为马克思发动哲学革命创造了极为重要的理论资源。

马克思高度评价了黑格尔以思辨的形式所表达的人类文明史的演进逻辑，即人类文明从抽象到具体的发展过程。人既是创造历史的前提，又是历史创造的结果。这种人自身作为"前提"和"结果"在历史中的辩证生成被黑格尔十分深刻地揭示了出来，尽管是以抽象的方式。马克思说，"他抓住了劳动的本质，把对象性的人、现实的因而是真正的人理解为他自己的劳动的结果。"① 然而遗憾的是，由于黑格尔从异化出发，把人等同于人的自我意识。因此，尽管他奠基于历史而实现了对意识的现实理解，但现实的意识并不直接就等同于现实的人。在黑格尔那里，现实的历史依然被遮蔽着。在马克思看来，现实的人绝非是无限的意识性存在，相反，自然界对人始终保持着无限的优先性。自然界对人自身的优先性既是人类历史活动的积极界限（即自然界的无限存在使得人类对象性的活动无止境地持续下去成为可能），又是人类历史活动的消极界限（即自然界的存在使得人类永远无法消灭自然而成为一个绝对的"唯一者"）。因此，人类感性的物质活动（而非抽象的精神劳动）才是整个世界非常深刻的基础。只有立足于感性的物质实践才能理解历史及现实的个人，因为正是在实践的基础上，人与人、人与自然才形成现实的关系，并由此而产生新的需要，人及其历史才得以生成。由于不理解实践的革命意义，黑格尔抽象的精神运动史所确立的思想内涵逻辑，只是为历史找到了抽象的表达，但它还不是现实的历史。马克思认为，人类现实的实践活动远比静观的认识活动本源、源始，或者说，认识活动只是人类现实的实践活动的一个内在环节。区别于黑格尔，马克思在确证人类实践活动的客观性的基础上实现了对历史客观性的理解。人类客观的实践活动以及在此基础上所生成的客观历史决定了全部社会生活在本质上是实践的，决定了思想的客观性不是一个理论问题，而是一个实践问

---

① 马克思：《1844年经济学哲学手稿》，人民出版社2000年版，第101页。

题。因此，人们应该在实践中证明自己思维的现实性和力量。

人类现实的物质活动奠定了历史进程的客观性，反过来说，只有对人类历史进程的自觉才能真实地理解"现实的人"。历史唯物主义的根本使命正是要使人类自觉现实历史的客观演进并在此基础上掌握自己的历史地位和使命，从而现实地追求人的解放。马克思着力于对作为现实历史发源地的市民社会展开深入批判和剖析，并由此而得出在资本主义社会中"以物的依赖性为基础的人的独立性"的深刻论断。在此基础上，马克思科学地推导出前资本主义"人对人的依赖关系"。可见，人类实践活动的客观性以及由此而生成的历史客观性，才是思想的客观性问题的真实秘密和基础。

第二节 历史的客观性与真理的历史性

尽管黑格尔不理解人的本源性存在方式而直接将人等同于人的自我意识，但他对自我意识的辩证理解却又以思辨的方式表达了现实人类的实际生存。绝对理念并不是僵死凝固的现成存在，而是始终处于历史性的生成过程之中。它总是通过不断地自我否定而实现自我肯定，即获得越来越丰富的规定性和越来越具体的内涵。黑格尔意在说明，现实的人类意识并非僵死凝固的知性，而总是传承着既定的人类文明，并在此基础上获得新的发展。这种人类认识史的辩证发展就是真实的历史。黑格尔对意识的辩证理解以及对人类历史生成性的自觉，不但消解了近代以来主体性哲学所造成的抽象知性，而且在一定意义上终结了人们对永恒真理的迷恋。因为人们对永恒真理的确信正是基于对现成凝固的认识主体的承诺，或者说，只有当现实的人被神化为超历史的绝对认识主体时，他才会迷恋于对永恒真理的追求。

一直以来，人们总是不自觉地跳跃对认识主体的反思（古代哲学）或者干脆将认识主体独断为绝对的现成存在（近代哲学），去追求所谓的永恒真理。认识只能是认识主体对认识对象的认识，但古代哲学却从未考察人的认识能力而独断永恒真理的存在。近代哲学的认识论转向以来，虽然人们开始自觉考察人的认识能力，但

历史的客观性研究

却又把认识主体僵化为一成不变的绝对主体。与此相应，真理则始终被界定为不以人的意志为转移、放之四海而皆准的绝对存在。历史被排除在真理的门槛之外，甚至被指责为真理的对立面。黑格尔认为，如果把有限而片面的知性从人类认识史的辩证发展中超拔出来，使之获得无可置疑的绝对地位，自然而然会去追求不以主体为转移的绝对客观存在。但是，一旦预设了主体超历史的现成性和客体的绝对自在性，主体通达客体的任何可能道路也就先行地堵死了。在黑格尔看来，"我思"或主体不可能在历史之外，而只能深深地根植于历史之中，并且只有在历史之中才能真正生成和获得现实意义。既然认识主体本身就始终处于辩证的生成之中，那么，作为认识对象的真理就只能是相对之绝对，而不可能具有绝对永恒的意义。由此，黑格尔通过击碎主体性哲学一直以来承诺的"理想主体"而打破了人们"有永恒真理"的信念，使得真理获得历史性的内涵。应该说，黑格尔对意识的辩证理解和对人类生成性的表征先行开启了现代哲学对历史的回归。马克思、海德格尔等众多大哲紧随黑格尔所肇端的理论路径，以不同的思想方式发起对永恒真理的质疑和挑战。当然，现代哲学提倡重启对历史的回归，并不是教导人们放弃对真、善、美本身的追求，而是要求人们自觉到人的有限性，揭开神的面纱，以人的目光去观照属人的生活世界，并以此真实地探求属人的"应当"生活、人的现实解放。应该说，在消解了人在神圣形象中的自我异化之后，考究如何以人的目光来审视人类自身的生活已经成为现代哲学的根本主题。

黑格尔以人类思维的辩证运动确立了历史的客观性、真理性，又以历史的客观性确保了思维的现实性，这是他的深刻之处。但是，由于黑格尔对现实的"社会意识"即资本主义所确立的自由原则的非批判态度，使得他在消解永恒真理的同时又把自己的哲学永恒化了。黑格尔确立的辩证法的批判原则最终被窒息在他的体系里。他的历史哲学同样沦为可以套用在任何时代的万能公式。在这一点上，马克思指认他站在国民经济学家的立场上。

马克思重启在黑格尔那里窒息了的辩证法的批判本性，着力于对现实的一切进行无情的批判，进而去真实地探索人的解放的现实

第一章 真理与历史的客观性

道路。在马克思看来,实践才是人本源性的存在方式,现实的人及其历史正是在人类的实践活动中生成的。只有奠基于人类的实践活动,才能真正理解、确证人类历史的客观演进;反过来说,只有确立了以实践为基础的人类历史的客观进程,才能真实地理解现实的人及其活动。对人本源性存在方式——感性的物质活动——的真切体认,使得马克思开始自觉考察人们实际的物质交往和经济活动。在对作为人类历史进程中特定历史阶段即资本主义社会的批判性考察中,马克思发现,由于私有制和分工的存在,人的生命异化了,现实的个人由于受到抽象资本的统治而变得同样抽象。现实的物物之间的平等交换关系遮蔽了人与人之间的不平等关系。而所谓的国民经济学家不但不质疑资本主义的前提——私有制,反而站在资产阶级的立场上,将资本主义特有的概念、范畴超历史化、永恒化,把资本主义看作历史的终结和永恒真理的实现。国民经济学家只看到资本主义商品交换的等价性,而看不到私有制条件下资本逻辑运转所产生的贫困。因此,表面上国民经济学家是在客观如实地论证资本主义社会的内在规律,而实质则是为资本主义的合法性进行辩护。卢卡奇说得好:"自然科学的认识理想被运用于自然时,它只是促进科学的进步。但是当它被运用于社会时,它就会成为资产阶级的思想武器。"[①] 国民经济学家把资本主义特有的概念、范畴永恒化,只是资本主义内在机制运行的现实需要和必然结果而已。黑格尔同样站在国民经济学家的立场上,只是看到前资本主义社会的历史性、暂时性,鼓吹资本主义对历史的终结。针对于此,马克思着力于揭示资本主义在平等的商品交换下所隐藏的人们之间的不平等关系,并由此而发现了人类历史的运动规律。就资产阶级所发动的政治解放打破封建主义等级制下人对人的依赖关系来说,资产阶级革命是一次巨大的历史进步。然而,政治解放并不等同于人的解放。因为在资本主义条件下,人的独立性依然建立在对物的依赖性的基础之上,或者说,一部分人依然通过物的中介实现着对另一部分人的统治。资产阶级通过物(资本)的中介来间接地统治和剥

[①] 卢卡奇:《历史与阶级意识》,商务印书馆1999年版,第59页。

削无产阶级，使得人们陷入一种幻觉：好像人们已经彻底摆脱了对他人的依附，完全获得了自由。事实上，在资本主义的社会关系下，人们更加不自由，更加受到他人的统治。但马克思也同时发现，资产阶级在致使贫困绝对化的同时客观上也壮大了无产阶级的力量。马克思由此提出，人类现实的历史任务是推翻资本主义私有制，解除资本对人的统治，实现人的解放。但"共产主义对我们说来不是应当确立的状况，不是现实应当与之相适应的理想。我们所称为共产主义的是那种消灭现存状况的现实的运动。"① 对于那种把历史唯物主义当作可以套用在任何时代的万能公式，马克思尖锐地指出，"这样做，会给我过多的荣誉，同时也会给我过多的侮辱。"② 可见，马克思只是着力于在批判旧世界中去发现新世界，探寻人的解放的现实道路，而无意去发现什么永恒规律或绝对真理。

第三节　历史的客观性与解放的现实性

黑格尔消解了近代以来主体性哲学所造成的"我思"或主体的抽象性而确立了意识的辩证性、生成性，即现实的意识只能是历史性的意识，它既是人类文明的产物和结果，又是人类文明得以创生的前提，并由此而构成人类文明史的一个内在环节。黑格尔把对意识的现实理解奠基于人类文明的客观演进，又以人类文明的客观演进展现意识的辩证生成，最终实现现实意识与人类文明的辩证统一、全体的自由性与环节的必然性的统一。这种思想的内涵逻辑扬弃了近代以来长期争论的思维与存在的关系问题，起到了对思想客观性的奠基作用。也就是说，我们不应囿于知性立场，以思想客观性的追问质疑历史的客观性，而应以历史（文明史）客观性的自觉来确保思想的现实性、有效性。历史作为理性的展开必然合乎理性，而不可能杂乱无章或毫无意义。只有囿于知性立场，人们才会

---

① 《马克思恩格斯选集》第一卷，人民出版社 1972 年版，第 40 页。
② 《马克思恩格斯全集》第 19 卷，人民出版社 1963 年版，第 130 页。

第一章　真理与历史的客观性

不自觉地把历史误解为无意义的史料堆积加以拒斥。因此，对历史的哲学考察，并且也只有历史哲学才是对历史的真正研究。在《历史哲学》中，黑格尔声称，他的历史研究"并不是从世界历史作出一些普遍的观察，再从世界历史的内容举例来阐明这一些观察，而是世界历史的本身。"① 对于历史中的必然与偶然的关系问题，黑格尔提出了著名的"理性的狡计"，即理性"驱使热情去为它自己工作，热情从这种推动里发展了它的存在，因而热情受了损失，遭到祸殃"②。虽然黑格尔从意识出发理解现实的个人及其历史，最终把历史理解为抽象的理性史，但他自觉以历史的客观性为个人意识的现实性奠基却是一大卓越的理论贡献。黑格尔以思辨思维在意识哲学的窠臼内最大限度地解决了思想的客观性，在此意义上，他是整个传统哲学的集大成者和终结者。

在黑格尔之后，马克思和克罗齐分别沿着不同的路向扬弃了黑格尔的历史概念。克罗齐认为，黑格尔以绝对理念的自我展开阐释历史的本性，也就是把历史理解为思想运动的历史。也就是说，人类对历史的认识不外是以现在的思想去演绎过去的思想。在此意义上，一切历史都是当代史、思想史。克罗齐历史观的滥觞是对历史客观性的否认，即只肯定历史的主观意义，而否定历史的客观实在性。我们认为，就克罗齐指认黑格尔把历史抽象为绝对理念的展开，进而彻底使得历史屈从于逻辑来说，他是深刻的，但就其把黑格尔以思辨的方式所表达的历史的辩证运动仅仅蜕变为当代史、思想史而言，克罗齐又是肤浅的。真正有效继承、积极扬弃黑格尔历史概念的当属马克思！

马克思同样指认黑格尔对历史的抽象理解，但他却敏锐地发觉黑格尔以思辨的方式所表达的历史运动的真实形式。具体言之，绝对理念的自否定运动十分深刻地阐发了历史创造主体作为"前提"和"结果"的辩证统一。黑格尔看穿了以往哲学对思维的知性理解，而没有自觉到知性的有限片面性，所以他提出，只有奠基于生

---

① 黑格尔：《历史哲学》，上海书店出版社2006年版，第1页。
② 同上书，第30页。

历史的客观性研究

成性的历史，意识才能获得现实性的理解。然而黑格尔的悖论在于，如果把绝对理念理解为历史的创造者和主体，势必把历史的哲学变成哲学的历史，势必把真正创造历史的现实个人抽象化为历史的客体、谓语，从而造成历史主客体的颠倒。对此，马克思批判道，绝对理念作为一个无法进行真实对象性活动的"唯一者"，"只是思辨的、抽象的产物"，因为非对象化的存在物是非存在物。因此，尽管黑格尔"为历史的运动找到抽象的、逻辑的、思辨的表达，这种历史还不是作为一个当作前提的主体的人的现实历史，而只是人的产生的活动、人的形成的历史。"① 在马克思看来，人首先并不是一个抽象的认知主体，而是在从事真实的对象化活动亦即生产劳动。生产劳动才是人本源性的存在方式。正是在对象性的生产劳动中，现实的人及其历史才得以生成。黑格尔"不知道现实的、感性的活动本身"②，而只是抽象地发展了人的能动方面，因此他并没有深入历史。马克思提出，历史并不是由意识的辩证发展而不断生成的思想的内涵逻辑，而是以人的感性活动为中介所形成的历史的内涵逻辑。也就是说，正是在感性的物质活动中，人与世界才不断地实现否定的统一，历史才得以辩证地更新。历史的主体并不是奠基于人类认识史的自我意识，而是奠基于历史性的物质关系中的现实个人。当然，从理论传承上看，如果没有黑格尔奠基于理性史而对人的意识的现实觉解，就很难产生马克思基于现实历史而对人类解放的探寻。

人们自己创造自己的历史，但人们的创造活动并不是随心所欲的。"人的存在是有机生命所经历的前一个过程的结果。只是在这个过程的一定阶段上，人才成为人。但是一旦人已经存在，人，作为人类历史的经常前提，也是人类历史的经常的产物和结果，而人只有作为自己本身的产物和结果才成为前提。"③ 历史规律正是在人类创造历史的活动中不断生成的，绝没有脱离人的活动的历史规

---

① 马克思：《1844年经济学哲学手稿》，人民出版社2000年版，第97页。
② 《马克思恩格斯选集》第一卷，人民出版社1995年版，第54页。
③ 《马克思恩格斯全集》第26卷（Ⅲ），人民出版社1974年版，第545页。

第一章　真理与历史的客观性

律（永恒真理）。如果把人的活动和历史规律割裂开来，势必会把人的活动夸大为偶然的随心所欲和主观任意，而把历史规律抽象化为僵死教条的永恒绝对。作为革命家的马克思，通过对资本主义内在物质关系的深刻批判而发现了人类历史的发展规律，又通过对人类历史规律的自觉而积极寻求现实的人类解放。在此意义上，历史规律是自由的逻辑，即把对自由的追求诉诸对历史的考察，并通过对历史的考察来探寻现实的人类解放。历史唯物主义既是对人类历史发展规律的精准表述，又是无产阶级的"武器"，或者说，正是因为历史唯物主义深刻地揭示了人类历史的发展规律，它才成为无产阶级的武器。然而，"批判的武器当然不能代替武器的批判，物质力量只能用物质力量来摧毁；但是理论一经掌握群众，也会变成物质力量。"[①] 这样，历史唯物主义就自觉地以理论的方式指向了现实。

黑格尔承诺了思维和存在的同一性，认为思维运演的逻辑就是存在运动的规律。因此，历史作为存在理性的展开不仅具有主观逻辑的意义，而且具有客观逻辑的意义。借助历史概念，黑格尔消解了近代以来僵化了的主客二元对立，实现了为思想客观性的奠基。马克思则认为，历史的客观性只能奠基于人类物质生产活动的客观性。在马克思看来，思想的客观性由一个理论问题而转化为实践问题，亦即人的现实性和力量的问题。通过对历史规律的发现，马克思把解释世界的旧哲学扬弃为改变世界的新哲学，为人类的解放指明了现实道路。

---

① 《马克思恩格斯选集》第一卷，人民出版社 1995 年版，第 9 页。

第二章
历史的科学化与意识化

笔者在绪论开篇就讲到，学界对历史客观性的讨论总是在两个层次上展开的。而这两个层次又具有深刻的内在一致性，即如果对象是客观自在的，则它应当具有不以人的意志为转移的普遍必然性。自然科学无可置疑的客观性就鲜明地体现了这一点。正因为如此，学界一度试图以强化史学的科学性来论证历史的客观性。然而，由于作为自然而然的自然与夹杂着人类知、情、意的历史之间存在着本质的差别，学界自 19 世纪下半叶在讨伐史学科学化的过程中出现了否认历史客观性的理论倾向，即仅仅把历史理解为主观任意的历史。实际上，历史的科学化和意识化只是一枚硬币的两面而已，都是基于主客二分的知性立场，因而都无法从根本上说清楚历史的客观性问题。本章正是通过对这两种思潮的梳理和分析，初步显现出历史的本性。

第一节　自然"科学"与历史"学科"

自然科学知识的一致性、可预见性和可证伪性使之成为知识客观性的典范。为此，不少史学家试图效法自然科学的研究范式来"规范"历史学，也使之成为名副其实的科学。然而，由于自然与历史之间的深刻差异，以史学的科学化来为历史客观性辩护的道路并不成功。比照于自然科学，历史学只能称为"学科"了。本节将系统梳理史学科学化的内在理路及其根本症结。

第二章 历史的科学化与意识化

一 史学的科学化道路

历史的客观性在常人乃至绝大多数史学家眼里似乎是不成问题的。既然历史是过去了的人类活动和事实事件,那么它理所当然具有无可辩驳的客观性。因此,问题并不在于过去了的人类活动(历史)是否真实存在或存在过,而在于我们如何真实地还原它。由此,还原历史本来面目的求真求实精神便被看作是历史学的本职使命和优良传统,而严格的史料考证则是历史研究的一项不可或缺的基本功。这种传统一直可以追溯到古典时代,因为早在修昔底德那里,虚构的神话和真实的历史就被严格地区分开来。史学被明确地确立为如实地记录已经发生的过去的事情。随着近代自然科学的兴起和迅猛发展,史学力求真实的古典传统被进一步发扬光大。历史学理直气壮、坚定不移地被确信为科学。自然科学的科学精神以及研究方法越来越深地渗透到历史研究之中,并获得了广泛的认同,以至到了19世纪,随着兰克学派和孔德学派的出现,历史学进入极为辉煌的时期。兰克可以看作是史学科学化的一位标志性人物。在他看来,"历史是一种文献研究"[①],"严谨的事实陈述,即使这些事实或许是偶然的和枯燥无味的,无疑这是历史编纂学的最高法则。"[②] 历史学就是严格的史料学,而对史料的考证鉴别则需依托严谨的科学方法。在此意义上,历史学是一门不折不扣的实证科学。实证主义者孔德同样认为:"可以或者诉诸认识我们自己的机体组织时所获得的合理证据,或者根据详细考证以往的经过时所得到的历史印证,把它切实地确定下来。""历史作为一门科学,使人类的事物处于相互关联之中,并由此展示它们的顺序。"[③] 不管是兰克抑或孔德,他们都和古典以来的史学家们分享着同样的信念:历史作为过去了的人类活动,它的客观性是确定无疑的。我们唯一要做的是如何通过史料的考证鉴别去还原它。兰克等人较之前代的史学家的优势在于,他们掌握的史料更为丰富,此外,随着历

---

① 转引自易兰《兰克史学研究》,复旦大学出版社2006年版,第98页。
② 同上。
③ 转引自涂纪亮《历史知识的客观性问题》,《哲学研究》2009年第8期,第99页。

历史的客观性研究

史学的专业化和职业化，他们可以充分利用自然科学严谨的研究方法从事历史研究。正因为如此，兰克等人比前辈们更加确信历史的客观性，也更加确信历史学的科学地位。正如伊格尔斯所指出的，"19世纪的新事物则是历史研究的专业化及其集中到大学里和研究中心里。而成其为专业化的核心的，则是对历史学的科学地位的坚定信念。"① 在兰克等人的努力下，19世纪被称为"历史学的世纪"、"尊重事实的伟大时代"。直到20世纪，伯里依然声称："历史学就是科学，一点也不多，一点也不少。"②

历史是客观的，但它已经逝去。史学家们唯有通过史料的中介才能还原历史的本来面目。因此，史学家总是强调用史料说话，甚至是让史料自己说话。历史学也正是在这个意义上被确证为一门科学。然而，历史学的科学性总是或多或少受到人们的非议，在自然科学家看来尤为如此，甚至不少史学家也并不认同把历史仅仅归结为科学。一个明显的事实是，历史学的语言再力求朴实无华、准确无误，也无法与自然科学语言（逻辑、数学）的精确性相媲美，而是始终和日常语言纠缠在一起。这就注定了包括历史学在内的广大人文学科很难被承认为科学。此外，由于人类自身历史活动的单一性、不可重复性和复杂性，历史学家所掌握的史料对于还原人类浩瀚驳杂的历史事实来说永远都可能是有限的、片面的，甚至只是冰山一角。这样，挂一漏万的历史事实还原总是不那么能说服人。更重要的是，历史学家推崇科学化的史料研究方法，但是史料自身永远也无法自己说话，即使兰克在强调史料考证的同时，也在不断强调史学家的主观"直觉"。克罗齐、柯林武德等人就是在这一点上对所谓职业史学家的工作提出了深刻的质疑，他们一再提醒史学家：一味强调史料，必然使得历史学自身变得支离破碎，不但无法还原历史的本来面目，而且极有可能离本来的历史越来越远。克罗齐认为，"不是实际，因为，不管怎么努力，不管怎么不辞劳苦，

---

① 伊格尔斯：《二十世纪的历史学》，山东大学出版社2006年版，第2页。
② 转引自何兆武《历史理性的重建》，北京大学出版社2005年版，第114页。

第二章 历史的科学化与意识化

要用外在的事物写一部历史干脆就是不可能的。"[1] 这是因为,"它们实际上什么也不是,只是一些渊博的或非常渊博的'编年史',有时候为了查阅的目的是有用的,但是缺乏滋养及温暖人们的精神与心灵的字句。"[2] 其弟子柯林武德也把这种史学嘲讽为简单的"剪刀加糨糊"。可见,把历史学独断为科学是有问题的。历史学并不一定就是科学,人们总能找到无数种理由来反驳史学的科学性。自在的历史或许是客观的,但史学家所把握到的历史知识却并不像科学家所把握到的科学知识那样确定无疑。历史总是夹杂着人类的知识、情感和意志,所以完全依靠史料的科学考证和鉴别并不能使史学获得科学的尊严。史学科学化的研究路向可能存在着深刻的研究对象的僭越:把历史直接物化为自然。19世纪朝着事件定向的传统史学并没有在理论上深刻认识到历史自身的特殊性问题,而就力图把史学当作科学来研究。到了20世纪,史学科学化的思潮有增无减,但科学化的路向却有所转变,这就是朝着社会科学定向的新史学的出现。朝着社会科学定向的新史学在表面上使得历史研究更加科学化了,但它却没有在根本上解决史学科学化的内在悖论。

19世纪的历史学家们在独断历史客观性的前提下,充分利用自然科学的研究方法,试图通过史料的科学考证与鉴别来还原历史的本来面目,但由于他们无法像自然科学家那样确保历史知识的普遍必然性(客观性),由此而引发了不少人对历史知识客观性的质疑。到了20世纪,历史研究在内化自然科学研究方法的过程中逐渐发展出属于自己的"科学"方法。特别是随着心理学、经济学、社会学等社会科学的不断成熟,史学家们开始自觉地利用社会科学的"原理"和方法进行历史解释。这样,发端于古典时代,并在19世纪走向辉煌的朝着事件定向的传统史学,开始转向朝着社会科学定向的方向发展。伊格尔斯指出,"当传统的历史学把焦点聚在个人的作用与意向性的各种因素上,而反对简化为抽象的概括化

---

[1] 克罗齐:《历史学的理论和实际》,商务印书馆1982年版,第15页。
[2] 同上书,第16页。

历史的客观性研究

时，社会科学取向的历史学的新形式则强调的是各种社会结构和社会变迁的历程。"① 朝着社会科学定向的新史学，无论是在深层的解释原则上还是技术方法上都比19世纪的历史学更加接近自然科学。对此，彼得·伯克讲得很明白："传统史学的解释遵循的是叙事的逻辑。发生在前面的事件为后面的事件提供解释。相比之下，社会科学的语言受到自然科学语言的影响，其目的是确定常数，描述、研究客观的行为，而不必理睬行动者的复杂动机，不必拘泥于时间的先后顺序。社会科学化史学家视为关键的时间，不再受制于特定历史时期，而是取决于他所感兴趣的问题。"② 也正因为如此，20世纪朝着社会科学定向的新史学很好地解释了许多以往的历史研究所无法企及的问题，尤其是在社会历史的变迁等大问题上。年鉴学派在20世纪所获得的巨大成功就是一个很好的例子，它的许多理论主张至今仍令人惊叹不已。

毫无疑问，社会科学研究方式的介入，使得历史研究的视野更加广阔，但它并没有从根本上解决历史学的科学性、客观性问题。美国科学哲学家伽汀提出，"应该以是否具有一致性、客观性、可证伪性和预见性这四个方面作为科学分界的标准"③。而从严格的意义上讲，社会科学定向的新史学还是无法满足其中任何一个。波普尔对马克思的批评是基于对马克思的深刻误解，但他的批评却揭示出，人们永远无法在历史学中找出自然规律那样的铁律。既然历史知识始终不能像自然科学知识那样具有一致性、可预见性和可证伪性等，那么，史学知识的客观性就依然成问题。此外，朝着社会科学定向的新史学在片面追求历史知识普遍性的过程中，抹杀了历史事件的个别性和特殊性，这就使得新史学在某种程度上不成其为原汁原味的"史学"，背离了史学的原初传统和本旨。20世纪下半叶新社会史的兴起可以看作对朝着社会科学定向的新史学的某种反

---

① 伊格尔斯：《二十世纪的历史学》，山东大学出版社2006年版，第3页。
② 彼得·伯克：《法国史学革命：年鉴学派，1929—1989》，北京大学出版社2006年版，第2页。
③ 孙正聿：《对科学的人文主义理解》，《中国社会科学》1990年第4期，第38页。

第二章 历史的科学化与意识化

驳。此外,科学的概念是普遍的、抽象的,它如何与个别的、特殊的历史事件对接始终是个问题。李凯尔特指出,"历史科学如何表述它所研究的现实之物的特殊性和个别性,这在目前尚不清楚。因为现实本身由于它的不可估量的多样性而不能纳入任何概念之中,又因为一切概念的因素都是普遍的,因此关于个别化概念形成的思想目前表现为有问题的。"① 李凯尔特还指出:"所以历史概念的构成问题就在于:能不能对直观的现实作出一种科学的处理和简化,而又不至于像在自然科学的概念中那样,在处理和简化中同时失掉了个别性,而且经过处理和简化所得到的并不是一个还不能视为科学表述的单纯事实'描述'。我们现在也可以换句话来问:有没有办法从现实的无限多样的内容中提取某些成分,综合成一些科学概念,使它们并不表达多数事物、过程所共有的东西,而仅仅表达一个个体汇总所存在的东西呢?只有这样,才会形成一些具有个别内容的、堪称历史概念的概念。"② 也就是说,"如果我们从普遍的规律去把握历史(从因果联系上、格式规律和辩证的规律性),那么我们所把握的就绝不是历史本身。因为历史就其个性来说是某种仅出现一次的东西。"③ 历史学和自然科学在研究旨趣上就有着根本的不同。历史学只对不可复制的、独特的个别事件感兴趣,而自然科学则恰好要在个别的、可重复的自然现象中找出普遍的规律。或者说,历史学家只对个别事件感兴趣,而普遍的概念、规律对他们而言只是手段而已,相反,科学家则只对普遍的概念、规律感兴趣,个别现象只是其发现普遍规律的手段而已。历史学与自然科学这种深层的内在差异决定了二者方法论的不同。巴勒克拉夫明确指出:"据称,自然科学所关心的是不变性和永恒的反复,是为了发现一般原则,而历史学所关心的却是独特的、精神的和变化的领域。一个是'研究普遍规律',另一个是'研究个别事实',这个根本差别决定各自要求不同的研究方法。自然科学的抽象和分类方

---

① 李凯尔特:《李凯尔特的历史哲学》,北京大学出版社 2007 年版,第 57 页。
② 汤因比等:《历史的话语》,广西师范大学出版社 2002 年版,第 18 页。
③ 同上书,第 57 页。

历史的客观性研究

法不适用于历史学的研究,因为历史学研究的对象是曾经活着的个人和集团,他们的独特个性只有用历史学家的直觉来理解才可能捕捉。"①

正是因为20世纪朝着社会科学定向的新史学由于把过多的注意力放在了宏观的社会结构、社会变迁上,而很少问津甚至不再考虑历史事件本身的个别性、生动性和具体性,才导致此后的职业历史学家很少再继续沿着这条路走下去,而是重新回归到以事件定向的古典史学的传统中。人们始终认为,如实记录已发生的历史事件才是历史学的本分。正像李凯尔特说的那样,"可是不能否认历史学认为对于一次性的、特殊的和个别的东西做出表述是它自己的任务,而且人们必须从这个任务出发去说明历史学的形式本质"②。实证主义者独断地认为,"存在着有历史规律正如存在着有自然规律一样;而且他们论证说,历史学家应当专心致力于弄明白这些规律"③。然而事实上,任何职业的历史学家却很少去探讨历史规律这样的大问题(好像哲学家更乐于做这样的事情),而宁愿把更多的注意力放在对具体历史事件的考证研究之中。一般而言,历史研究受到实证主义的极大影响,但很少有历史学家是彻头彻尾的实证主义者。可见,朝着社会科学定向的新史学不但没有解决历史知识的普遍必然性(客观性),反而抹杀了历史自身的本性。

总而言之,不管是朝着事件定向的传统史学,还是朝着社会科学定向的新史学,都并没有能成功实现史学科学化的理想,尽管在这一过程中产生了许多杰出的史学作品。在科学主义思潮大行其道的时代,史学家们总是自觉不自觉地试图通过把史学科学化来确保历史知识的客观性,为史学的合法性辩护。然而,历史学并非是一点也不多、一点也不少的科学,恰恰相反,它似乎刚好比科学多了点什么,然而又少了点什么。历史学既是科学,然而它又不完全是科学。正是由于历史学自身的复杂性,使得片面套用自然科学的研

---

① 巴勒克拉夫:《当代史学主要趋势》,北京大学出版社2006年版,第15页。
② 李凯尔特:《李凯尔特的历史哲学》,北京大学出版社2007年版,第57页。
③ 沃尔什:《历史哲学导论》,何兆武、张文杰译,北京大学出版社2008年版,第9页。

究范式无法保证历史知识的普遍必然性（客观性）。卢卡奇甚至把史学科学化的研究路径指认为为资本主义辩护的意识形态。在他看来，"自然科学的认识理想被运用于自然时，它只是促进科学的进步。但是当它被运用于社会时，它就会成为资产阶级的思想武器。"① "当'科学'认为这些'事实'直接表现的方式是科学的重要真实性的基础，它们的存在形式是形成科学概念的出发点的时候，它就是简单地、教条地站在资本主义社会的基础上，无批判地把它的本质、它的客观结构、它的规律性当作'科学'的不变基础。"② "而历史正是在于，任何固定化都会沦为幻想：历史恰恰就是人的具体生存形式不断彻底变化的历史。因此，根据这些形式的经验的历史顺序不可能把握它们的本质。"③

不管是在素朴的直观论中还是在专业的史家的头脑里，很少有人否认历史的客观性和真实性，更没有人能否认科学的史料考证和应用对历史研究的重大意义。然而如何理解历史却始终存在一个认识论上的内在困境。换言之，我们永远无法把历史学当作纯粹的科学来研究和对待。在我看来，史学科学化的症结根源于历史的自然化。也就是说，人们总是自觉不自觉地把历史理解为在人之外的、完全过去了的客观存在。人与历史的关系就好像人与自然的关系一样，完全是两个相互外在的主客体关系。正是因为历史被自觉不自觉地同化为自然，所以人们才会努力把历史学做成科学，才会追求自然科学式的历史规律。既然科学首先发端于人们对自然的研究，而不是对历史的研究，那么，在史学科学化之前，首先深入思考历史与自然的差别是极为重要的。或许通过对历史与自然之间深刻差别的觉解，我们能够探求一种有别于科学的历史知识的客观性。

二　自然、历史与人的存在

史学科学化的理论倾向根源于人们对历史的自然化理解。正是因为历史仅仅被当作已经过去了的、与人无关的客观存在，人们才

---

① 卢卡奇：《历史与阶级意识》，商务印书馆1999年版，第59页。
② 同上书，第55页。
③ 同上书，第280页。

历史的客观性研究

会效法自然科学的研究范式确定历史知识的客观性、确定性。纯粹的自然科学家总会嘲笑历史学家始终无法企及的"科学梦",因为在他们看来,即使历史学家再努力,历史知识也无法获得自然科学知识那样的客观性、一致性、可预见和可证伪性。在一定意义上,人们总是不得不承认,历史始终是历史学家主观想象的产物。然而,如果我们换一个角度看,这种苛刻的要求对历史学家是不公平的,因为细究起来,自然科学知识本身也未必那么"科学"。首先,科学家对自然规律的把握,和历史学家一样,本身也是科学家对自然的主观认识的结果。科学史告诉我们,自然科学知识的客观性也并不具有绝对的绝对性,而只具有相对的绝对性,即新的科学理论总是在淘汰、扬弃已有的科学成果,由此才构成科学史的发展。其次,尽管从表面上看,自然科学的语言极其严谨、准确,似乎已经摆脱了日常语言的含糊性和不确定性,然而究其实质,科学语言依然内蕴着修辞的维度。在这个意义上,历史学家大可不必因其语言的粗糙而担忧。就像伊格尔斯指出的那样,"在19世纪,随着历史学变成为一门专门的学术并要求成为一门严格的科学,历史学家们就频繁地力求使历史著作摆脱辞藻的因素。在科学与辞藻之间设置一种简单的二分法就成为一时风尚,而不理解所有的语言、包括科学的语言在内都有一种修辞的维度。"[1] 既然如此,科学家就不该以自然科学的标准质疑历史学的科学性。丹图指出,"不是说史学不是相对于这样一些基本决定,而是因为人类所有认知活动都是如此。你不能在不怀疑所有其他一切的情况下怀疑史学,这最终将相对主义在关于史学问题上被认为具有的无论什么力量统统摧毁"[2]。他还说:"史学所受到的相对性因素的影响与科学相比不多也不少。"[3] 当然,在这里我们并不是想彻底否定自然科学乃至一切科学知识的客观性,而是想提示出,我们并不能盲目地以自然科学知识的客观性为标的去追求历史知识的客观性,而应该

---

[1] 伊格尔斯:《二十世纪的历史学》,山东大学出版社2006年版,第126页。
[2] 阿瑟·丹图:《叙述与认识》,上海译文出版社2007年版,第138—139页。
[3] 同上。

第二章　历史的科学化与意识化

积极探索一种有别于自然科学的历史知识的客观性。在这里，让我们从自然与历史之间的差别谈起。

自然就是自然而然，它首先与人的存在无关。尽管人们放眼望去，自然界显现为千差万别、千变万化的多彩世界，但它却始终如此这般地循环往复着，规规矩矩地遵循着同一律和矛盾律而没有任何实质的变化。黑格尔指出，"在自然界里真是'太阳下面没有新的东西'，而它的种种现象的五光十色也不过徒然使人感觉无聊。"① 而在历史领域的情形则完全相反。表面上看，历史似乎也周而复始地演绎着悲欢离合、人聚人散，与自然界的往复运动无异，然而就其实质而言，历史则深刻地表征为人类文明的不断积累、扬弃和发展。换言之，与自然相比，历史由于内含了人的目的性活动而始终处于质变之中，不断有新的东西出现。李凯尔特曾提出，"自然是那些从自身中成长起来的、'诞生出来的'和任其自生自长的东西的总和。与自然相对立，文化或者是人们按照所估计的目的直接产生出来的，或者是虽然已经是现成的，但至少是由于它所固有的价值而为人们特意地保存着的。"② 而历史作为与自然相对立的样态，"它们的目的不是提出自然规律，甚至一般来说也不仅仅是形成普遍的概念。"③ 历史的根本意义就在于展现人类文明的辩证发展。可以说，与自然运动所遵循的形式逻辑不同，历史运演所遵循的是自否定的辩证逻辑。因此，倘若历史学真是科学，那它也是一门区别于自然科学的另外一种"科学"。就像伊格尔斯所指出的那样，"历史学家所理解的'科学'这一概念，肯定地是与自然科学家所理解的大不相同，自然科学家追求的乃是概括化与抽象定律的形式的知识。对历史学家而言，历史不同于自然，因为历史学处理的乃是表现为创造了历史的男男女女们的意愿以及使社会得以凝聚的种种价值和风尚。历史学处理的是处在时间之中的具体的人和具体的文化。"④ 在以往史学科学化的研究路径，正是由

---

① 黑格尔：《历史哲学》，上海书店出版社 2006 年版，第 49 页。
② 李凯尔特：《李凯尔特的历史哲学》，北京大学出版社 2007 年版，第 29 页。
③ 同上书，第 56 页。
④ 伊格尔斯：《二十世纪的历史学》，山东大学出版社 2006 年版，第 2 页。

历史的客观性研究

于对历史与自然之间深刻的差别被抹杀了,历史被物化为自然,人们才会极力追求自然科学式的历史知识的客观性。然而,这样一种研究思路的结果是,历史知识的客观性不但没有确立,历史本有的特性反而被抹杀了。我们可以这样思考,自然在一定意义上是全然与人的存在无关的。尽管人首先也是自然存在物,但自然却始终在人之外。与此相反,历史则始终掺杂着人们的知识、意志和情感,它归根到底是人们创造的产物,因此,人不可能在历史之外,而始终与历史处于一种内在的辩证关系之中。一言以蔽之,历史在深层上展现的是人的存在!

首先,历史作为人们自己创造的产物,它深刻地表征了人自身的存在方式——生成性。前面讲到,自然总是自然而然地运动着,表面上它千变万化,但其实质则没有任何进展。自然的本质先于其存在。因此,只要人们掌握了自然的本质就能一劳永逸地解释千变万化的自然现象。可以说,尽管自然界是运动变化的,但其本质则始终具有"现成性"。与此相反,历史则始终处于不断的辩证发展之中,它的本质是在其存在中不断生成的,没有任何固定现成的本质。历史总是在积淀着人类文明,扬弃着人类文明,发展着人类文明。可见,历史作为人类文明不断传承的表达,具有一种本己的"生成性"。黑格尔说,历史"不像自然的过程那样,在它的形态和形式的无限变化与活动里,仍然永远保持其原始的规律,没有进步","而是生命洋溢的,有如一道洪流,离开它的源头愈远,它就膨胀得愈大。"[1] 德罗伊森同样明确指出,"能在变化中不断自我提升而且跃进的,是所谓有前后关系的现象;时间是它的特色;我们称这些现象为历史。"[2] 他还具体指出,"人类不断自我提升的一切活动,我们总称之为道德界。历史一词,最确切的所指就是道德界。"[3] 黑格尔、德罗伊森共同表达了这样一层意思:历史总是在自己的生成过程中不断丰富自身、发展自身,而且这种自身的不断

---

[1] 黑格尔:《哲学史讲演录》,商务印书馆1959年版,第8页。
[2] 德罗伊森:《历史知识理论》,北京大学出版社2006年版,第8页。
[3] 同上。

第二章　历史的科学化与意识化

丰富和发展并不是因为外在因素附加的结果，而是历史通过自否定而不断生成的。历史的这种不断辩证发展，从根本上说，根源于人自身的生成性。马克思曾指出，动物只有一个尺度，所以动物只能是无意义地生存；而人则有两个尺度，所以只有人才能实现有意义的生活，只有人所创造的历史才能不断有新的东西出现。人类总是在实践活动中不断丰富自己的生命内涵，不断去创造新的生命意义。这就促使人所创造的历史与自然而然的自然从根本上区别开来。历史的辩证发展源于人自身类生命的不断丰富、提升，而历史本身则是人的存在的现实表达。

其次，历史作为人的存在的现实表达，它决定了人对自然的现实关系。自然总是自然而然地运动着，它的运动与人无关，不以人的意志为转移。然而，自在的自然界即康德意义上的物自体对人而言只能是"有之非有、存在着的无"。超越人类认识领域的自然界对人而言可能是存在的，但它却是无意义的。这表明，自然界如何，首先取决于人自身的存在方式以及由此而形成的人对自然的现实关系。而现实的人是历史性、生成性的存在，他既是历史的前提，又是历史的结果。人作为"前提"和"结果"的这种辩证统一在历史中现实地展现了出来。换言之，现实的人之所以是现实的，就在于其负载着历史文化的积淀。历史并没有远离我们而去，而就现实地内在于我们之中，并构成现实的人的有机环节。黑格尔在谈到他自己的思想性历史时指出，"这些思想的活动，最初表现为历史的事实，过去的东西，并且好像是在我们的现实以外。但事实上，我们之所以是我们，乃是由于我们有历史，或者说得更确切些，正如在思想史的领域里，过去的东西只是一方面，所以构成我们现在的，那个有共同性和永久性的成分，与我们的历史性也是不可分离地结合着的。我们在现世界所具有的自觉的理性，并不是一下子得来的，也不只是从现在的基础上生长起来的，而是本质上原来就具有的一种遗产，确切地说，乃是工作的成果——人类所有过去各时代工作的成果。"[①] 德罗伊森和黑格尔的理解相差无几。他

---

① 黑格尔：《哲学史讲演录》，商务印书馆1959年版，第8页。

历史的客观性研究

说,"现实中的任何一点都是演绎产生出来的。这一点曾经如何,有过什么变化,这些都过去了;但是在理念的层面及意义上,这些过去还是附着在现实中的这一点上。"① 克罗齐紧跟着黑格尔所开启的路向,以思想的辩证发展表达历史的运动形式。他说,"除非我们从这样一个原则出发,就是认定精神本身就是历史,在它存在的每一瞬刻都是历史的创造者,同时也是全部过去历史的结果,我们对历史思想的有效过程是不可能有任何理解的。所以,精神含有它的全部历史,历史和它本身是一致的。"② 他还具体指出,"在历史进程中所保存和丰富的是历史本身,是灵性。过去不异于在现在而活着,它作为现在的力量而活着,它融化和转化于现在中。"③ 可见,众多大哲共同提示出一个根本性的见解:历史是个人得以现实化的一个内在环节,或者说,现实的人之所以"现实",正是他奠基于历史的客观性之上。"一切历史都是当代史",克罗齐这句人们耳熟能详的口号,它真实的意义在于,现实的人们的思想只能是历史性生成的现实思想,而绝不是超人的绝对"神"思。细心的读者可以发现,克罗齐从未否认过历史的客观性,他只是想效法黑格尔用思想的运动来表达历史运演的形式。这里,我们如此烦琐地论述无非想表明:既然现实的人始终是历史性的存在,那么,人对自然界的关系就不是一种僵死凝固的"直观"关系,而是处于辩证的否定性统一之中;作为人的存在方式的历史,它决定着人与自然的现实关系。或者说,人只是借助历史的中介才和自然形成现实的关系。在史学科学化的研究路径中,人们总是试图通过历史的自然化而把史学科学化,并以此确立历史知识的客观性。这一思路的深刻错误现在似乎显露出来了。历史作为现实的人的一个内在环节,具有无可辩驳的客观性,或者说,正是历史的客观性确保了人的现实性以及人对自然的现实关系。因此,我们必须把史学科学化颠倒了的思路重新颠倒过来:现实的人对自然的关系,乃至自然科

---

① 德罗伊森:《历史知识理论》,北京大学出版社2006年版,第9页。
② 克罗齐:《历史学的理论和实际》,商务印书馆1982年版,第13页。
③ 同上书,第68页。

第二章　历史的科学化与意识化

学本身，深深地奠基于历史的客观性。史学科学化的研究路径跳跃了现实的人的历史性这一关键环节，而把人对历史的关系物化为一种抽象的直观关系，进而抹杀了历史自身的本性。

最后，历史作为人的存在方式，它深刻地展现了人类追求自由的历史性过程。历史的辩证发展奠基于人自身的生成性，而人自身的生成性又源于人类对自由的现实追求。在此意义上，历史的辩证发展过程就是人类自由实现的过程。黑格尔一改旧形而上学对自由的抽象追问，而把对自由的思考追求诉诸对历史的考察，并由此把历史确证为自由逐渐实现的合理过程。这表明，自由的实现并不是一蹴而就的，而是在人类历史性的追求过程中逐步生成的。现实的人之所以无法一劳永逸地实现绝对自由，是源于他自身的固有特性：有限性与无限性的辩证统一。人首先是自然存在物，是自然界的一部分。在此意义上，人和动物一样，同样经历着自然界的恒常规律而运动着。也就是说，人首先也是合规律性的"动物"，在自然性的意义上，人和动物是等价的，所以不存在自然与历史的区分，人类史就是自然史。然而问题在于，人类不仅仅是自然存在物，而且是类存在物，是有意识地追求自由的存在物。这就从根本上决定了人类与动物的区别，也从根本上决定了人创造的历史与自然而然的自然之间的分界。正是因为人是自然存在物和类存在物的统一，所以人类总是自觉地去追求自由，但又永远无法一步到位地实现自由。或者说，现实的自由只能具有相对的绝对意义，而不可能具有绝对的绝对意义。现实的人所追求的无限，不可能是与有限相对立的恶无限，只能是在有限的生存中对无限的不懈指向性。或者说，虽然人是有限的，但有限的人却总是能不断积淀、传承前代人的文明成果，并在此基础上最大限度地实现更加全面的自由，这就构成属人的真实"无限"。有限的人所创造的历史所展现出的对自由的无限追求就是人类无限的真实表达。历史之所以和自然之间存在着根本的分界，也就在于历史所展现的是人类自由现实的逻辑。自然周而复始地运动着，始终没有"新东西"出现，它的运动所遵循的是形式逻辑。正因为如此，自然科学知识的客观性奠基于形式逻辑的必然性。与此相反，人类自己所创造的历史则深刻地

历史的客观性研究

展现出人类文明的不断丰富和具体，人类自由的不断实现。所以说，历史规律所遵循的是自否定的辩证逻辑，历史的客观性在深层上也奠基于自由的逻辑。可以说，历史作为人的存在方式，它在根本上决定了人的关系、人的世界和人的自由。在此意义上，自然科学的客观性奠基于并且只能奠基于历史的客观性之上，因为自然科学只是人类文明史上诸多环节的现实显现而已。当然，从另一个角度看，人类史本身也是自然史的一部分。人类自由逐渐实现的历程就是人类史不断融入自然史的过程。而自然则始终是人类走向自由的一个内在环节。

第二节　历史意识化与历史演进的形式

哲学的认识论转向对史学研究的重大理论功绩在于，它使人们自觉到历史永远只能是主观意识所把握到的历史，而不可能是那个已经过去了的自在历史本身。换言之，人们所把握到的历史只具有主观的意义，而不具有纯粹客观的意义。"一切历史都是思想史"的口号彻底戳穿了史学科学化的素朴实在论立场。当然，如果仅仅因为历史只能是意识化了的历史而否认历史的客观性，将历史消极地理解为可以任人打扮的小姑娘，那依然是一种较为肤浅的理论见识，因为它并没有深入到历史本质的一度之中。"一切历史都是思想史"更为重要的理论意义在于，它以思想史的方式朦胧地展示了历史运动的形式：人类文明在自我扬弃的过程中不断地自我生成。

一　"一切历史都是思想史"

19世纪的历史学取得了极为辉煌的成就。史学俨然成为一门名副其实的科学。然而，19世纪末期克罗齐、柯林武德"一切历史都是当代史"、"一切历史都是思想史"的口号，却引发了人们对历史的科学客观性的质疑。人们突然意识到，历史学的科学性并不是想象中的那么理所应当，而是需要考量的。历史学在一定意义上非但不是一门科学，反而是一门不折不扣的想象性文学。这是因为，历史学家不可能像自然科学家那样直面其研究对象，他唯一可资利用的是过去残留的遗迹以及关于过去的记录，即史料。然而史料并不直接就是史学，史料只有通过史家主观意志的加工才能成为史学。或者说，史家主观意识的参与是历史构建的一个不可或缺的因素。可一旦有了史家主观意志的参与，本真历史的还原就化为泡影，历史被意识化了。历史永远是意识化了的历史，而不可能是自在的历史本身。或者说，一切历史都是思想史、当代史。这就是克罗齐对历史学家的警告。

克罗齐并不否认"凭证"对还原历史的重大意义。相反，他认为，如果没有凭证，根本无法谈及历史。"一种与凭据没有关系的历史是一种不能证实的历史；既然历史的真实性在于这种可证实性，既然使历史获得具体形式的叙述只有当它是对于凭证的批判性说明时（直觉与反省，意识与自动意识等等）才是历史性的叙述，那末，那种历史既无意义，又不真实，就不能作为历史而存在了。"[①] 凭证乃历史研究之必需，但即使赞同历史学就是史料学的史学家也不会认同把史料堆积当作历史。克罗齐由此说，"我说的想法，不是实际，因为，不管怎么努力，不管怎么不辞劳苦，要用外在的事物写一部历史干脆就是不可能的。"[②] 凭证是死的历史，它需要历史学家的活化。因此，除了凭证，历史研究另一个不可或缺的环节就是历史学家的直觉和体验。因为只有史家的主观体验才能融化僵死的史料，形成真正的历史。克罗齐指出，"我们要求对我们所将叙述其历史的事件应有生动的体验，意思也就是要使事件作为直觉与想象重新被提炼出来。没有这种想象性的重建或综合是无法去写历史或读历史或理解历史的。但是这种历史家所确乎不可缺少的想象是与历史综合不可分割的想象，是在思想中和为了思想的想象，是思想的具体性，这决不是一个抽象的概念而永远是一种关系和一种判断，不是不确定而是确定。"[③] 由此可见，历史是凭证和历史学家体验、判断共同合成的结果。而历史学家对凭证的体

---

① 克罗齐：《历史学的理论和实际》，商务印书馆1982年版，第4页。
② 同上书，第15页。
③ 同上书，第24—25页。

历史的客观性研究

验、判断必然出于某种当代的诉求，或者说，人们不可能是为了过去而研究过去，乃是出于当代的需要、兴趣才去研究历史的。于是，"一切历史都是当代史"，看似矛盾，实则却是真实而深刻的。克罗齐说，"这种我们称之为或愿意称之为'非当代'史或'过去'史的历史已形成，假如真是一种历史，亦即，假如具有某种意义而不是一种空洞的回声，就也是当代的，和当代史没有任何区别。像当代史一样，它的存在的条件是，它所述的事迹必须在历史家的心灵中回荡，或者（用专业的历史家的话说），历史家面前必须有凭证，而凭证必须是可以理解的。"① 在这个意义上，"当代史固然是直接从生活中涌现出来的，被称为非当代史的历史也是从生活中涌现出来的，因为，显而易见，只有现在生活中的兴趣方能使人去研究过去的事实。因此，这种过去的事实只要和现在生活的一种兴趣打成一片，它就不是针对一种过去的兴趣而是针对一种现在的兴趣的。"② 我们不可能客观地还原纯粹自在的历史，因为自在的历史只是康德意义上的不可知的"物自体"。历史只能在当代人的视域中展开。当然，换一个角度看，即使纯粹自在的历史是可还原的，那也对我们毫无意义。"因为这不是我们所需要的，人类所真正需要的是在想象中去重现过去，并从现在去重想过去，不是使自己脱离现在，回到已死的过去。"③ 布莱德雷同样认为，追求纯粹客观的历史纯属幻觉，既不现实也无用处。他说，"根本就不存在没有任何预先判决的历史这样的一种东西；真正的区别只在于有的作者有着他的各种预先判断而并不知道它们是什么，并且他们的预先判断可能是错误的，又有的作者则是有意识地根据自己所认为是真理的已知基础而在有意识地发号施令并且在创造。"④ 因此，问题并不在于如何回避历史学家的主观性，而在于如何正视它。一个合格的历史学家应该积极有效地总结当代的经验，从而对过去作出合理的推断和演绎。布莱德雷说，"历史归根到底是有赖于从我

---

① 克罗齐：《历史学的理论和实际》，商务印书馆1982年版，第2页。
② 同上。
③ 同上书，第220页。
④ 布莱德雷：《批判历史学的前提假设》，北京大学出版社2007年版，第28页。

第二章 历史的科学化与意识化

们的经验所作出的推论的,亦即根据我们当前的事物状态、根据我们自身的个人世界(也就是作为在我们的宇宙之中并且是它的成员)的一种判断;而这就是我们所拥有的可以掌握并把所设想的事件认为是真实的唯一手段和论据。"① 这就是布莱德雷版的"一切历史都是当代史"。总之,克罗齐、布莱德雷等人一致自觉到,企图还原纯粹自在的历史永远是历史学家一厢情愿的幻想,或出于他们的无知。历史永远只能是当代史,在一定意义上,这与历史学家的努力及史料的可靠程度并无关系。当然,历史学家也大可不必因历史本质上是当代史而惴惴不安或大失所望,因为正是当代的现实诉求激活了历史,赋予了历史意义并使之可理解。

既然我们无法回到纯粹的过去,而只有在当代的语境中去理解历史,既然历史只能依附于现在而存在,那么,随着当代人生存方式的变化,人们对历史的理解也会随之改变。换言之,我们对历史的理解始终是开放性的,历史毫无客观性可言。比如,布莱德雷就坚定地认为,"过去乃是随着现在而在变化着的,并且永远都不可能不是这样,因为它永远都是它所依赖的那个现在。那个现在是它所预先设定的,而且还是它必要的先行概念。"② 阿瑟·丹图指出,历史研究不外是史学家讲述关于过去的故事。而故事的整体语境决定个别事件的情境和意义。离开故事整体的一贯结构,历史就会沦为杂乱无章、毫无意义的编年史。他说,"因为历史的全部要点不是像目击者那样知晓各种行为,而是像历史学家所做的那样,在与后起事件的联系中,并且将事情当作时间性整体中的一个部分加以认识。希望去掉这个独一无二的优势是愚蠢的,对历史来说是灾难性的,同时也是无法实现的。"③ 然而问题在于,故事的整体情境是由过去、现在乃至未来共同构成。而我们对现在和未来的知识又总是不完整的,或者说,现在和未来总是随着时间的推移在不断变化,这就在根本上导致了历史学家对过去的描述不可能完整和确

---

① 布莱德雷:《批判历史学的前提假设》,北京大学出版社2007年版,第35页。
② 同上书,第28页。
③ 阿瑟·丹图:《叙述与认识》,上海译文出版社2007年版,第229页。

历史的客观性研究

定。就是说，故事的整体语境决定个别事件的情境，又因为当代或未来总是无限开放的，这就使得历史学家对过去的描述不可能完整和确定。阿瑟·丹图说，"我指出了设法给出关于过去的确定描述，不是因为我们的证据存在着且总是会存在着空白——这是常见且偶然性的——而是因为过去的事件通过与时间上后于它的事件的关系将不断得到不同的描述。结果，就将来是开放的而论，过去亦复如是；由于我们没法知道将来会出现什么样的与过去相联系的事情，过去总是会不同地被阐述。"① 或者说，"我们关于过去的认识受到我们关于未来的认识或无知的限制。"②

当然，对历史客观性质疑最为彻底的当属后现代主义思潮。索绪尔曾提出，语言具有自洽性，它是一套自足的符号系统。德里达等人则由此进一步引申说，"语言构成为现实更有甚于是指向现实。历史学家是研究文本的，但是这些文本并不指向外在世界。"③ 这样，历史研究就变成了一个纯粹的语言学问题。历史学不再研究历史，或者说根本不可能研究历史，而只能关注语言。历史学家实质上就是语言学家。进而言之，历史学就是文学，毫无客观性可言，甚至根本就涉及不到客观与否的问题。"语言乃是一种自我参照的体系，它并不反映、而只是创造现实，这就否定了有可能重建过去恰如人们确实所曾生活过的那样；这就勾销了历史叙述与小说之间的那条界限。"④ 历史学的"语言学转向"质疑乃至勾销了历史的客观性问题。它抓住了历史学没有现成的对象，而只能借助于史料创造对象（历史），由此而把历史研究下降为一个语言学的问题。伊格尔斯指出，"因为历史学并没有客体，所以历史研究就不可能有客观性——这一观念已经越来越流行了。从而历史学家便永远都是他本人在其中进行思想的那个世界的囚犯，并且他的思想和感受是被他进行操作所运用的语言的各种范畴所制约的。于是，语

---

① 阿瑟·丹图：《叙述与认识》，上海译文出版社2007年版，第415页。
② 同上书，第22页。
③ 伊格尔斯：《二十世纪的历史学》，山东大学出版社2006年版，第7页。
④ 同上书，第199页。

言就形成了现实,然而语言却并不指向现实。"① 诚然,把历史学彻底同化为一门语言学并没有得到人们的多少认同,它也与人们的生活常识相悖。但在后现代背景下所产生的《元史学》却对史学界产生了重大的冲击。其作者海登·怀特指责职业的历史学家们总是执意地追求历史的真相,而很少停下脚步来考察一下自己工作的理论前提:"然而,很少有史学思想家愿意深入他们自己关于历史的成见之中,也不愿深入其研究中得出的那种知识之中。这些以历史为职业的史学家整日里忙于写作历史,也没有时间去仔细考察一下其行为的理论基础。"② 可是试想一下,如果史学家仅仅是客观地如实描述事件的发生及进展,则历史只能表现为前后事件无意义的相继相伴,一堆混乱不堪的史料堆积。然而事实上,任何一部优秀的历史作品都有着极为井然有序的故事情境。可见,历史并不像人们想象的那么纯粹客观,而是史家有意识地情境化的结果。海登·怀特指出,"兰克没有认识到的是,人类可能以客观主义之名拒斥对历史进行浪漫主义的研究,但是,只要历史被认为是运用叙事进行的解释,人们就必须将原型神话或情节结构带入叙事之中,只有这些东西才能使叙事获得一种形式。"③ 历史学家有意识地将编年史中的个别事件转化成故事整体情境的一种要素,也就是"史学家通过将事件确定为充当故事要素的不同功能,将编年史中的事件编排到一种意义等级之中。"④ 海登·怀特与阿瑟·丹图的论证路数极为相近。不同在于,海登·怀特还具体分析了历史学家所述故事的四种类型:浪漫、悲剧、喜剧和讽刺剧。而不同故事情境的背后,实质上是历史学家们不同的政治立场:浪漫剧的无政府主义、喜剧的保守主义、悲剧的激进主义和讽刺剧的自由主义。由此可见,"历史知识永远是次级知识,也就是说,它以对可能的研究对象进行假想性建构为基础,这就需要由想象过程来处理,这些

---

① 伊格尔斯:《二十世纪的历史学》,山东大学出版社2006年版,第7页。
② 海登·怀特:《元史学》,译林出版社2004年版,第187页。
③ 同上书,第228页。
④ 同上书,第9页。

想象过程与'文学'的共同之处要远甚于与任何科学的共同之处。"① 历史知识与想象性文学极为相似,"作为创造过程的产物,历史的文学性和诗性要强于科学性和概念性;并且,我将历史说成是事实的虚构化和过去实在的虚构化。"② 因此,"占主导地位的比喻方式以及与之相伴随的语言规则,构成了任何一部史学作品那种不可还原的'元史学'基础。"③ 就像"已故的柯林武德生前喜欢说,人们以何种方式写作或者思考历史,最终取决于他是哪种人。"④ 海登·怀特还谈道,"康德年老时说的是对的:我们可以根据自己的喜好自由地构想'历史',正如我们可以凭自己的意愿来创造历史。"⑤ 这就是历史的意识化路向及其对历史客观性的质疑。

二 "思想史"与历史运动的形式

克罗齐等人高呼的一切历史都是当代史、思想史的口号,打破了正统史学家科学主义的迷梦,明了了史学作品与史学家个人、时代的内在关联。它在一定意义上促使史学家们超越传统的素朴实在论立场,以更为明确的主体意识自觉从事历史研究。从哲学史上看,这一重大的史学理论成果是西方近代以来"认识论"哲学在史学界的恰切转化。然而,正如我们看到的那样,这种理论思潮在历史哲学—史学理论界有增无减且愈演愈烈,以至于在后现代主义的视域中,历史学被彻底诗化为与文学并无二致。然而,史学理论家们对历史客观性的彻底否定不但没有完全改变历史学,反而引起了众多专业史学家对这种"玄学"的反感乃至拒斥。大多职业史学家并没有放弃对历史客观性的追求,依然默默无闻地遵循传统史学的研究路径,并最大限度地追求历史的客观性、真实性。从本质上讲,史学理论家对历史客观性的质疑源于对历史学家的主观意识的抽象化理解。也就是说,当把历史学家的意识被理解为一个绝对的支点从历史中超拔出来与历史对峙时,历史意识就被抽象化了,

---

① 海登·怀特:《元史学》,译林出版社2004年版,第7页。
② 同上。
③ 同上书,第3页。
④ 同上书,第593页。
⑤ 同上书,第594页。

而历史则被合乎逻辑地理解为主观意识的产物，毫无客观性可言。换言之，当人们一味地强调历史是历史学家主观意识建构的产物时，却忘记了，历史学家的主观意识并不是游离于历史之外的绝对支点，而本身就是历史的产物，并深深地根植于历史之中。

历史并不是完全在人之外的抽象的过程性原则，而就是人的存在方式，是人类文明的传承和演进。克罗齐之所以把历史确证为思想史，不仅是为了揭示完全还原历史本来面目的不可能性，而且更重要的在于，他想以思想史的方式表达人类文明史的客观演进。克罗齐提出，"除非我们从这样一个原则出发，就是认定精神本身就是历史，在它存在的每一瞬刻都是历史的创造者，同时也是全部过去历史的结果，我们对历史思想的有效过程是不可能有任何理解的。所以，精神含有它的全部历史，历史和它本身是一致的。"①"精神"既是历史的创造者，又是全部过去历史的结果，它的生成性运动是其内涵的不断自我扬弃、丰富和发展的过程。克罗齐把历史等同于精神的根本意蕴在于打破传统的编年史观，真实地揭示人类文明史生成的形式：现实历史辩证发展的逻辑。或者说，克罗齐已经自觉到了现实历史的辩证生成，所以他试图以思想史的辩证发展来表达历史的运动形式。历史并不仅仅是前后事件的相继相续、抽象单一的运动过程，而是不断积累着人类文明，并扬弃着人类文明的内涵逻辑。正因为如此，历史的运动遵从着辩证逻辑，而非形式逻辑。在马克思开启现实的历史之前，不少学者都以思想内容辩证发展的逻辑表达历史的运动形式。德罗伊森也曾指出，"能在变化中不断自我提升而且跃进的，是所谓有前后关系的现象；时间是它的特色；我们称这些现象为历史。"② 柯林武德同样认为，"历史的过程不是单纯事件的过程而是行动的过程，它有一个由思想的过程所构成的内在方面；而历史学家所要寻求的正是这些思想过程。一切历史都是思想史。"③ 可见，在这里，人们耳熟能详的"一切

---

① 克罗齐：《历史学的理论和实际》，商务印书馆1982年版，第13页。
② 德罗伊森：《历史知识理论》，北京大学出版社2006年版，第8页。
③ 柯林武德：《历史的观念》，商务印书馆1997年版，第302—303页。

历史的客观性研究

历史都是思想史",初衷并不是想否认历史的客观性,把历史彻底主观化。恰恰相反,柯林武德是想用思想史的辩证发展来表达历史运动的客观形式。而以思想史的辩证发展表达历史的运动又肇端于黑格尔。黑格尔以其思辨思维创造了一个宏大的内涵逻辑体系。在黑格尔看来,历史的运动"并不仅仅是一个管家婆,只是把她所接受过来的忠实地保存着,然后毫不改变地保持着并传给后代。它也不像自然的过程那样,在它的形态和形式的无限变化与活动里,仍然永远保持其原始的规律,没有进步,这种传统并不是一尊不动的石像,而是生命洋溢的,有如一道洪流,离开它的源头愈远,它就膨胀得愈大。"①

人类现实历史的运动形式,深刻地表征为思想史的辩证发展。思想史的运演与人类历史的发展具有内在的一致性。所谓思想史的运动逻辑,不外是思想的积累积淀、丰富和发展。当然,这种发展并不是外在因素的机械叠加而促成的,而是内在的能动性力量所促成的自我提升。思想史具有存在论性质,它既是现实的个人"认识总和"的结晶与升华,又是现实个人的认识得以现实化的前提。个人的现实认识只有奠基于思想史之上才能摆脱抽象的主观任意。正是在这个意义上,黑格尔指出,个人的现实意识既是社会意识(理念)运动的前提,又是社会意识(理念)发展的结果。也就是说,历史学家在认识历史之前,其头脑并不是脱离人类认识史的白板一块,而是负载着人类全部的认识史及其成就。这就使得历史学家对历史的认识,既是人类认识史发展的结果和成就,又是对人类认识史的积极扬弃和进一步提升;既是历史学家对历史的认识,又是历史的自我认识。可见,现实的个人(包括历史学家)与历史的关系,并不是一种抽象的外在关系,而是内在地勾连在一起的。现实的人之所以"现实",是因为他始终在历史之中。黑格尔由此指出,"个人对于民族精神的关系便是,他把这种实体的生存分摊给了他自己;它变成了他的品性和能力,使他能够在世界上有着一个确定的地位——成为一个聊胜于无的东西。因为他发现他所归属

---

① 黑格尔:《哲学史讲演录》,商务印书馆1959年版,第8页。

的那个民族生存是一个已经成立的坚定的世界——客观地出现在他眼前——他自己应该同它合并为一。民族精神在它的这种工作里、在它的世界里得到享乐和满足。"① 保罗·利科同样认为,"同样,我在哲学史的大字上解读自我意识的小字。我就是在那里发现其所有的可能性,但它们已经在黑格尔叫做《精神现象学》的著作中实现。通过这种变化本身,自我意识成了精神,不再是我自己的生活中微不足道且可怜的特殊性。相反,我能说,之所以历史成了自我意识,是因为历史的秩序与一种自我意识的目的论的基本和有序展开是一致的。历史是人类的历史,当历史顺从这种解读的时候,获得了人性;历史是完全合理的,处在一系列哲学思想的同一水平,向体系靠拢。值得注意的是,我的意识和历史同时成了思想。"② 个人的现实意识,只有诉诸历史才能获得合理的解释。个人意识与思想史始终处于辩证统一之中。过去并未逝去,而是以浓缩的方式积淀于我们的意识,也是我们的认识得以进一步升华的前提。克罗齐说,"在历史进程中所保存和丰富的是历史本身,是灵性。过去不异于在现在而活着,它作为现在的力量而活着,它融化和转化于现在中。"③ 黑格尔更明确地指出,"这些思想的活动,最初表现为历史的事实,过去的东西,并且好像是在我们的现实以外。但事实上,我们之所以是我们,乃是由于我们有历史。"④ 我们之所以为我们,我们之所以为现实的我们,就在于我们有历史。"历史创造了历史学家,正如历史学家创造了历史。"⑤

以上的赘述无非说明,历史学家并不是完全独立于历史、在历史之外而观历史的。历史学家已经在历史之中,正是历史的客观性奠定了历史学家的现实性。如果脱离历史去理解历史学家,必然把历史学家作为现实的个人抽象化。而以预设的抽象个人去理解历史,也必然把历史当作在人之外的抽象存在物、主观意识的产物。

---

① 黑格尔:《历史哲学》,上海书店出版社2006年版,第68页。
② 保罗·利科:《历史与真理》,上海译文出版社2004年版,第52页。
③ 克罗齐:《历史学的理论和实际》,商务印书馆1982年版,第68页。
④ 黑格尔:《哲学史讲演录》,商务印书馆1959年版,第8页。
⑤ 保罗·利科:《历史与真理》,上海译文出版社2004年版,第15页。

历史的客观性研究

卡尔曾指出,"如果我们脱离社会来尝试运用抽象的个人概念,我们就不能真正地理解过去,也不能真正地理解现在。"① 他还进一步指出,"像其他单个的人一样,历史学家也是一种社会现象,他不仅是其所属社会的产物,而且也是那个社会的自觉的或不自觉的代言人;他就是以这种身份来接触过去历史的事实。"② 现实积淀着历史,是历史发展的必然结果。因此,理解历史必然自觉不自觉地会从现实出发,也只有从现实出发才能真正深入到历史本质性的一度中去。历史学家无法回避现实,更不可能脱离现实,他必然是其所属社会自觉或不自觉的代言人。读史使人明智。历史学家厚重的历史感使其能够敏锐地捕捉到现实时代的时代精神,并以个体的名义表达这种时代精神。一切历史都是当代史,并不是说历史是任当代人打扮的小女孩,历史与文学并无二致,而是道出了,历史学家总能够以对当代的深刻觉解深入到历史之中,又能够以解释历史的方式表征了现实的时代。历史学家对现实时代及历史解释的合理性,根源于他对人类文明史的自觉。正是奠基于对人类文明史的共同觉解,每个时代最伟大的历史学家对现实时代及历史的理解具有广泛而深刻的内在一致性。这表明,人们对历史的理解总是具有相对的绝对性——现实时代的绝对、人类文明史上的相对。历史的客观性只能是人类文明史的客观性。正是在人类文明史实存的意义上,历史具有客观性,而每一代的历史学家在对人类文明史的理解上总能够达成某种一致性,并且对人类文明的未来作出某种合理的预测,而且能够把其对人类文明史的预测诉诸人类文明史进行检验。这就是历史客观性的真实意义。也正是人类文明史的这种客观性使得人们的任何认识,包括对历史的认识获得了历史性的合法意义。卡尔指出,"历史的客观性不依赖于也不能依靠于某些固定的、不可转移的当下存在的判断标准,只能依靠在将来积累的、随着历史前进而进化的那种标准。只有在过去与未来之间建立起一种

---

① 卡尔:《历史是什么?》,商务印书馆2007年版,第122页。
② 同上书,第123页。

第二章　历史的科学化与意识化

持续不断的连贯性时，历史才获得意义与客观性。"① 他还提示出，"我在这里的目的仅仅想说明两个重要的事实：第一，假如你没有首先掌握历史学家本人从事历史研究的立场，你就不能完全理解或鉴赏历史学家的著作；第二，历史学家的立场，其本身是根植于一个社会与历史背景之中的。"② 最后，他总结说，"我在第一讲中说过，在研究历史之前，要研究历史学家。现在我还要补充说：在研究历史学家之前，要研究历史学家的历史环境与社会环境。历史学家是个体，同时也是历史的产物、社会的产物；研究历史的人必须学会从这一双重的角度来看待历史学家。"③ 可见，历史并不是在人之外、与人无关的抽象过程，而就是人自身的生成和存在。

然而，对待历史，人们总是囿于一种素朴的实在论立场，将历史与现实的个人抽象地割裂开来，从而造成了历史与现实的人的双重抽象化。历史学是一门十分古老的学问，它自古典时代发端以来，就与虚构的神话泾渭分明地区分开来，很少有人质疑过历史的客观性。可见，确信历史的客观意义符合常人的自然态度。近代以来人们之所以变得不理解历史，乃至于否认历史的客观性，根源于自然科学的迅猛发展及其对人文学科的巨大影响。正是在自然科学比照下，人们开始质疑历史的客观性："不但历史的论题——活动——是完全浸透价值的，而且对这一论题的阐述也是从一个承载价值并处于历史中的视角进行的。由此产生了一个问题：历史学能否声称是一门客观的科学？"④ 自然科学的思维，是一种主客二元对立的知性思维。它可以成功地理解在人之外的自然，但却无法理解作为人的存在方式的历史。黑格尔提出，"就历史来说，'思想'似乎隶属于已存的事物——实际的事物，并且以这种事实为它的基础和南针。同时哲学的范围却是若干自生的观念，和实际的存在是无关的。抱了这样的思想来治理历史，不免把历史当作是一种消极

---

① 卡尔：《历史是什么？》，商务印书馆2007年版，第234页。
② 同上书，第128页。
③ 同上书，第133页。
④ 威廉·斯威特主编：《历史哲学：一种再审视》，北京师范大学出版社2008年版，第227页。

的材料。不许它保存本来的面目，逼迫它去适合一种思想，就如像一般人所说，以'先天论'来解释历史了。"① 卢卡奇认为，"只要人以直观的方式关注过去或将来，那末这过去和将来就会僵化成一个异在的存在，而在主体和客体之间就会出现现在这个不可逾越的、'有害的空洞'。只有当人能把现在把握为生成，在现在中看出了那些他能用其辩证的对立创造出将来的倾向时，现在，作为生成的现在，才能成为他的现在。只有感到有责任并且愿意创造将来的人，才能看到现在的具体真理。"② 这表明，对历史的理解，我们必须打破主客二分的知性立场，以一种辩证思维重新建构我们对历史的理解。而黑格尔思想的内涵逻辑正是在变革人们历史观念的基础上为我们打开了一个重新理解历史的全新视域。

第三节　叙事的转向与后现代史学理论对历史客观性的质疑

海登·怀特的《元史学》是现代哲学"语言转向"在历史哲学—史学理论领域生成的重要文本。怀特根据历史语言的比喻属性成功论证了，历史学家基础性的假想性建构使得任何一部史学作品更加接近于文学而不是科学。《元史学》在历史哲学—史学理论界所发动的"叙事转向"不仅实质性地推进了柯林武德的理论，实现了对历史客观性的彻底质疑，而且复兴了一度趋向沉寂的历史哲学—史学理论研究。但究其实质，海登·怀特依然囿于自然科学的研究范式和语言标准，流俗地把历史理解为拟自然的现成存在。马克思指出，只有诉诸人的活动才能澄清语言的本质，而不能反过来仅仅囿于语言的某些属性来反观人的活动。重启马克思对源始语言的存在论觉解，进而在对抗历史哲学—史学理论"叙事转向"的过程中凸显历史唯物主义的理论优势，是当代马克思主义研究中的重大课题。

---

① 黑格尔：《历史哲学》，上海书店出版社2006年版，第8页。
② 卢卡奇：《历史与阶级意识》，商务印书馆1999年版，第298页。

第二章 历史的科学化与意识化

正像近代哲学的认识论转向促成史学家在历史研究中主体意识的觉醒一样，现代哲学的语言转向不可避免地影响了史学理论家对历史语言（文本）的重新考量。在传统的历史研究中，史学家把目光主要集中在史料的收集、考证和鉴别上，而很少关注作为自己最终产品的历史文本；历史文本仅仅因为凝聚了史学家的考据心血而被理所当然地当作了历史真相的载体。柯林武德"一切历史都是思想史"的口号已经明确指认了史学家这种素朴实在论立场的局限性：历史知识从来没有如其本然地还原历史，因为它总是夹杂着史学家个人的主观情感和意志，客观性对史学家来说就像彼得·诺维克著作的书名——《那高尚的梦想》——所标识的那样遥不可及。但是，柯林武德等人对史学家主观意识的强调并不是否认历史知识客观性的恰切路数，因为任何知识的建构，包括自然科学知识，都离不开认识者主观意识的参与，所以并不能在不怀疑其他一切的情况下唯独怀疑史学。与此相比，在语言转向背景下生成的历史叙事理论却彻底抹去了历史知识客观性的伪装，把历史学拒之于科学的大门之外。实现这一理论跨越的功臣当属海登·怀特及其著作《元史学》。

作为后现代主义的史学理论家，海登·怀特不再把对历史知识的理论反思集中于史学家的研究过程，而是直接考量史学家的最终产品——历史文本。海登·怀特发现，任何一部优秀的史学作品都不是没有开头没有结局的编年史，而是史学家有意识地将各种事件编排进一个能为人理解和把握的话语结构之中的故事。而"故事的意义是由被挑选来构成故事的情节化模式所赋予的，运用这种情节化模式可以讲述一种特殊类型的故事"①。换言之，正是浪漫的、悲剧的、喜剧的、讽刺的等不同的情节化模式促成史学家书写出不同类型的历史故事。而不同类型的情节化模式又暗示着史学家不同的意识形态蕴涵：无政府主义的、激进的、保守主义的、自由主义的。这样，根据历史文本析出不同类型的情节化模式，进而又根据不同类型的情节化模式指认了史学家不同的政治立场。海登·怀特

---

① 海登·怀特：《元史学》，译林出版社 2004 年版，第 193 页。

历史的客观性研究

提出，决定史学家历史观的并不是先在的历史事实或者严谨的史料考据，而是史学家先行的主观预构、历史想象。历史学只能是想象式文学而不可能是揭露真相的科学，这就是海登·怀特对历史学的一个基本判断。而历史文本之所以能够给人一种揭露真相的错觉，是因为史学家利用了历史语言自身的比喻特性。就是说，历史语言是以比较含混的日常语言为基础，它并不像自然科学的"语言"那样有着严格语义规定。历史语言的含混性使得历史学家能够利用语言的各种比喻模式来建构其研究对象，从而给人一种弄假成真的幻象。比如，斯宾格勒利用了历史语言的隐喻特性，以植物的生长过程出色地隐喻了民族的兴衰，马克思利用了历史语言的提喻特性，以"一切历史都是阶级斗争史"的抽象命题很好地解释了所有的历史事件并赋予其意义。基于对历史语言的修辞学分析，海登·怀特系统考察了19世纪几位最为著名的史学家的叙事文本，指出假想性建构是任何一部史学作品不可避免的元史学基础。在他看来，"占主导地位的比喻方式以及与之相伴随的语言规则，构成了任何一部史学作品那种不可还原的'元史学'基础"[1]。"历史知识永远是次级知识，也就是说，它以对可能的研究对象进行假想性建构为基础，这就需要由想象过程来处理，这些想象过程与'文学'的共同之处要远甚于与任何科学的共同之处。"[2]

海登·怀特在历史哲学—史学理论界所发动的"叙事的转向"彻底抛弃了凭证、史料对历史知识的限制作用，从而在根基上质疑了历史研究中根深蒂固的实证主义思潮。众所周知，随着19世纪史学研究的专业化和职业化，依据史料的科学考证还原历史本来面目的实证主义路径成为史学研究的基本范式，并由此产生了以兰克为代表的一大批杰出的历史学家。但海登·怀特认为，职业史学家对历史的陈述其实远没有他们想象的那么客观，他们甚至都没有意识到去清理自身工作的地基："很少有史学思想家愿意深入他们自己关于历史的成见之中，也不愿深入其研究中得出的那种知识之

---

[1] 海登·怀特：《元史学》，译林出版社2004年版，第3页。
[2] 同上书，第7页。

中。这些以历史为职业的史学家整日里忙于写作历史，也没有时间去仔细考察一下其行为的理论基础。"① 史学历来就有考据训诂的传统，在现代自然科学的影响下，强调史料的科学性似乎也使历史学足够科学起来，但是，史学并不直接等于史料学，对微观史料真实性的科学考证并不能保证宏观历史叙事的客观性，因为除了史料，历史学家更需要一个先行的问题结构来归拢、组织浩瀚杂乱的史料。诚如卡尔所说："一门关于整体事件的科学不仅基于难以控制的量的理由是不可能的，而且，因为它将缺乏一个观点或问题结构，所以，它也是不可能的。为了产生一个将符合我们认识标准的建构，这样一种问题结构是必需的。"② 尽管兰克向来推崇"秉笔直书"、"不偏不倚地陈述已经发生的事情"，但海登·怀特指出："兰克没有认识到的是，人类可能以客观主义之名拒斥对历史进行浪漫主义的研究，但是，只要历史被认为是运用叙事进行的解释，人们就必须将原型神话或情节结构带入叙事之中，只有这些东西才能使叙事获得一种形式。"③ 从学术史上看，克罗齐及其弟子柯林武德已经意识到了历史学与自然科学之间的差别，所以他们一方面像传统史学家那样强调史料、凭证的真实性和可靠性，另一方面又极力强调史学家应该主动"重新复活"或"重演"过去的历史。克氏试图在客观史料与主观意识之间达到一种平衡，但是，一旦当他强调的史学家的主观意识在历史研究中不可避免的渗透时，史料的重要性就被大大地削弱了。正如卡尔指出的："强调历史学家在历史编撰中所起作用这一趋势——假如历史学家这一作用对历史编撰的逻辑结论带来很大影响的话——其结果会从根本上排除历史的客观性：历史是历史学家制造的。"④ 这也就是为什么近代哲学的认识论转向最终导致了看似荒诞实则深刻的不可知论。在对历史知识客观性的质疑上，海登·怀特显然要比克罗齐、柯林武德等人走得更远。海登·怀特抛开史料而直接把历史文本当作文学制品来处

---

① 海登·怀特：《元史学》，译林出版社 2004 年版，第 183 页。
② 卡尔：《历史是什么?》，商务印书馆 2007 年版，第 97 页。
③ 海登·怀特：《元史学》，译林出版社 2004 年版，第 228 页。
④ 卡尔：《历史是什么?》，商务印书馆 2007 年版，第 111 页。

理，从而把从前的历史哲学—史学理论彻底转化为关于历史文本的文学理论。正像沃尔什说的那样，"每个历史学家所寻求的都不是赤裸裸地复述各种不相联系的事实，而是一种流畅的叙述，每一桩事件在其中都仿佛是放在它的自然位置上并且是属于一个可以理解的整体。在这方面，历史学家的理想在原则上与小说家或戏剧家的理想是完全一样的"①。可以说，海登·怀特是一个极为激进的史学理论家：他既空前地推进了历史哲学—史学理论的研究，同时又彻底颠覆了传统的历史哲学—史学理论而将其归入文学理论领域。

"叙事的转向"有效地吸收了现代哲学语言转向的理论资源，使得一度曾被边缘化甚至沉寂的历史哲学—史学理论获得了新的发展和繁荣。1960年出版的国际性历史哲学杂志《历史与理论》就鲜明地说明了这一点。然而，史学理论的巨大变革并没有从根本上相应地推进实践的历史学研究方式的转变。职业历史学家对于《元史学》这一过于后现代的理论也没有多大兴趣，他们依然坚守由史料考据探究历史真相的路径，并没有因为历史哲学—史学理论界对历史知识客观性愈演愈烈的质疑而放弃对史料的重视。伊格尔斯很准确地指出："可以肯定地说，'历史知识具有一种绝对的客观性和科学性'这条公理'已经不再是毫无保留地为人们所接受了'。然而真实性这一概念以及历史学家要避免作伪的责任，却一点也不曾被人放弃。作为一个训练有素的专家，他要继续批判地研究那些使人们接触到过去的真实成为可能的史料。"②坚守把史料作为历史客观性的最后保障，表明了职业史学家对史学理论"叙事转向"的拒斥，但同时也暴露了职业史学家对"客观性"本身素朴的常识性理解，即仅仅把"客观性"理解为黑格尔所定义的第一层次："外在事物的意义，以示有别于只是主观的、意谓的、或梦想的东西。"③哲学的"认识论转向"已经成功击破了这种素朴的唯物论立场，实现了对"客观性"含义的第二个层次的理解，

---

① 沃尔什：《历史哲学导论》，北京大学出版社2008年版，第25页。
② 伊格尔斯：《二十世纪的历史学》，山东大学出版社2006年版，第10页。
③ 黑格尔：《小逻辑》，商务印书馆1980年版，第120页。

第二章　历史的科学化与意识化

亦即把它理解为科学意义上的普遍性与必然性。康德明确指出，真正具有客观性的是那些不以时间地点为转移的规律性的东西，而不是那些仅仅属于我们知觉到的转瞬即逝的存在。现代的自然科学已经完全实现了客观性的第二层次含义，但历史学却始终没能完全实现过，尽管它不断地尝试着去实现。正因为如此，历史知识的"客观性"始终受到质疑。"叙事转向"的史学理论家也正是在"客观性"的科学意义上来质疑历史的客观性的。他们认为，历史研究永远无法获得普遍必然性的"科学知识"，因为被当作历史规律的那些抽象命题，往往是建立在对复杂现象不合理地简化的基础上的。而那些所谓的历史规律也并不具有自然科学规律那样的可预见性、可证伪性。这里再次强调，"叙事转向"的历史哲学并不像职业史学家那样探讨历史是否在人的意识之外的问题，它只是想表明，基于日常语言与科学语言之间的深刻差别，历史学科永远无法提升为历史科学。或者说，历史知识从来没有像科学那样表述事物的本质，而只能像文学艺术那样借事物之名表达某种私人的情感，这几乎和史料的科学与否无关。

然而，尽管自然科学的语言表面上看极其严谨、准确，似乎已经摆脱了日常语言的含糊性和不确定性，但究其实质，科学语言同样内蕴着修辞的维度，它并没有和常识性的历史语言之间存在着明确的界限。伊格尔斯曾指出："在19世纪，随着历史学变成为一门专门的学术并要求成为一门严格的科学，历史学家们就频繁地力求使历史著作摆脱辞藻的因素。在科学与辞藻之间设置一种简单的二分法就成为一时风尚，而不理解所有的语言、包括科学的语言在内都有一种修辞的维度。"[1] 既然如此，海登·怀特不应当在不考虑科学语言的情况下片面地凸显历史语言的修辞维度，虽然历史语言的比喻特性确实要比科学语言鲜明。历史学家也大可不必因其语言的"粗糙"而担忧，因为自然科学的语言同样要受到语言修辞维度的困扰。当然，这里并不是想弱化自然科学的科学性，只是想揭示"叙事转向"的一个隐性前提，即囿于自然科学的语言标准

---

[1] 伊格尔斯：《二十世纪的历史学》，山东大学出版社2006年版，第10页。

历史的客观性研究

来考量历史知识的客观性。这显然是自然科学的学科帝国主义。其实，如果仅仅囿于科学意义上的"客观性"含义，不但历史知识的客观性问题，而且整个人文社会科学知识的合法性都要受到挑战，因为整个人文社会科学都永远无法获得自然科学意义上的客观知识。但这是否就真的意味着，包括历史学在内的整个人文社科知识都毫无客观性可言呢？黑格尔对此作了否定的回答。在他看来，科学意义上的"客观性"含义表面上看是"客观"的，但实质上依然是主观的，因为普遍必然性的东西只能是思维的产物，永远与物自体之间存在着无法逾越的鸿沟。由此，黑格尔提出关于"客观性"的第三层次的辩证理解："客观性是指思想所把握到的事物自身，以示有别于只是我们的思想，与事物的实质或事物的自身有区别的主观思想。"① 第三层次的"客观性"含义是通过理性的自否定运动实现的。理性既是实体又是主体，它的自我展开活动即是它的客观存在状态。这就从根本上击破了主客二分的知性思维对"客观性"的理解，实现了在历史与逻辑辩证统一的意义上来觉解"客观性"的真实内涵。第三层次的客观性含义具体展现为黑格尔的"逻辑学"，它真正揭示了社会历史的客观生成状态，也就是人的活动与现实历史的辩证互生状态：一方面，人的活动创造了现实的历史；另一方面，现实的历史又为人的创造活动奠定了现实基础。正因为如此，对历史的客观性问题的理解只能在"客观性"的第三层次上理解。遗憾的是，包括"叙事转向"的历史哲学在内的全部哲学理论都是囿于科学意义上的客观性含义来理解历史知识的客观性问题。

为了理解历史科学与自然科学所触及的不同层次的客观性含义，让我们先从自然和历史的差别谈起。自然是与人无关的自然而然的存在，尽管它表面上显现为千差万别、千变万化的多彩世界，但却始终如此这般地循环往复着，规规矩矩地遵循着同一律和矛盾律而没有任何实质的变化。黑格尔指出："在自然界里真是'太阳下面没有新的东西'，而它的种种现象的五光十色也不过徒然使人

---

① 黑格尔：《小逻辑》，商务印书馆1980年版，第120页。

感觉无聊。"① 历史则是在人的活动中不断创生的。表面上看，历史似乎也周而复始地演绎着悲欢离合、人聚人散，与自然界的往复运动无异，但就其实质而言，历史则深刻地表征为人类文明的不断积累、扬弃和发展。换言之，与自然相比，历史由于内含了人的目的性活动而始终处于质变之中，不断有"新的东西"出现。李凯尔特曾提出："自然是那些从自身中成长起来的、'诞生出来的'和任其自生自长的东西的总和。与自然相对立，文化或者是人们按照所估计的目的直接产生出来的，或者是虽然已经是现成的，但至少是由于它所固有的价值而为人们特意地保存着的。"② 可以说，历史的生成性与自然的现成性构成了历史与自然之间最深刻的差别。自然的运动所遵循的是形式逻辑，而历史的运演所遵循的则是自否定的辩证逻辑。正因为如此，简单地立足于自然科学凝固的研究范式考量生成性的历史，必然造成对历史与自然的双重误解。而叙事转向的史学理论潜在地以自然科学研究范式的标准质疑史学研究范式的"科学性"，这在前提上就模糊了作为不同研究对象的历史与自然之间的差别，因为"这种屈从于因果解释概念的研究将不可避免地导致这样的结论，即不仅整个的历史完全被决定了，而且历史中从未出现过任何实质意义上的变化"③。卢卡奇甚至指出："自然科学的认识理想被运用于自然时，它只是促进科学的进步。但是当它被运用于社会时，它就会成为资产阶级的思想武器。"④

历史与自然的内在差别决定了历史学家只有摆脱自然科学研究范式的羁绊才能显现真正客观的历史。这也是黑格尔为什么提出对"客观性"第三层次理解的根本原因所在。早在18世纪，维科就已经自觉到了历史知识的客观性有别于自然知识的客观性，所以他力图提出不同于自然科学的"新科学"。维科提出："这个民族世界确实是由人类创造出来的，所以它的面貌必然要在人类心智本身的种种变化中找到。如果谁创造历史也就由谁叙述历史，这种历史

---

① 黑格尔：《历史哲学》，上海书店出版社2006年版，第49页。
② 李凯尔特：《李凯尔特的历史哲学》，北京大学出版社2007年版，第29页。
③ 海登·怀特：《元史学》，译林出版社2004年版，第110页。
④ 卢卡奇：《历史与阶级意识》，商务印书馆1999年版，第59页。

历史的客观性研究

就最确凿可凭了。"① 通过对人类心灵的各种变化的考察，维科提出各民族历史都经历的三阶段：神祇时代、英雄时代和凡人时代。很明显，维科已经意识到了历史与自然之间的异质性，所以他自觉以人的心灵而不是以自然物的方式来理解历史。尽管《新科学》对人类活生生的历史活动整齐划一的僵化概括受到后人的不少议论和批判，但维科由此而萌发的新的哲学原则——历史原则——却极大地影响了后继者。这个原则具体就是：历史确实由人们自己所创造，所以只有诉诸人自身才能够达到对历史的确凿认识。换言之，历史知识"客观性"的秘密在于人本身。马克思进一步明确指出，历史并不是外在于现实个人的独立存在，而是在人们社会性的物质活动中不断生成的。因此，任何对历史的考察必须摆脱任意的抽象思辨，而必须回溯到现实的人的活动上来。马克思说，"在思辨终止的地方，在现实生活面前，正是描述人们实践活动和实际发展过程的真正的实证科学开始的地方"②。

　　从人自身出发来理解人所创生的历史是维科一大了不起的理论贡献，以至后起的历史哲学家们自觉不自觉地都继承了这一运思路向。然而，遗憾的是，维科的"新史学"在深层上依然是在模仿自然科学对自然的统一性理解模式，并将之与中世纪僧侣哲学家理解历史的一元论图式混合起来，把神学从上帝创世走向天国的历史进程改写为人类从野蛮到走向文明的进步过程。这种由科学的和神学的历史观相结合的历史哲学使得历史哲学家们坚信，能够以统一性的解释原则获得对历史内在本质的理解，最终产生像黑格尔《历史哲学》这样的宏大巨著。黑格尔一方面承认人在历史中的活动是自由放任的；但另一方面又坚信，不同人的自由活动只是被不自觉地利用来完成一个既定的目的。这就是所谓"理性的狡计"。在马克思看来，黑格尔颠倒了历史的主客体，把创造历史的现实个人仅仅当作历史自身目的的手段，所以他并没有使现实的"人"真正登上"历史"的舞台，正因为如此，虽然黑格尔自觉到了自

---

① 维科：《新科学》，人民文学出版社1986年版，第145页。
② 《马克思恩格斯选集》第一卷，人民出版社1995年版，第73页。

然科学与历史科学不同层次的"客观性"含义，但他没有将自己对"客观性"的辩证理解完全贯穿到《历史哲学》当中，依然停留于科学意义上的"客观性"，将历史理解为统一而必然的过程。黑格尔一元论的历史观受到克罗齐、柯林武德的猛烈批判，但克氏等人并没有实质性地推翻黑格尔的历史哲学体系。在这一点上，只有海登·怀特"叙事的转向"彻底击碎了各种类型的一元论历史观的宏大叙事。也就是说，人们对历史的理解不可能像神学或自然科学那样具有绝对的统一性，而是多元的和不确定的。即使面对同时段的历史，不同的历史学家依然会建构出不同的情节化类型但都同样合乎逻辑的"历史故事"。

海登·怀特的"元史学"所倡导的"多元"历史观似乎对马克思提出的历史科学形成了巨大的理论挑战。就是说，如何理解历史唯物主义呢？它同样也是理解历史的"一种"方式，还是真正敞开历史的"唯一"方式？比如，洛维特就指认马克思的历史唯物主义只是世俗化了的神学历史观而已，因为马克思和黑格尔一样，也宣称自己掌握了理解历史"唯一"的绝对真理。但在笔者看来，二者的理论主张却存在着某种程度的契合。这是因为，虽然马克思坚信人类历史的发展呈现为自然历史过程，但他坚决反对把人创造历史的自由活动理解为完成某种外在目的的手段。相反，马克思指出，人们自己创造自己的历史，而人们自由的历史活动并不必然导向一个终极的目的。共产主义并不是一种现成的社会形态，而是那种消灭现存状况的现实的运动。这就从根本上确保了人作为创造历史的主体。而人的自己创造自己的历史使得现实的个人对历史的自由创造既决定了历史多重的可能性，同时又决定了人们理解历史的多元性。然而，在历史进入世界历史的现时代，随着资本的逻辑在世界各区域、各民族中凸显出来，人们对世界历史统一性的理解就成为可能的了。历史唯物主义正是在这种背景下应运而生的理论产物，它基于对当代人真实的存在状况——个人受资本统治——的批判通达了人类整体的文明史，又通过对人类文明史的整体觉解赋予了当代人以现实的历史使命。显然，历史唯物主义是在第三层次上理解"客观性"的含义的，亦即是在历史与逻辑相统

历史的客观性研究

一的意义上理解历史知识的客观性问题。但是，即使在"世界历史"时代，马克思依然认为，不同阶级、不同阶层的人们对历史的想象依然是不同的。比如，国民经济学家们，包括黑格尔，通过不断宣称现实历史的合理性和科学性而实现对资产阶级的辩护。马克思自己则自觉站在无产阶级立场上来拷问资本主义，力图在批判旧世界中发现新世界。可见，虽然历史唯物主义也同样是理解历史的"一种方式"，但这种方式要比其他方式深刻得多，不仅因为它的观点基于人类文明进程的总体演进，而且因为它自觉地为大多数人谋幸福。可以说，在对历史的多元理解上，马克思与海登·怀特的观点并没有冲突。马克思只是自觉地站在无产阶级的立场上来觉解现实的历史。

现在，让我们回到历史唯物主义与"叙事转向"的历史哲学对"语言"的不同理解上来。"叙事转向"的历史哲学家仅仅基于历史语言的比喻特性而把历史文本当作拟文学文本来处理，在运思路数上就存在着先天的理论缺陷，因为它没有觉解到源始语言的存在论本质。就是说，语言只是由于和他人交往的迫切需要才产生的，所以它归属于人的活动以及现实的历史。马克思明确指出："语言也和意识一样，只是由于需要，由于和他人交往的迫切需要才产生的。"① 现实的人的活动的历史性从根本上决定了与人的活动交织在一起的语言的历史性。源始的语言是历史文化的水库，语言方式的变革深层地表征着人存在方式的转变和历史的变迁。尽管语言像海登·怀特说的那样具有诗学属性，但这并不影响语言对现实历史的表征和澄明。"语言"是"历史"的"家"！然而，在海登·怀特的理论视域中，语言"表征"现实历史的职能被彻底抹杀了，而仅仅残留"表述"客观事物和"表达"主观情感的职能。自然科学语言精准的语义学定义标准地展现了语言的表述职能，而历史语言的含混性则只能使历史学家借历史之名完成表达自己的主观情感，而无法实现对历史本来面目的表述。海登·怀特割裂了语言与"现实的个人及其历史发展"的辩证统一关系，在曲解语言

---

① 《马克思恩格斯选集》第一卷，人民出版社1995年版，第81页。

的同时也堵塞了由语言通达历史的任何可能道路。对语言本质的误解，使得海登·怀特无法深入到历史本质性的一度之中，而只能囿于语言的诗学属性批评历史知识的客观性。马克思明确指出，只有诉诸人的活动才能澄清语言的本质，而不能反过来仅仅囿于语言的某些属性来反观人的活动。而对人的社会性的感性活动的理解，亦即对市民社会的理解，只有在政治经济学中去寻找。这样，通过对现实历史的政治经济学批判，马克思不仅澄明了现实的时代，而且通达了人类全部的历史。这就是历史唯物主义的历史科学对历史客观性的理解。

第 三 章
内涵逻辑与历史观念的变革

　　强化史学的科学性是不足以为历史的客观性辩护的，因为它无法在根本上回应"一切历史都是思想史"的挑战。一定意义上讲，历史的意识化更为深刻，不仅因为历史的意识化路向看穿了史学科学化的内在悖论，更是因为它在朦胧地将自然与历史区别开来的基础上，真实地表达了历史运动的形式。人们自己创造自己的历史，但创造历史的现实个人总已经先行地在历史之中。人与历史的这种内在的辩证关系在根本上决定了只有突破主客二分的知性立场，才能真实地直面并理解历史的客观性问题。换言之，如果仅仅囿于知性思维在历史学的意义上讨论历史的客观性问题，即仅仅追问历史事实的客观性，我们还没有以源始、合法的方式去追问历史的客观性问题，还没有切中历史客观性问题的根本要害。只有在哲学意义上重新考量历史的客观性问题，我们才会对历史的本性以及历史的客观性问题获得全新的理解视域。然而，哲学意义上的历史客观性问题又肇端于黑格尔。黑格尔自觉到了知性的有限性和片面性，所以他以理性的眼光重新理解了历史，使得历史获得了存在论的意义。黑格尔把对思想客观性问题的解决奠基于历史的客观性之上，并以其思辨思维把历史展现为思想内涵逻辑。马克思指出，黑格尔思想的内涵逻辑"为历史的运动找到抽象的、逻辑的、思辨的表达"。正是在黑格尔的意义上，以知性为基础的历史学意义上的历史客观性论争被消解了，因为以理性（历史）的眼光看，知性只是其一个内在环节而已，在这里，历史的客观性奠定了思想的客观性，而不是相反。黑格尔思想的内涵逻辑也为历史唯物主义的创立提供了厚重的理论财富。

第一节　历史性：内涵逻辑的内涵

以科学化抑或意识化的思路来理解历史的客观性问题并不能令人满意，而其根本症结则在于囿于知性思维方式的缘故。基于此，我们将在超越知性逻辑的意义上，以内涵逻辑的方式重新理解历史。内涵逻辑本身具有巨大的历史感，是人与历史辩证关系的恰切表达。它打破了历来对历史直观的、现成的理解，并深入到历史的本性之中去展现历史的生成性。因此，这种历史观念打破了对历史的编年史式的传统理解，不仅会使人走出以抽象夸大的思维质疑历史客观性的盲区，而且会使人以人类文明史的自觉来理解人的现实境遇与生存。

一　内涵逻辑与外延逻辑

内涵逻辑是相对于外延逻辑而言的。外延逻辑是指绕开思维的内容而对思维形式的考察。在这里，思维的形式和内容处于割裂的状态。形式逻辑就是外延逻辑，"因为它只以思维一般作为形式的活动性对象，而不涉及特殊的、普遍的思想内容。"① 正因为如此，形式逻辑所关注的只是推理过程是否符合思维的规则，而涉及不到思想内容的具体规定性。"形式逻辑有关贯通概念、判断、推理的普遍规律的学说，只能指出这规律是同一性、无矛盾性、排中性等等规定，而关于这些规定的内在差异及其在不同逻辑层次上的不同规定的对立统一的思想内容，它是涉及不到的。"② 形式与内容的割裂，并且只注重思维形式而不关心思维内容，从根本上导致了形式逻辑的现成性和非批判性。首先，因为形式逻辑抛开思维内容，而只是从既定的前提（大前提、小前提）出发推导出结论，所以它无法追究自己推理的前提（三段论的大前提、小前提）是否合理。换言之，推理的前提在形式逻辑的思考范围之外，是作为先行

---

① 邹化政：《〈人类理解论〉研究》，人民出版社1987年版，第157页。
② 同上书，第155–156页。

的承诺给出的。其次，作为一种纯粹思维形式的考察，形式逻辑对其自身何以能够成立的前提也同样不予追问，即从不追问思维形式何以符合思维内容的问题，而是独断地承诺了思维运演与思维对象的异质同构性。就是说，"形式逻辑的概念学说只能一般地指出概念是内涵与外延的统一，而不能揭示概念的内涵在其不同逻辑层次上的不同环节及其相互联系的辩证法。而概念的内涵一般地被形式逻辑定义为对象本质属性的思想反映，关于本质属性是什么及其为对象的何种逻辑层次均不涉及。"① 正是这两个根本性的前提形式逻辑没有过问，导致了形式逻辑自身的非批判性和现成性。康德首先自觉到了形式逻辑对形式与内容的割裂，所以他以先验逻辑来质疑形式逻辑，认为知识由先验形式与经验内容共同构成，根本不存在脱离内容的纯形式真理。然而，"由于康德仍坚持统觉作为一种思维—逻辑的创生活动只是外在地综合对象，而不是内在地从对象中理解出、分析出的分析性与综合性的统一"，② 所以康德并没有在根本上把思维的形式与内容糅合在一起。只有黑格尔明确地提出，形式是内容的形式，是与内容不可分割的形式。因此，逻辑不是关于思维外在形式的学说，而是思维运动规律的科学。这才真正实现了形式与内容的辩证统一，完成了从形式逻辑到内涵逻辑的过渡。就是说，"内涵逻辑的合理形式，亦即内涵逻辑作为辩证法，是由黑格尔达到的。"③

所谓内涵逻辑，就是关于思维内容的逻辑，是思维内容自己运动的逻辑。思维内容自己否定自己，自己扬弃自己，自己在否定和扬弃自己的过程中丰富自己、发展自己。这就是内涵逻辑生成性、历史性的形态。它意在说明，客体并不是外在于主体并与主体相对峙的僵化对象，而是在主体的自否定运动中不断创造的。思维既是主体又是实体，思维的自否定生成过程就是思维的真实存在过程。在这里，任何的前提又是结果，任何的结果本身又是前提，任何的

---

① 邹化政：《〈人类理解论〉研究》，人民出版社1987年版，第155—156页。
② 同上书，第179页。
③ 同上书，第158页。

第三章　内涵逻辑与历史观念的变革

前提或结果都是作为环节而存在的,由此而形成了全体的自由性与环节的必然性的统一。可见,"内涵逻辑的演绎法根本不同于外延逻辑的演绎法:外延逻辑是形式逻辑,它的演绎以现成的概念所组成的普遍命题为出发点,而不涉及概念的创生或起源的问题;内涵逻辑则是一般真理的思想内容的逻辑,它的演绎本质上涉及概念的创生或起源及其不同逻辑层次的发展。所以,思维的直觉能动理解作用,在外延逻辑的演绎法中是没有地位的,但它在内涵逻辑的演绎法中,却是一个贯通始终的基本环节。思维的能动直觉理解作用,就是思维创生、发展其概念的一种能力或规律。"[①] 也就是说,内涵逻辑"要求以概念内涵为基础的演绎,而不是以概念外延为基础的演绎——对立统一规律,就是从概念内涵进行演绎的基本原则,而辩证法作为对立统一规律在其普遍真理的不同逻辑层次上的展开,就是一种从概念内涵上进行演绎的演绎法。"[②] 可见,内涵逻辑所固有的合理形式就是辩证法,因为它真正实现了形式与内容、主体与客体内在的辩证统一。

外延逻辑对思维的考察之所以是形式的、非批判的,根源于它对思维自身的实体化理解,就是说它把思维理解为在内容之上并统摄内容的纯形式。外延逻辑是适合于表达自然运动的逻辑,因为人与自然的关系就是一种典型的形式/内容的二元关系。人在一定意义上是外在于自然的,不参与自然的运动。因此,自然科学家可以绕开对人实际生存的考察,而利用形式逻辑精确捕捉自然运动的规律。但进入历史领域,形式逻辑的有限性就立即暴露出来了。历史本身就是人创造的产物和人的存在方式。人与历史的关系并不是一种抽象的主客二元关系,而始终处于内在的辩证生成之中。因此,人与历史的关系根本不同于人与自然的关系。历史学家不可能绕开对人的存在状态的考察,简单地以形式逻辑去理解历史的运动,而只能诉诸表征人辩证生成的内涵逻辑来展现历史的生成。一言以蔽之,在知性的意义上,我们无法真实地理解历史;只有在存在论的

---

① 邹化政:《〈人类理解论〉研究》,人民出版社1987年版,第166页。
② 同上书,第158页。

高度上，历史才会自行显现。内涵逻辑为我们理解历史提供了可能的理论通道。

自然遵从形式逻辑，而人及其历史遵从辩证逻辑。如果以现成性的形式逻辑理解生成性的历史，必然造成对历史本性的某种遮蔽。形式逻辑之所以无法理解历史，根源于其自身内在的有限性，即它对形式与内容的割裂。作为辩证逻辑的内涵逻辑从根本上打破了传统意义上的主体/客体、形式/内容的二分法，从而也从根本上回答了形式逻辑所无法回答的形式何以适用于内容的问题，即思维形式之所以符合思维的内容，根源于思维和存在在自在的意义上的统一性。在此意义上，内涵逻辑不仅仅是认识的工具，本身还有存在论的意义。邹化政指出，"内涵逻辑，实质上就是思维以感性为中介而表现心外存在之在对人关系中的一般规律体系的学说，所以它必然是认识论，又是世界观。"[①] 此外，作为关于思维内容的逻辑，内涵逻辑还扬弃了形式逻辑无法追究的前提（三段论的大前提、小前提）。因为在内涵逻辑的视域中，从来没有任何现成的前提，每个前提既是"前提"又不是"前提"（"结果"），即都是作为中介和环节而存在的。这表明，形式逻辑无可置疑的前提本身就根植于人的思维的辩证发展之中。就像在黑格尔的逻辑学中那样，任何概念都不是僵死凝固的，而是能动的。概念在自我否定的过程中生成新的内涵、获得新的形态。从形式逻辑的现成性到内涵逻辑的生成性，我们可以真切地体认到列宁曾指出的：黑格尔思想的内涵逻辑具有巨大的历史感。

二 内涵逻辑的历史感

思想的内涵逻辑是黑格尔在批判康德的过程中所取得的积极成果。黑格尔认为，真理不应该仅仅停留于应当的阶段上，而本身同时就应该是现实的。因为凡是合理的都是现实的，凡是现实的都是合理的。在此意义上，作为普遍必然性的逻辑，不仅应该是关于思维形式的逻辑，而且更应该是关于思维内容的逻辑，也就是关于思维内容自身运动的内涵逻辑。在内涵逻辑的理论视域中，概念之所

---

① 邹化政：《〈人类理解论〉研究》，人民出版社1987年版，第159页。

第三章 内涵逻辑与历史观念的变革

以不是僵死凝固的,而是不安分和有内在冲动的,根源于思维自身固有的"至上性"与"非至上性"的辩证统一本性。"人的思维作为理性,在其对感性的关系中,内在的具有必然要违背其思维规律,发生非逻辑的中断这样一种对立物于自身之中,因为从数量上看,理性的力量,无论在何种数量的等级上,都不能达到极限;"① 就是说人的思维并非是超历史的神思,并非是绝对永恒的至上性,而是在与敌对的非逻辑力量的斗争中坎坷前行的。思维的运动就像数学中的极限概念,它指向无限,但却又永远无法达到无限。正因为如此,思维的发展展现为一个历史性的辩证生成过程。也正是在这个意义上,我们说内涵逻辑内蕴着巨大的历史感。邹化政指出,"人类思维发展的规律,就是思维规律在其对不合逻辑的中断性的否定中,亦即逻辑在其对非逻辑的否定中,不断恢复其自身、建立其自身的历史规律,这也是思维规律的一个历史环节。人类认识的发展,就是思维规律这个历史环节的表现;它在人类认识的发展中,就是人类认识发展的历史规律。"② 可见,思维本身并不是一个现成的绝对真理,而是总是在不断自我否定的过程中肯定自己,不断丰富壮大自己。在这里,我们能够更加真切地体会到内涵逻辑与形式逻辑的根本区别,即前者是生成性、批判性的逻辑,内蕴着巨大的历史感;而后者则是现成性的、非批判的逻辑,只是超历史的纯形式。当然,都作为"思维及其规律"的科学,二者在深层上又是一致的。"内涵逻辑与形式逻辑的关系是,内涵逻辑揭示思维结构形式的普遍思想内容,但它不能违背思维结构形式的规律;形式逻辑则揭示思维的普遍思想内容的结构形式,但它也不能违背思维的普遍思想内容的对立统一规律的那个统一性,形式逻辑的同一律、矛盾律、排中律作为真理一贯的无矛盾性,便是这个统一体的表现形式。"③ 或者说,"关于思维规律的科学,就是形式逻辑与辩证逻辑的统一,是外延逻辑与内涵逻辑的统一。这个统一性,必

---

① 邹化政:《〈人类理解论〉研究》,人民出版社 1987 年版,第 160 页。
② 同上书,第 161 页。
③ 同上书,第 159 页。

历史的客观性研究

然以思维规律的历史环节为基础,而有其不同的历史形式。"①

恩格斯曾经指出,自从科学从哲学中逐渐分化出来之后,哲学就只是关于"思维及其规律"的科学了。在这里,"并不是说,哲学只研究思维,不研究感性,因为所谓'思维规律'就是思维对感性的固有关系"②。换言之,哲学的研究对象并不是思维抑或存在,而是思维与存在的关系问题。这是恩格斯哲学是关于"思维及其规律"的科学的题中应有之义。"思维及其规律"的科学又分为形式逻辑与辩证法,前者属于外延逻辑,后者属于内涵逻辑。然而,形式逻辑"不能从概念内涵上揭示概念的内在差别作为对立统一规律,以及这规律在认识发展中的不同逻辑层次、不同规定及其对立统一的关系。"③ 所以它是现成的、非批判的,没有历史感可言,因而只适用于对自然的研究。相反,"由于辩证法作为逻辑,是使概念的抽象与普遍内容相统一,它便能在普遍内容的基础上,引进其不同逻辑层次上的认识活动的发展,而使概念处在普遍内容的自身运动之中。"④ 这就形成了内涵逻辑的批判性、生成性,以及巨大的历史感。由于内涵逻辑揭示了思维自身对立统一的辩证本性,所以它一定意义上真实地表达了人的实际存在方式。动物只有一个尺度,是本质先于存在,所以它只是过着不断自我复制的无意义的生活;而人则有两个尺度,即任何物种的尺度和自身内在固有的尺度,所以只有人才能过上不断创造新意义的生活。而所谓人的有意义的生活就是指现实的人总是在既定历史条件下最大限度地去激发自己内在固有的类本性,从而不断地把对新生活的理想变成理想的新生活。由此,人类历史才展现为内涵逻辑式的辩证发展过程。这也就是为什么说内涵逻辑具有巨大的历史感,真实地表达了人的存在方式——历史。

内涵逻辑之所以是逻辑,具有普遍必然性,在根本上,因为它是人的自由实现的逻辑。自由是哲学历来讨论的核心主题。所谓自

---

① 邹化政:《〈人类理解论〉研究》,人民出版社 1987 年版,第 161 页。
② 同上书,第 155 页。
③ 同上书,第 156 页。
④ 同上书,第 159 页。

第三章　内涵逻辑与历史观念的变革

由，顾名思义，即自己是自己的理由，没有任何外在的限制或制约。然而，以往人们对自由的思考往往停留在片面的抽象追问上，而没有把自由当作过程性原则进行考察。也就是说，人们总是把自由与不自由绝对地对立起来，抽象地追问绝对的自由何以可能，而没有把自由看作历史性的实现过程，即把自由看作改变不自由的存在方式。黑格尔首先对以往抽象的自由观进行改弦更张，并通过对思想史的考察回答了自由何以可能的问题，即诉诸对"自由"的思想内涵的概念式把握。这就形成了"全体的自由性"与"各个环节的必然性的统一"，也就是"黑格尔以'历史'观念所构成的概念辩证法——人类思想运动的内涵逻辑、人类争取和实现自由的思想内涵逻辑。"① 就是说，黑格尔并没有把自由绝对地实体化，而是把自由当作一个过程性的实现原则，也就是人类争取和实现自由的思想内涵逻辑。人类的自由不是一蹴而就地实现，而是表现为历史性的生成过程。而人类对自由的历史性追求过程，亦即自由的内涵逐渐丰富和发展的过程，就是人类文明史不断生成的过程。也正是在这一点上，历史与自然之间的差别深刻地展现出来了。自然总是自然而然的存在，无所谓自由可言，所以它从来都不会有新的东西出现；历史作为人类追求自由的产物，是人类自由实现的过程，必然促使它总会有新的东西和内容生成。历史科学化的道路显然没有自觉到这一点。而以"思想史"运演的逻辑（思想的内涵逻辑）展现历史的生成由此也要比历史科学化深刻得多！黑格尔思想的内涵逻辑，深刻地展现了人的意识如何在自否定的生成过程中实现自由的历程。但正因为黑格尔把现实的人仅仅等同于人的自我意识，所以他只是为历史找到了抽象的形式表达，还没有切中现实的历史，因为现实的历史在根本上并不是理性展开的历史。在积极扬弃黑格尔思想的内涵逻辑的基础上，马克思创立了历史的内涵逻辑，从而使得现实的历史得以澄明。而现实历史的澄明，又为现实的人类解放指明了现实的道路。由此，马克思不再是"解释世界"的哲学家，而是着力于"改变世界"的革命家。

---

① 孙正聿：《历史唯物主义的真实意义》，《哲学研究》2007年第9期。

三　内涵逻辑：理解历史的通道

以上对内涵逻辑与外延逻辑的区别以及内涵逻辑的历史性的论述无非是想表明，囿于形式、内容二分的形式逻辑，本质上是一种物的逻辑；而展现思想内容自身辩证运动的内涵逻辑，则是历史的逻辑。形式逻辑可以在一定意义上理解为在人之外、不以人的意志为转移的自然界。因为人与自然的关系一定意义上就是一种主客体关系。自然界虽然表面上丰富多彩、千变万化，但实质上它却只是同一规律的单调重复，所谓从来不会有任何"新的东西"出现。因此，科学家可以概括、抽象出具有普遍必然性的形式法则和规律。尽管这些法则与规律是脱离质料的纯形式，但它却适用于质料自身的运动。康德的先验哲学并没有很好地解决主体/客体、形式/内容之间的内在矛盾，因为"物自体"本身就是一个自相矛盾的概念，但它却成功地解释了自然科学知识何以可能的问题。或者说，它本身就是近代以来自然科学迅猛发展的产物。这表明，形式逻辑抑或先验哲学，尽管在解决形式/内容、主体/客体的问题上无法令人满意，但这却并没有影响二者对自然的解释力。然而，如果一旦超离出自然界而进入历史领域，形式逻辑抑或先验哲学解释的有限性就深刻地暴露了出来。以形式逻辑的思维看待人类自己创造的历史，历史必然表现为自然主义的决定论，即历史事件的前因后继。历史科学化的道路实质上正是这样一条路径，它把历史理解为完全在人之外的、与人无关的抽象存在物，并试图以严格的因果关系解释历史事件的发生。更有甚者，则是试图在历史中分析出自然科学式的规律与法则。然而，事实证明这样的研究范式并不能真实地理解历史的本性，反而把历史与自然混为一谈。康德的先验哲学对历史领域的解释就是很典型的一个例子。尽管康德确信先验历史的存在，认为正是先验历史确保了历史作为合目的性与合规律性的统一。但康德对先验历史的论证却是极为含混的。尽管他说，这一方面是因为现有历史还不够长，还不足以论证先天的历史观念；而另一方面则是现有的历史也没有出现否定先天历史观念的现象。正是这种不太充足的论证使得康德很谨慎地把他对人类历史的探讨称为对人类历史起源的"臆测"。

第三章　内涵逻辑与历史观念的变革

形式逻辑的前提是现成给定的，这就从根本上决定了它无法深入变动的事物内部，而只能游移于事物的表面，作为脱离内容的抽象现成公式。黑格尔打破了形式逻辑先行预设的主客体二元对立，把囿于形式/内容、主体/客体二分的知性斥之为有限而片面的，并力图把它奠基于理性之上，由此才有其思想的内涵逻辑的产生。而黑格尔思想内涵逻辑的产生，又为我们真实地理解历史运动的形式开启了可能的理论通道。这是因为，在历史领域，历史的主体（人）与客体（历史）并不是一种简单的二元对立关系。一方面，历史是人创造的产物，是人的活动的结果；而另一方面，历史又是人的活动的前提，是人的现实活动得以进行的条件。就是说，历史并不是简单地在人之外、与人无关的抽象客体。这里的内在循环在于，人们自己创造自己的历史，而创造历史的人却总已经先行地在历史之中。因此，人对历史的关系，并不是一种外在抽象的主客体关系，而是始终处于内在的辩证统一之中。也正因为如此，将认识主体与认识对象先行割裂开来而囿于形式、内容二分的形式逻辑或者先验逻辑，根本无法理解历史的本性。长期以来，人们之所以否认历史的客观性，要么把历史物化为自然，通过历史寻求自然科学式的铁律；要么把历史彻底主观化，仅仅把它理解为历史学家个人主观任意的产物，正是根源于一种与历史本性相悖的知性思维。

内涵逻辑不像形式逻辑那样从现成的前提出发推导出结论，而是一种批判性、生成性的逻辑，自身具有巨大的历史感，所以它能够深刻地展现人类文明史的辩证发展。或者说，人类历史的辩证发展，只有以内涵逻辑的方式才能深刻地展现出来。在内涵逻辑中，内容并不是与形式相对的被动客体，而本身就具有一种内在的冲动。内容总是通过不断的自我否定而实现自我肯定，并在生成自己的过程中不断丰富自己、发展自己。这里实质上恰切地表达出人类文明史客观演进的形式：人们在自己的实践活动中不断创生出作为其存在形式的历史。人类文明史就是人类文明内涵的不断积累、丰富和发展的过程。人们自己创造自己的历史，但人们并不能随心所欲地创造，因为任何既定的文明成果既是人类创造历史的结果，又是人类创造历史的前提。正因为如此，历史运演的逻辑才是人类文

历史的客观性研究

明不断丰富和发展的逻辑,也就是思想内涵不断具体化自身的逻辑。也仅仅因为如此,历史才展现为人类自由实现的逻辑。可以说,在历史领域,任何纯形式的现成规律与法则都必然被历史所扬弃。因为这些法则或规律最大的特点就是它的超历史性。

历史的运动过程,深刻地体现了现实的个人与历史在双向的互动中的辩证生成。人们自己创造自己的历史,而其创造历史的过程,既是现实个人个体生命丰富和升华的过程,又是人类整体文明积累、丰富和发展的过程。或者说,人类整体文明积累、丰富和生成的过程,深刻地体现在现实个人生命内涵丰富和升华的过程中。在内涵逻辑中,特殊概念与普遍概念,是二者同为概念的普遍结构形式的固有内容,"前者在其现实性上不能与后者相分离,后者在现实性上也存在于前者之中。"① 因此,以内涵逻辑通达历史,则历史的运动既是个体理性融入普遍理性的过程,又是普遍理性自我展开的过程。在此意义上,内涵逻辑并不是脱离内容的方法,而具有存在论性质。就是说,人对历史的关系必然不像对自然的关系那样是一种抽象的外在关系。现实的个人总已经在历史之中,并在历史中获得自身丰富的内涵与现实性。以往历史意识化道路的实质是,人们以思想的客观性质疑历史的客观性。然而这里的实情却是,历史的客观性本身确保了思想的客观性及现实的人。

需要指出的是,内涵逻辑具有巨大的历史感或历史性,但它却并不直接就是历史自身,而是历史的解释原则。在黑格尔的体系中,《逻辑学》所展现的思想的内涵逻辑仅是个纯粹的意识原理,《历史哲学》才是它的"应用逻辑"。同样,在马克思那里,历史唯物主义作为新世界观,是以"历史(的内涵逻辑)"作为解释原则的唯物主义,而不是以"历史"作为研究对象的唯物主义。由此我们也可以看出,柯林武德"一切历史都是思想史"的意义上是双重的:其一,它否定素朴实在论意义上的历史客观性,但却导致了越来越多的人把历史学等同于文学;其二,"思想史"却又以抽象朦胧的方式真实地表达了历史运动的方式。

---

① 邹化政:《〈人类理解论〉研究》,人民出版社1987年版,第157页。

第二节　黑格尔与马克思的历史观念

历史唯物主义的"历史"观念，是人类思想史的升华和结晶。黑格尔深刻地自觉到，人类的历史实质上是人类文明的不断演进过程，因此，他在哲学上把它把握为绝对理念的自我扬弃和自我升华，也就是思想从单纯上升到复杂、从抽象上升到具体的逻辑进程，即"思想的内涵逻辑"。马克思认为，由于黑格尔不懂得作为历史主体的人的存在方式，只是从异化出发来把握历史，所以他仅为历史找到了抽象的、逻辑的、思辨的表达，并没有切中现实的历史本身。在积极扬弃黑格尔"思想的内涵逻辑"的基础上，马克思创立了"历史的内涵逻辑"这个概念，即从人类感性的物质活动出发开启、澄明了人类现实的历史。

西方近代以前的哲学，主要是以亚里士多德的演绎逻辑来看待人的思维过程。而所谓的演绎逻辑，从根本上说，是一种外延逻辑。这种逻辑既触及不到概念的普遍性、特殊性和个体性的形成，又触及不到它们之间在内涵上的内在联系，特别是把握不到表征人类文明进步的概念的否定性。作为一种抛开思想内容即概念内涵的纯粹的形式推理，演绎逻辑无法回答人类思想发展的逻辑。近代以来，笛卡尔开拓了内涵逻辑，即思想从单纯上升到复杂、从抽象上升到具体的逻辑。"这种关于思想自身发展的内涵逻辑，在德国古典哲学集大成者黑格尔那里，构成了概念辩证发展的关于人类思想运动的逻辑。"① 在马克思看来，黑格尔思想的内涵逻辑为历史的运动找到抽象的、逻辑的、思辨的表达。在批判黑格尔的基础上，马克思开创了历史的内涵逻辑，从而使得"现实的历史"得以澄明。

一　黑格尔：思想的内涵逻辑

在《历史哲学》中，黑格尔明确区分了对历史研究的不同层次，即原始的历史、反省的历史和哲学的历史。传统的历史研究崇

---

① 孙正聿：《哲学通论》，辽宁人民出版社1998年版，第354页。

历史的客观性研究

尚兰克式的"秉笔直书",力求客观如实地再现历史,但是这种研究范式从根本上说是以没有深刻的认识论自觉和反省为前提的。因此,黑格尔将正统的历史学研究指认为一种较低级的"原始的历史"。在他看来,职业史家表面上以客观性为根本追求,然究其实质则只是史家以其个人的主观偏好对前人遗留下来的史料按时间顺序整理、排列而已。因而,这样一种研究范式,永远无法回应近代以来"一切历史都是思想史"的挑战。当然,黑格尔也并不认同近代以来把历史彻底归结为"思想史"的理论倾向。在他看来,这只是囿于主客二分的知性立场的结果。因此,如果仅仅把历史粗鲁地还原为思想史同样不能深入到历史本身之中。黑格尔批评到,"抱了这样的思想来治理历史,不免把历史当作是一种消极的材料。不许它保存本来的面目,逼迫它去适合一种思想,就像一般人所说,以'先天论'来解释历史了"①。黑格尔承认近代以来的"认识论"转向对史学研究的积极作用,所以他把反省的历史视为是原始的历史向哲学的历史的一种过渡式研究。黑格尔真正认可的研究方式,是对历史的哲学式考察。在《历史哲学》中,黑格尔开篇就指出,"这次演讲的题目叫做'哲学的世界历史'。那就是说,并不是从世界历史作出一些普遍的观察,再从世界历史的内容举例来阐明这一些观察,而是世界历史的本身。"② 显然,黑格尔认为只有历史哲学才算得上真正的历史研究。为了把自己和以往所谓的职业史家划清界限,黑格尔明确甚至苛刻地区分了历史哲学和传统史学研究的不同。他认为,传统的史学研究"与哲学上的考察无关,因为基于历史上原因的发展不得与出于概念的发展相混淆,而且历史的说明和论证也不得被扩展而成为具有自在自为地有效的那种论证的意义"③。

从哲学上考察历史,黑格尔提出,历史整体上呈现为一个合乎理性的过程。表面上看,历史显现为杂乱无章的偶然事件堆积,毫

---

① 黑格尔:《历史哲学》,上海书店出版社2006年版,第8页。
② 同上书,第1页。
③ 黑格尔:《法哲学原理》,商务印书馆1961年版,第5页。

第三章 内涵逻辑与历史观念的变革

无确定性和规律性可言。然而如果超出历史的偶然性，从整体上对之概观，就会发现，历史总是在利用着偶然个人对其偶然目的的追求而达到自己的总体目的。也就是说，人类总是按照他们天然的倾向"来发展它们自己和它们的目的，并且造成了人类社会这个建筑物，这样却给'公理'和'秩序'造成了力量来对付它们自己。"① 这些"公理"和"秩序"即绝对理念"驱使热情去为它自己工作，热情从这种推动里发展了它的存在，因而热情受了损失，遭到祸殃——这可叫做'理性的狡计'。"② 可见，黑格尔并不认为历史像我们通常想象的那么偶然和杂乱无章，因为不在场的绝对理念总是把个人的偶然性目的当作手段，从而实现自己的绝对目的。如此，原本追求私人目的的个人反而沦为绝对理念工具，而绝对理念则以此展开自我扬弃、自我丰富和自我发展，最终实现从抽象到具体的升华。世界历史不外是绝对理念不断展现自身的丰富性的历史，黑格尔称之为"理性的狡计"。历史在本质上是合乎理性的，如此，任何职业的历史学研究都是无效的。基于知性立场的正统史学的烦琐研究不但触及不到历史本身，反而可能对历史的遮蔽越来越深。哲学是理性的事业，所以只有哲学才配得上对历史进行研究。黑格尔由此提出，"哲学用以观察历史的唯一的'思想'便是理性这个简单的概念。'理性'是世界的主宰，世界历史因此是一种合理的过程。"③

黑格尔之所以要把历史确证为合乎理性的过程，从根本上说，是因为他觉解到人类整体的历史进程深刻地表征为人类自由逐渐实现的过程。或者说，正是因为世界历史是精神的自由的逐渐实现过程，所以它才表现为合乎理性的。黑格尔指出，"世界历史是理性各环节光从精神的自由的概念中引出的必然发展，从而也是精神的自我意识和自由的必然发展。这种发展就是普遍精神的解释和实现。"④ 黑格尔的深刻之处在于，他一改近代以来哲人们对自由的

---

① 黑格尔：《历史哲学》，上海书店出版社2006年版，第25页。
② 同上书，第30页。
③ 同上书，第8页。
④ 黑格尔：《法哲学原理》，商务印书馆1961年版，第352页。

历史的客观性研究

抽象追问，而把对自由的追求诉诸对人类文明史的考察，并进而把人类文明史确证为一个合理的过程。在他看来，"自由虽然是一个内在的观念，它所用的手段却是外在的和现象的，它们在历史上直接呈现在我们的眼前。"① 由此，通过世界历史这个平台，黑格尔克服了自由与必然的抽象对立。他说，"世界历史无非是'自由'意识的进展，这一种进展是我们必须在它的必然性中加以认识的。"② 这就是黑格尔一个著名的命题：自由就是对必然的认识。凡是现实的都是合理的，凡是合理的都是现实的。黑格尔之所以把历史抽象为理性展现自身丰富性的历史，是试图以理性方式表征人类自由实现的必然历程。

传统的历史研究实质上是一种黑格尔所批判的物质性思维，即它总是沉迷于具体的史料而不能自拔，因此，黑格尔把它称作原始的历史。马克思同样指认它只是一种从客体的、直观的角度去理解历史的旧唯物主义范式。近代哲学的认识论转向以来，思维变得不再淳朴，然而人们却开始倾向于把历史仅仅理解为主观任意的产物，彻底否认历史的客观性。可以说，黑格尔的《历史哲学》是以克服把历史文学艺术化的倾向为根本旨趣的。黑格尔通过对历史合乎理性的确证，试图从根本上堵死仅仅把历史理解为主观任意的倾向。也就是说，既然历史是合乎理性的，那么只要个体扬弃其主观任性，合乎理性地考察历史，就能实现个体理性与普遍理性的融合，进而把握到真实的历史。他说，"合乎理性地考察事物，不是指给对象从外面带来理性，并对它进行加工制造，而是说对象就它本身说来是合乎理性的。"③ 人们通常顾虑于认识的主观性而否认历史认识的客观性，这在黑格尔看来，只是囿于主客二元对立的知性立场的结果，因为"只要我是合乎理性地思考和希求，我就不处于这种有限的地位，因为这时我的行为所指向的对象已不是与我对立的他物了。"④ 因此，认识历史的问题并不是历史认识是否可

---

① 黑格尔：《历史哲学》，上海书店出版社 2006 年版，第 18 页。
② 同上书，第 17 页。
③ 黑格尔：《法哲学原理》，商务印书馆 1961 年版，第 39 页。
④ 同上书，第 119 页。

能的问题，而是我们如何克服主观任意，进而冲破知性思维，达到以理性的眼光对历史的审视的问题。黑格尔说，"因为哲学思想要求训练精神以反对任性的想法，并要求对这些任性的想法加以破坏和克服，来替合乎理性的思维扫清道路。"① 可以说，人类对其历史的认识过程，既是个体克服主观任意的过程，又是个体实现其自身自由的过程。黑格尔说，"'自由'在它的'理想的'概念上并不以主观意志和任意放纵为原则，而是以普遍意志的承认为原则。"② 因此，自由不是主观任意的为所欲为，而是个体意志认同普遍意志的过程，所以它"要靠知识和意志无穷的训练，才可以找出和获得。"③

黑格尔深刻地自觉到，人类的历史实质上是人类文明的客观演进过程。因此，他在哲学上把它把握为理念的自我扬弃、自我丰富的运动过程。人作为历史文化的存在，本身就是人类文明（理念）的承载者。这样，人对历史的认识，既是个人克服主观任性，以其个体理性融入普遍理性进而实现个体自由的过程，同时又是人类整体精神的自由及其文明（理念）的实现过程。黑格尔的"逻辑学"以思辨的方式表达了人类思想的运动的逻辑。它既是人类文明进步的逻辑，又是人的自由实现的逻辑。这就是黑格尔的"思想的内涵逻辑"。

二 马克思：历史的内涵逻辑

黑格尔思想的内涵逻辑深刻地展现了历史运动的形式，但在马克思看来，由于黑格尔不理解作为历史的主体的人的存在方式，所以他"只是为历史的运动找到抽象的、逻辑的、思辨的表达，这种历史还不是作为一个当作前提的主体的人的现实历史，而只是人的产生的活动、人的形成的历史。"④ 在对黑格尔思想的内涵逻辑积极扬弃的基础上，马克思创立了历史的内涵逻辑——历史唯物主义，从而开启了人类现实的历史。

---

① 黑格尔：《法哲学原理》，商务印书馆 1961 年版，第 171 页。
② 黑格尔：《历史哲学》，上海书店出版社 2006 年版，第 44 页。
③ 同上书，第 38 页。
④ 马克思：《1844 年经济学哲学手稿》，人民出版社 2000 年版，第 97 页。

历史的客观性研究

马克思认为，黑格尔站在国民经济学家的立场上，"从异化出发（在逻辑上就是从无限的东西、抽象的普遍的东西出发）"① 来理解人，也就是"把人变成自我意识的人，而不是把自我意识变成人的自我意识，变成现实的人即生活在现实的实物世界中并受这一世界制约的人的自我意识。"② 这样"自我意识就从人的属性变成独立的主体。"③ 而人类活生生的历史活动也由此被抽象化为自我意识运演的思想史。正如马克思所说，黑格尔把人变成自我意识的人之后，进而陷入一种幻觉，把思维运演的逻辑当成了现实历史的生成过程。也就是说，黑格尔"把实在理解为自我综合、自我深化和自我运动的思维的结果，其实，从抽象上升到具体的方法，只是思维用来掌握具体、把它当作一个精神上的具体再现出来的方式。但决不是具体本身的产生过程。"④ 由于黑格尔未能真实地切中现实的历史，所以他只能以一种神秘主义的独断论来确证历史的"合理性"。在此意义上，马克思指出，在黑格尔那里，历史"被认为是合乎理性的，但是它之所以合乎理性，并不是由于它本身的理性，而是由于经验的事实在其经验的存在中被附加了一种超出其本身范围的意义。"⑤ 黑格尔未能深入历史本身而把历史确认为绝对理念的外在显现，一方面导致了历史主客体的颠倒，也就是"他把身为理念的主体的东西当成理念的产物，当成理念的谓语"⑥；另一方面又使得历史强制性地屈从于逻辑，也就是把历史的哲学变为哲学的历史。马克思指出，"人类的历史变成了抽象的东西的历史，因而对现实的人说来，也就是变成人类的彼岸精神的历史。"⑦

在批判黑格尔的基础上，马克思说，"'历史'并不是把人当做达到自己目的的工具来利用的某种特殊的人格。历史不过是追求

---

① 马克思：《1844年经济学哲学手稿》，人民出版社2000年版，第96页。
② 《马克思恩格斯全集》第2卷，人民出版社1965年版，第245页。
③ 同上书，第175—176页。
④ 《马克思恩格斯选集》第二卷，人民出版社1995年版，第18—19页。
⑤ 《马克思恩格斯全集》第1卷，人民出版社1956年版，第253页。
⑥ 同上书，第259页。
⑦ 《马克思恩格斯全集》第2卷，人民出版社1965年版，第108页。

第三章　内涵逻辑与历史观念的变革

着自己目的的人的活动而已。"① 也就是说，"创造这一切、拥有这一切并为这一切而斗争的，不是'历史'，而正是人，现实的、活生生的人。"② 历史是人的创造，因此，要理解历史首要的是理解人的存在方式。马克思正是从对作为历史主体的人的存在方式的思考出发，真实地切中了现实的历史，创立了"历史的内涵逻辑"。针对黑格尔把人抽象化为一个能思维的意识性存在，马克思首先指出，"人直接地是自然存在物。"③ 把人界说为自然存在物也就潜在地确证了人是对象性的存在物。马克思说，"说人是肉体的、有自然力的、有生命的、现实的、感性的、对象性的存在物，这就等于说，人有现实的、感性的对象作为自己本质的即自己生命表现的对象；或者说，人只有凭借现实的、感性的对象才能表现自己的生命。"④ 马克思对人自然性的凸显深刻地变革了近代以来从"我思"（意识）出发的意识哲学路向，而把对象性的人与作为对象的自然的"共在"作为一个新的哲学思考平面。可以说，马克思把人看作感性的对象性存在物不但没有陷入旧唯物主义的窠臼，反而真实地揭示了人本源性的存在方式——感性的物质活动。这是因为，马克思在确证人的自然性的基础上进而凸显了人的类特性。马克思说，"人不仅仅是自然存在物，而且是人的自然存在物，就是说，是自为地存在着的存在物，因而是类存在物。"⑤ 而人作为类存在物确证自己类生命的方式就是生产劳动："通过实践创造对象世界，改造无机界，人证明自己是有意识的类存在物，就是说是这样一种存在物，它把类看作自己的本质，或者说把自身看作类存在物。"⑥ 把物质劳动界说为人本源性的存在方式不但深刻地体现了人的自然性和类特性的辩证统一，而且把人类的生产劳动和动物的"生存"活动十分精准地区别开来。作为自然性的动物只能按照它

---

① 《马克思恩格斯全集》第 2 卷，人民出版社 1965 年版，第 118—119 页。
② 同上书，第 119 页。
③ 马克思：《1844 年经济学哲学手稿》，人民出版社 2000 年版，第 105 页。
④ 同上书，第 105—106 页。
⑤ 同上书，第 107 页。
⑥ 马克思：《1844 年经济学哲学手稿》，人民出版社 2000 年版，第 57 页。

历史的客观性研究

所属的种的尺度进行本能性的"生存"活动,而具有双重尺度的人类则"甚至不受肉体需要的影响也进行生产,并且只有不受这种需要的影响才进行真正的生产"①。

对于人类的劳动,马克思说,"劳动首先是人与自然之间的过程,是人以自身的活动来引起、调整和控制人与自然之间的物质变换的过程。"② 然而,任何现实的人类劳动即人对自然的关系又总是以人对人的关系为前提的,因为"人们在生产中不仅仅影响自然界,而且也相互影响。他们只有以一定的方式共同活动和互相交换其活动,才能进行生产。为了进行生产,人们相互之间便发生一定的联系和关系;只有在这些社会联系和社会关系的范围内,才会有他们对自然界的影响,才会有生产。"③ 可见,人类的物质劳动总是在人与自然、人与人之间的辩证统一关系中生成的。正因为如此,马克思把社会中从事生产的个人作为历史分析的出发点。他说,"在社会中进行生产的个人,——因而,这些个人的一定社会性质的生产,当然是出发点"④。这里需要注意,虽然马克思和学院派经济学家都关注人们的社会生产,但是由于马克思对"社会生产"的理解已经潜在地内蕴着形上的哲学维度,所以他的学说与纯粹的经济学理论在根基上存在着质的差异。人们在社会中生产劳动的过程,同时也就是人们现实的生活生成的过程。就是说,"人们生产自己的生活资料,同时间接地生产着自己的物质生活本身。"⑤ 因此,"这种生产方式不应当只从它是个人肉体存在的再生产这方面加以考察。它在更大的程度上是这些个人的一定的活动方式,是他们表现自己生活的一定形式、他们的一定的生活方式。个人怎样表现自己的生活,他们自己就是怎样。"⑥

可见,与黑格尔从抽象的理念出发演绎历史的路径相反,马克

---

① 马克思:《1844年经济学哲学手稿》,人民出版社2000年版,第58页。
② 《马克思恩格斯全集》第23卷,人民出版社1972年版,第201—202页。
③ 《马克思恩格斯选集》第一卷,人民出版社1995年版,第344页。
④ 《马克思恩格斯选集》第二卷,人民出版社1995年版,第1页。
⑤ 《马克思恩格斯选集》第一卷,人民出版社1995年版,第67页。
⑥ 同上书,第67—68页。

第三章　内涵逻辑与历史观念的变革

思从人类现实的物质活动出发切入了现实的历史。易言之，历史不是绝对理念的外在显现，而是在人类现实的物质生产中不断生成的。而所谓现实的生产活动，也就是受一定历史条件制约的人类生产生活。马克思说，"历史不是作为'产生于精神的精神'消融在'自我意识'中而告终的，而是历史的每一个阶段都遇到一定的物质结果，一定的生产力总和，人对自然以及个人之间历史地形成的关系，都遇到前一代传给后一代的大量生产力、资金和环境，尽管一方面这些生产力、资金和环境为新的一代所改变，但另一方面，它们也预先规定新的一代本身的生活条件，使它得到一定的发展和具有特殊的性质。"① 现实的人类活动只能在既定的历史条件下开展，或者说，既定的现实条件始终是现实的人类活动得以展开的历史性前提。而人类活动的这些现实的前提和条件本身又是人们历史性活动的结果和产物。基于人的活动的前提与结果的辩证统一，马克思真实地深入到历史本质的一度之中了。从人类的物质生产活动出发，而且是从作为人类特定历史形式的资本主义生产方式出发，马克思切中、通达了人类现实的历史。在对现实的资本主义的考察中，马克思发现，由于私有制和分工的存在，历史的"主体和客体的关系颠倒了。"② 也就是说，"在资产阶级社会里，资本具有独立性和个性，而活动着的个人却没有独立性和个性"③。但是，资本主义的社会关系并不是凭空产生的，它本身就是资产阶级在反对封建主义等级制的历史运动中逐渐形成的。因此，对资本主义的深入剖析也为理解人类整个的历史提供了钥匙。这是因为，"资产阶级社会是最发达的和最多样性的历史的生产组织。因此，那些表现它的各种关系的范畴以及对于它的结构的理解，同时也能使我们透视一切已经覆灭的社会形式的结构和生产关系。"④ 尽管与封建主义等级制下人的依附关系相比，资产阶级的政治解放是巨大的历史进步，但资本主义在其发展过程中又产生了否定其自身的因素。这

---

① 《马克思恩格斯选集》第一卷，人民出版社1995年版，第92页。
② 《马克思恩格斯全集》第47卷，人民出版社1979年版，第124页。
③ 《马克思恩格斯选集》第一卷，人民出版社1995年版，第287页。
④ 《马克思恩格斯选集》第二卷，人民出版社1995年版，第23页。

历史的客观性研究

就是无产阶级的不断兴起和壮大。立足于这种判断,马克思为当代人类提出人的解放的历史任务。

在马克思这里,历史并不像黑格尔所说的那样,仅仅是一个人类精神不断演进的过程,更是人类物质生产条件不断改进的过程,而且"这种活动、这种持续不断的感性劳动和创造、这种生产,正是整个现存的感性世界的基础"①。马克思还指出,"只要描绘出这个能动的生活过程,历史就不再像那些本身还是抽象的经验论者所认为的那样,是一些僵死的事实的汇集,也不再像唯心主义者所认为的那样,是想象的主体的想象活动。"② 历史是追求自己目的的人的活动,而现实的人类活动又总是在既有的历史条件下进行并实现自身进步的。因此,人类既定的历史活动既要继承前代人的精神成果,又要继承前代人的物质条件,"整个所谓世界历史不外是人通过人的劳动而诞生的过程,是自然界对人来说的生成过程"③。这就是马克思"历史的内涵逻辑"。

三 黑格尔与马克思的理论传承:从内涵逻辑看

马克思认同黑格尔把人类历史确证为人类文明的客观演进过程,但他同时指出,人类的文明史不仅是一个思想演进的过程(思想的内涵逻辑),在深层上,它更是一个人类社会性的物质生产能力不断更新和提高的过程,并且只有后者才是真实推动历史的本质性力量。同样,马克思赞同黑格尔不再把对自由的追求仅仅停留在抽象追问的层面上,而是诉诸对人类历史的考察,但马克思绝不主张人类的自由最终实现在资本主义社会里。在他看来,自由的真实形态即自由劳动只有在未来的共产主义社会才有可能,而这又只能基于现实的人立足于现实的历史条件,经过努力奋斗才能达到。这就是马克思"历史的内涵逻辑"对黑格尔"思想的内涵逻辑"的积极扬弃。

黑格尔所面对的是一个经院哲学式的理论问题,并且他自己也

---

① 《马克思恩格斯选集》第一卷,人民出版社 1995 年版,第 77 页。
② 同上书,第 73 页。
③ 马克思:《1844 年经济学哲学手稿》,人民出版社 2000 年版,第 92 页。

第三章　内涵逻辑与历史观念的变革

是试图以理论思辨的方式去解决这个问题。具体来说，黑格尔是想极力克服自康德以来的思维不再纯朴的认识论哲学的弊端，他试图借助历史的中介而实现为思想的客观性奠基。黑格尔认为，历史不是现存事物偶然杂多的综合，而是一个合乎理性的过程。因此，个人对历史的认识，既是个体克服主观任意、以个体理性融入普遍理性的过程，又是普遍理性自我展开的过程。同时，对历史的认识过程，从根本上说，也是人的自由的实现过程。通过先行地在存在论的意义上把历史确证为理性的自我展开过程，黑格尔堵死了近代以来人们仅仅把历史理解为主观任意的路向。黑格尔冲破了对历史不可知论的理解，而使得人们对历史的客观性认识成为可能。然而，黑格尔并未摆脱意识哲学的窠臼，他只是以绝对唯心论的方式使得历史彻底主观化了。"黑格尔认为，世界上过去发生的一切和现在还在发生的一切，就是他自己的思维中发生的一切。""其实，他只是根据绝对方法把所有人们头脑中的思想加以系统的改组和排列而已。"①　总之，黑格尔重大的理论贡献在于，他"在思辨范围内提供了真正的把握事物实质的区别。"②　虽然他并未把握到现实的事物本身。通过积极地扬弃黑格尔在思辨范围内提供的把握事物实质的方法，即"思想的内涵逻辑"，马克思使得现实的历史得以澄明。

马克思认为，黑格尔从异化出发，也就是从绝对理念出发来理解历史，所以他只能把历史的哲学变为哲学的历史。这是因为，理念的绝对性就意味着现实世界的虚无性，或者说，绝对理念作为一个绝对的主体，不可能有任何外在真实的对象。因此，"自我意识通过自己的外化所能设定的只是物性，即只是抽象物、抽象的物，而不是现实的物。"③　也可以说，黑格尔的绝对理念作为"非对象性的存在物是非存在物。"④　为了对抗黑格尔对人的抽象化理解，马克思通过对人自然性的强调而确证了人是一种对象性的存在物。

---

① 《马克思恩格斯选集》第一卷，人民出版社1995年版，第141页。
② 《马克思恩格斯全集》第42卷，人民出版社1979年版，第237页。
③ 马克思：《1844年经济学哲学手稿》，人民出版社2000年版，第104页。
④ 同上书，第106页。

历史的客观性研究

在马克思看来,"非对象性的存在物,是一种非现实的、非感性的、只是思想上的即只是想象出来的存在物,是抽象的东西。说一个东西是感性的即现实的,这是说,它是感觉的对象,是感性的对象,从而在自身之外有感性的对象,有自己的感性的对象。"① 通过对人对象性的确证,马克思突破了近代以来主导意识哲学的窠臼,并进而打开一个新的视域:作为人与自然"共在"的现实历史。这就是马克思要强调物质劳动对人的存在的源始性的根本原因所在。当然,物质劳动不仅是沟通人与自然的中介,同时也是沟通人与人的中介。人类的物质生产活动作为人与人之间、人与自然之间的统一,真实地体现了人的存在方式,也为我们真切地理解历史提供了可能的突破口。事实上,人类现实的历史正是在这种源始的物质活动中不断生成的。更重要的是,为了不至于重新陷入意识哲学的窠臼,马克思并不是要从物质生产的"概念",而是从对一定的、历史地发展的和特殊的物质生产方式出发来考察人类现实的活动、现实的历史。他说,"要研究精神生产和物质生产之间的联系,首先必须把这种物质生产本身不是当作一般范畴来考察,而是从一定的历史形式来考察。"② 正是基于对作为一定历史形式的资本主义生产方式的批判性分析,马克思切入了现实的资本主义社会,也通达了人类全部的历史,并进而实现了对人类未来的指向性引导。我们由此可看到,马克思之所以实现对唯心主义历史观的革命性颠覆,是因为他"始终站在现实历史的基础上,不是从观念出发来解释实践,而是从物质实践出发来解释观念的形成"③。这是与黑格尔以意识推导存在相反的思考路径——社会存在决定社会意识。在马克思看来,黑格尔之所以只能把人理解为一个能思维的抽象存在,是因为他没有跳出资本主义社会本身。换言之,正是因为人在现实的历史中始终处于异化状态,受到抽象资本的统治,所以才使得黑格尔仅仅把人理解为一个能思维的抽象存在物。正像马

---

① 马克思:《1844年经济学哲学手稿》,人民出版社2000年版,第107页。
② 《马克思恩格斯全集》第26卷(Ⅰ),人民出版社1972年版,第276页。
③ 《马克思恩格斯选集》第一卷,人民出版社1995年版,第92页。

第三章　内涵逻辑与历史观念的变革

克思指出的那样,"哲学家们那样当作职业,也就是当作行业来从事的那种与现存关系脱节了的意识的变化,其本身就是现存条件的产物,是和现存条件不可分离的。"①

黑格尔哲学有着深刻的社会现实基础,但黑格尔最终还是没能从社会现实中跳出来,而是囿于国民经济学家的立场,同样把现实的资本主义超历史化、永恒化和绝对化了。正是因为以现实的资本主义为标的,黑格尔才把历史看作一个由专制走向自由、由蒙昧走向开明的"合理"过程,并合乎"逻辑"地实现从市民社会到政治国家的过渡。历史是理念的展开过程,而理念的展开过程不外是资本主义自由精神的合乎理性的实现过程。正如马克思所说,"实质上这是因为,他们总是把后来阶段的普通个人强加于先前阶段的个人并且以后来的意识强加于先前的个人。由于这种本末倒置的做法,即一开始就撇开现实条件,所以就可以把整个历史变成意识的发展过程了。"② 可见,以后来人的意识代替先前人的意识,必然使历史彻底意识化,进而只能"解释世界"和为资本主义辩护。马克思认为,现实的资本主义只是历史发展的一个必然阶段,但历史并不因此而终结。这是因为,政治解放并不等同于人的解放。在资本主义社会中,市民社会与政治国家始终处于二元对立的状态,现实的人则始终过着双重的生活——虚幻的天国生活与真实的尘世生活。而虚幻的天国生活本身又根植于现实的尘世生活,即市民社会。由此马克思指出,"这个市民社会是全部历史的真正发源地和舞台"③。基于此,马克思对包括黑格尔在内的既往哲学对历史的思辨解释进行了改弦更张,转向对市民社会的政治经济学批判。

马克思曾这样批评青年黑格尔派:"这些哲学家没有一个想到要提出关于德国哲学和德国现实之间的联系问题,关于他们所作的批判和他们自身的物质环境之间的联系问题。"④ 在这里,马克思不仅对黑格尔哲学以及青年黑格尔派的历史唯心主义实质进行了真

---

① 《马克思恩格斯全集》第3卷,人民出版社1960年版,第440页。
② 《马克思恩格斯选集》第一卷,人民出版社1995年版,第130页。
③ 同上书,第88页。
④ 同上书,第66页。

实的揭露，而且也暗示出马克思自己的历史唯物主义的旨趣和意蕴。以往的历史学家不是误解人类史就是用意识形态掩盖真实的人类史，马克思则是要在澄明和敞开现实的历史的基础上寻求人类解放的真实道路。可以说，基于对人本源性存在方式——实践——的真切体认，以及对资本主义的深刻批判，马克思通达了人类全部的历史，并为现实的人类解放指明了道路。

第三节　克罗齐与思想的内涵逻辑

黑格尔思想的内涵逻辑为我们打开了一条重新理解历史的可能道路。这条道路就是，历史并不是完全过去了的、僵死凝固的现成存在，而是展现为不断自我扬弃、自我生成的辩证发展过程。人类的意识，如果不是主观任意的话，就只有奠基于历史之中。由此，黑格尔在存在论的高度上重新理解了历史，尽管黑格尔对历史的理解依然是思辨的。既然历史的客观性奠定了现实的人类意识或者说人类意识的现实性，那么，我们就不能以抽象夸大的意识质疑历史的客观性，因为现实的意识本身就根植于历史之中。然而遗憾的是，克罗齐却重新从黑格尔对历史理解的理性立场退回到知性立场上来，由此而开启了自此之后否认历史客观性的各种思潮。可以说，作为黑格尔主义者的克罗齐最终背离了黑格尔哲学的根本精髓。在这里，对克罗齐的声讨并不仅仅针对克罗齐本人，在一定意义上，它所针对的是整个20世纪人们对历史客观性的各种质疑。

一　内涵逻辑与思想的客观性

黑格尔当之无愧是内涵逻辑研究的集大成者，因为内涵逻辑所固有的合理形式——辩证法——只有在黑格尔那里才日趋完善。对思维自身辩证本性的自觉，使得黑格尔认清了几乎从来不被人们质疑的知性的有限性和片面性，以及囿于知性而造成的认识自身的内在悖论。我们知道，近代以来的哲学认识论转向使得思维变得不再纯朴了，也就是说，认识本身成了问题并被哲学家们明确地提了出来。"没有认识论的本体论为无效"已成为哲学家的共识和口号。在摆脱素朴的实在论之后，人们开始自觉地将意识界的存在与意识

第三章　内涵逻辑与历史观念的变革

外的存在区分开来。康德在考察人的认识能力之后提出，思维用以把握存在的逻辑，只是思维的逻辑，而不是存在的逻辑，即它只具有主观逻辑的意义，而不具有客观逻辑的意义。这一令人沮丧的结论深深地触动了黑格尔。也正是在批判康德的基础上，黑格尔以其令人惊叹的哲学思辨构筑了思想的内涵逻辑，消解了认识论的主客二元对立，并进而深刻地展现了人类认识的辩证发展史。可以说，在自己最重要的著作中，黑格尔几乎都深刻地批评了康德，但对康德的批评并不是针对康德本人，而实质上针对的是人类长久以来所形成的根深蒂固的知性思维方式。

人们一般认为，所谓知识，就是主观认识对客观对象的正确反映。康德则提出，不仅仅是经验对象，而且更主要的是人的先验认识能力，才使得人类的知识成为可能。单靠经验根本无法形成知识的普遍必然性，休谟的论辩已经深刻地说明了这一点。从哲学史上看，康德在认识论领域所发动的这场"哥白尼革命"具有划时代的意义。它一方面彻底打破了长期统治人们的素朴实在论；另一方面又实现了为人类认识能力的划界，即指出只有知性才能产生有效的知识，而一旦超越知性而进入理性，人类的认识就会陷入二律背反。应当说，康德对知性与理性的区分是一个巨大的功绩，但他对知性的坚守和对理性的拒斥又造成先验哲学重大的理论弊端。"物自体"本身就是一个说不清道不明的矛盾概念。在此意义上，与其说康德解决了人类认识的问题，还不如说他深刻地提出了人类认识所内在的一个不可克服的矛盾：人类的认识只能是认识范围内的认识而不可能是超越认识范围的认识。这种消极的结论引起了黑格尔的极大不满。思想的内涵逻辑也正是在这种理论背景下提出的。

黑格尔首先从批判康德的知性立场着手。在他看来，理性产生二律背反的矛盾并不是其自身的缺点，而恰恰是它能动性和创造性的体现。而且，立足于理性立场，知性的有限性和片面性也就自然而然地显露出来了。由此，黑格尔在根本上颠覆了康德，实现了为思想客观性的奠基。

与僵死凝固的知性相比，理性具有内在的冲动和不安分。理性的对象并不像知性的对象那样始终是作为对立面而存在的，而是在

历史的客观性研究

其自身的自否定运动中不断创造的。理性的自否定运动是逻辑学、辩证法和认识论"三者一致"的思想内涵逻辑。它意在说明,作为认识者的人与作为被认识的对象首先并不是一种抽象外在的主客体关系,而是源始地处于内在的辩证统一之中。现实的个人作为理性(理念)的负载者,在认识客体之前已经先行地与客体勾连在了一起。因此,他与对象的现实关系实质上就是理性的自我辩证关系。然而,在常人流俗的认识过程中,主客体之间先在的勾连关系总是被不自觉地跳跃了。而近代哲学对认识主体的无限凸显更加加剧了这一灾难,以至于思维自身固有的辩证本性被忽视了,片面的知性被当作思维唯一的形式。正是因为囿于主客二元对立的知性思维被当作不言而喻的认识前提,主客体之间先行的内在关联被割裂开来,最终造成了主体与客体、人与对象的双重抽象以及认识自身所无法克服的内在悖论。这也就是黑格尔竭力批评主观任性以及指认知性的有限片面性的根本原因之所在。黑格尔说,"作为直接自为的而与自在地存在的意志区分开来的主观意志是抽象的、局限的、形式的。"① 就是说,直接自为的主观意志本身并不是现实的个体意识,而只是虚假的预设而已,因为它脱离普遍性而变得抽象和任意。由此黑格尔指出,"客观性是与主观的意志规定相对立的片面形式,从而它是作为外部实存的那定在的直接性;在这个意义上,意志只有通过实现它的目的,才成为客观的。"② 或者说,"意志为了成为自在自为地存在的意志,必须把自己从纯粹主观性这另一片面性中解放出来。"③ 可见,纯粹任意的主观意志必须超越自身的局限,融入普遍性才能获得客观的意义。这就是思维自身所固有的辩证本性。僵化片面的知性思维当然自觉不到这一点,它总是独断地承诺主观能动性与客观制约性之间的对立和矛盾,并把向思维直接显现的整体混沌表象当作具体的、生动的,而把具有多种规定性和丰富内涵的概念当作抽象的。理解现成存在的自然界,知性

---

① 黑格尔:《法哲学原理》,商务印书馆1961年版,第112页。
② 同上书,第34页。
③ 同上书,第112页。

第三章　内涵逻辑与历史观念的变革

或许够用,然而一旦跨入辩证发展的历史领域,知性的有限性就马上暴露出来了。对此,笔者已在前文中多有论证,故此处不再赘述。理解历史只能诉诸理性(而不是知性)的深层意蕴在于,创造历史的现实个人并不是离群索居、自本自根的原子式个体,而是社会历史、时代的产物。这种社会历史的文化内涵在根本上规定着个人的所思所想、所作所为。任何个人都不可能从这个大的旋涡中超离出来。黑格尔指出,"个人是他的民族,他的世界的产儿。他的民族和世界的结构和性格都表现在他的形体里。个人无论怎样为所欲为地飞扬伸张——他也不能超越他的时代、世界。因为他属于那唯一的普遍精神,这普遍精神就是他的实质和本质,他如何会从它里面超越出来呢?"① 他还指出,"个人作为时代的产儿,更不是站在他的时代以外,他只在他自己的特殊形式下表现这时代的实质,——这也就是他自己的本质,没有人能够真正地超出他的时代,正如没有人能够超出他的皮肤。"② 可见,个人总已经在社会之中,总已经在不同程度上被社会化了。因此,问题并不在于特殊的个人要不要社会化、普遍化,而在于他只有努力使自己作为特殊性和普遍性融为一体的个体性时才能获得现实性。用思辨哲学的话说,"特殊的东西必然要把自己提高到普遍性的形式,并在这种形式中寻找而获得它的生存。"③ "精神的过程即在于单一的主体取消其直接方式,把自己提高到与实质物合一。"④ 可见,现实的个体的生存过程也就是其不断融入普遍性的过程、不断客观化的过程。

现实的人就是负载着历史文化内涵的人,历史是人的存在方式。现实的人总已经在历史之中。因此,个人不得不被历史化,而且总已经被历史化,这是个体融入历史的一个方面。可是从另一个方面看,个人融入历史却深刻地表现为历史通过个人来实现自身的目的。就是说,能动自主的、创造历史的现实个人总已经先行地被历史所占有、约束,并最终沦为历史实现自身目的的"手段",可

---

① 黑格尔:《哲学史讲演录》,商务印书馆1959年版,第48页。
② 同上书,第57页。
③ 黑格尔:《法哲学原理》,商务印书馆1961年版,第201页。
④ 黑格尔:《哲学史讲演录》,商务印书馆1959年版,第105页。

历史的客观性研究

见在此意义上,向来被人们当作客体的、被人们所创造的历史却行使着主体的功能。这个说法听起来十分诡异抑或神经兮兮,但却在某种程度上是历史辩证运动和个人现实生成的内在统一的实情。黑格尔在论述个人与民族的关系时就深刻地揭示了这一点:"个人对于民族精神的关系便是,他把这种实体的生存分摊给了他自己;它变成了他的品性和能力,使他能够在世界上有着一个确定的地位——成为一个聊胜于无的东西。因为他发现他所归属的那个民族生存是一个已经成立的坚定的世界——客观地出现在他的眼前——他自己应该同它合并为一。民族精神在它的这种工作里、在它的世界里得到享乐和满足。"① 由于现实的个体意识并不是抽象的主观任意,而是民族精神的现实表现,所以与其说是个体创造历史,还不如说是历史通过个体来实现自己。这也就是为什么黑格尔把单纯记录人物事件的编年史归结为原始的史学,而把以思辨的方式所表达的历史称为绝对理念的自我展开。就是说,只有作为绝对理念自我展开的历史才是真实的历史,才具有真正的客观性和确定性。而有限的个体表面上是历史舞台上的真实演员,实则只是虚假易逝的表象而已。个体意识只有融入这种"历史"之中才能获得现实性、客观性,相反,没有融入普遍理性的个体意识只能是抽象的主观任意,只能灰飞烟灭。这样,黑格尔就通过对历史客观性的确证确立了思想的客观性,亦即个体意识的现实性。

历史是理性的自我展开。理性既是主体又是实体,它的自否定生成过程就是自己真正的实现、自己的丰富和发展。个体意识只有勾连于普遍理性即历史才具有现实意义。这就是黑格尔的历史观念——思想的内涵逻辑。黑格尔指出,"首先我们要注意,我们所研究的对象——世界历史——是属于'精神'的领域。"② 而"哲学用以观察历史的唯一的'思想'便是理性这个简单的概念。'理性'是世界的主宰,世界历史因此是一种合理的过程。"③ 理性是

---

① 黑格尔:《历史哲学》,上海书店出版社 2006 年版,第 68 页。
② 同上书,第 15 页。
③ 同上书,第 8 页。

神圣的，所以它是而且必然是世界历史的主宰。这里深刻地折射出黑格尔哲学作为伦理总体性的诉求：作为思想内涵逻辑的历史观念是至善实现的历程、使人崇高的逻辑。而历史神圣的目的和使命又源于创造历史的人自身内在的神圣性："这样说来，人类自身具有目的，就是因为他自身中具有'神圣'的东西，——那便是我们从开始就称做'理性'的东西。又从它的活动和自决的力量，称做'自由'。"① 正是现实个人内在固有的神圣性确保了历史作为至善的展开和实现。然而，个体的神圣性（自由）只是潜在的，只有在创造历史的过程才能开发出来。反过来看，历史作为至善的实现又表征和确保了个体自由的实现，它督促现实的个人努力去摆脱主观任意，实现个体理性与普遍理性的统一。由此可见，黑格尔把个体自由紧紧地奠基于神圣的历史之上，而历史的神圣性又恰好根源于现实个人潜在的神圣性。黑格尔说，"对主观意志说来，善同样是绝对本质的东西，而主观意志仅仅以在见解和意图上符合于善为限，才具有价值和尊严。""也就是说主观意志应以善为目的并使之全部实现，至于从善的方面说，善也只有以主观意志为中介，才进入到现实。"②

二 克罗齐的"活历史"对内涵逻辑的展现

克罗齐"一切真历史都是当代史"的口号开启了史学界否认历史知识客观性的理论大潮。然而，克罗齐的理论初衷并不在于强调回到"死历史"中去的不可能性，而是想通过对与人无关的"死历史"的拒斥来彰显作为人的存在方式的"活历史"。克罗齐把历史看作人的存在方式在根本上拒斥了近代启蒙以来哲学对人的抽象化的普遍理解。这种绝对的历史主义深入到了历史的本性之中了。"一切真历史都是当代史"意味着，当代本身积淀着"真历史"的全部内涵，因而对"真历史"的理解只有奠基于对当代的洞见才是可能的。尽管克罗齐自觉到了人类文明史的传承性原则，但由于他却并没有对"当代"的资本主义本身展开深入的剖析，

---

① 黑格尔：《历史哲学》，上海书店出版社2006年版，第31页。
② 黑格尔：《法哲学原理》，商务印书馆1961年版，第133页。

历史的客观性研究

所以他没有真正澄清他所谓的"真历史"。马克思本着"从后思索法",通过对"当代"资本主义的实证批判,真正深入到历史本质性的一度之中了。因此,我们有理由认为,克罗齐对源始历史的觉解只有重新回到历史唯物主义的根基上来才能获得真正的理论生命。

"一切真历史都是当代史"是克罗齐针对历史研究中根深蒂固的实证主义方法而发出的口号。历史学家历来把史料的实证分析作为历史知识客观性的基本保障。为此,他们一方面最大限度地搜集史料;另一方面又努力使自己从史料中超脱出来,以"局外人"的姿态来书写历史。近代以来,随着科学的研究范式对传统的考据方法的取代,史学研究绽放出更大的光彩。以19世纪兰克学派和孔德学派的出现为标志,历史学似乎追随着自然科学一道跨入了科学的门槛。作为19世纪后期的史学理论家,克罗齐也承认史料的重要性,认为"一种与凭据没有关系的历史是一种不能证实的历史"①,因而是无意义的。但他同时指出,"以证据为依据的历史归根到底完全是一种外在的历史而决不是根本的、真正的历史。"②这是因为,真正的历史绝不像纯粹的经验论者所认为的那样,是历史学家毫无主观色彩地将无限杂多的史料拼凑而成的,而是凭证和历史学家的体验、判断共同合成的结果。如果没有历史学家的主观能动性对僵死的史料的融化,摆在我们眼前的永远都是零散的史料,而不可能是有条理的历史情节。因此,"我说的想法,不是实际,因为,不管怎么努力,不管怎么不辞劳苦,要用外在的事物写一部历史干脆就是不可能的。"③ 克罗齐要求历史学家正视主观意识在建构历史知识过程中的作用,并主动利用主观意识去"重新复活"过去的历史。他说,"我们要求对我们所将叙述其历史的事件应有生动的体验,意思也就是要使事件作为直觉与想象重新被提炼出来。没有这种想象性的重建或综合是无法去写历史或读历史或

---

① 克罗齐:《历史学的理论和实际》,商务印书馆1982年版,第4页。
② 同上书,第108页。
③ 同上书,第28页。

第三章 内涵逻辑与历史观念的变革

理解历史的。"①

主观意识既然是历史叙述中不可或缺的环节,那么,一切历史知识必然会被打上"当代"的烙印,因为史学家总会把现实的情感、需要和兴趣自觉不自觉地掺和到自己对历史知识的建构之中。这就是克罗齐所谓的"一切真历史都是当代史"。克罗齐说,"这种我们称之为或愿意称之为'非当代'史或'过去'史的历史已形成,假如真是一种历史,亦即,假如具有某种意义而不是一种空洞的回声,就也是当代的,和当代史没有任何区别。像当代史一样,它的存在的条件是,它所述的事迹必须在历史家的心灵中回荡,或者(用专业历史家的话说),历史家面前必须有凭证,而凭证必须是可以理解的。"② 因此,历史知识只能在当代的历史学家的特定视域中展开,而不可能是纯粹关于过去的知识。克罗齐说,"当代史固然是直接从生活中涌现出来的,被称为非当代史的历史也是从生活中涌现出来的,因为,显而易见,只有现在生活中的兴趣方能使人去研究过去的事实。"③ 应该说,克罗齐的"一切真历史都是当代史"的学术命题打破了以往史学家科学主义的迷梦,明了了史学作品与史学家个人、时代的内在关联。这一理论促使了史学家们超越传统的素朴实在论立场,以更加明确的主体意识来从事历史研究。

长期以来,人们总是把历史流俗地理解为与现实无关的、完全过去了的"死历史"。比如,语文性历史、诗歌性历史、修辞性历史等都是这样一类的历史观念。职业历史学家所理解的历史观念其实也是一种"死历史",因为他们总是以自己研究历史的实证方法自诩,以为实证主义的方法必然能够通达客观的历史,而没有意识到,实证主义的方法在历史研究中并不能贯彻到底,因而根本无法铲除历史知识建构中的主观因素。"一切真历史都是当代史"表明,历史的客观性在一定意义上与历史学家的主观努力及史料的可

---

① 克罗齐:《历史学的理论和实际》,商务印书馆1982年版,第24—25页。
② 同上书,第2页。
③ 同上。

历史的客观性研究

靠程度无关。克罗齐甚至指出,职业史学家历来梦寐以求的"死历史"诉求不仅是不现实的,而且也是毫无意义的,因为"人类所真正需要的是在想象中去重现过去,并从现在去重想过去,不是使自己脱离现在,回到已死的过去。"①

从思想史上看,克罗齐是将康德在哲学上所发动的"认识论转向"具体应用到了对历史认识的考量之中,从而推演出"一切真历史都是当代史"的学术命题,认为人类永远回不到也不需要回到"死历史"中去。然而,克罗齐比康德更深刻的地方在于,他不仅通过凸显史学家的主观意识来否定一种与现实毫无瓜葛的、完全过去了的"死历史",而且还积极传承黑格尔对理性历史的辩证阐释,澄明了一种与现实水乳交融的"活历史"的存在及其意义。就是说,既然当代积淀着人类文明史发展的全部内涵,那么,当代人的特有视域不但不会遮蔽历史的本来面目,反而是澄明"真历史"的必要前提。克罗齐也曾试图去澄清一种与现实水乳交融的"活历史"、"真历史"。遗憾的是,人们总是囿于一种日常的"死历史"观念,仅仅把"一切真历史都是当代史"的命题误读为历史只是任凭当代人打扮的小姑娘,而很少注意到克罗齐立足于现实而对历史本性的存在论澄明。

克罗齐的历史观念既不是编年史意义上的"死历史",也不是指毫无客观意义的诗史,而是指一种对历史本性的存在论觉解。黑格尔首先在存在论的意义上阐释了历史的生成论本性。在他看来,历史可以区分为原始的历史、反省的历史和哲学的历史三个层次。原始的历史是指单纯记录人物事件的编年史,它并没有深入到历史本质性的一度之中;反省的历史是原始的历史向哲学的历史的过渡;只有哲学的历史才是真正的历史,因为它自觉到了历史的"理性"本质,并能够把纷繁复杂的历史现象解释成"理性狡计"的结果。在《历史哲学》中,黑格尔具体指出,个体表面上是历史舞台上的真实演员,实则只是"理性"辩证运动的结果和产物,是"理性"利用来完成某种既定目的的手段。在黑格尔的基础上,

---

① 克罗齐:《历史学的理论和实际》,商务印书馆1982年版,第220页。

第三章 内涵逻辑与历史观念的变革

克罗齐进一步指出,"除非我们从这样一个原则出发,就是认定精神本身就是历史,在它存在的每一瞬刻都是历史的创造者,同时也是全部过去历史的结果,我们对历史思想的有效过程是不可能有任何理解的。"①"历史即精神"的判定在根本上突破了对历史的现成性理解,而把历史看作了精神的辩证展开过程。克罗齐说,"在历史进程中所保存和丰富的是历史本身,是灵性。过去不异于在现在而活着,它作为现在的力量而活着,它融化和转化于现在中。"②进而言之,当代本身就积淀着历史的丰厚内涵,因而当代的特有视角不但不会影响人们对历史本性的认识,反而是人们理解历史本性的前提和基础。"一切真历史都是当代史"在根本上打通了当代与历史的内在关联,自觉到了历史的辩证发展本性。

历史学家固然只能生活在"当代",但生活在"当代"的历史学家的历史认识本身却深深地扎根于人类精神史之中。一方面,历史学家在认识历史之前,其头脑中已经负载着既有的人类精神史的精华;另一方面,历史学家对历史(精神)的认识又总在不断地丰富和发展这种人类精神。可以说,历史学家对历史的认识,既是历史学家对历史的认识,也是历史的自我认识;既体现为人类认识史发展的结果和成就,又体现为对人类认识史的积极扬弃和自我升华。正因为如此,克罗齐指出,历史学家的这种奠基于精神史的历史认识是确定的理性而不是抽象的主观任意或情操,因而它本身就具有客观意义。而历史学家在历史研究中不仅没必要回避主观思想,而且应该努力去发掘它。他说,"这种历史家所确乎不可缺少的想象是与历史综合不可分割的想象,是在思想中和为了思想的想象,是思想的具体性,这决不是一个抽象的概念而永远是一种关系和一种判断,不是不确定而是确定。"③ 然而,人们一般总是把历史学家的历史认识与"活历史"本身抽象地对立起来,而没有自觉到二者的辩证统一性,所以才担忧"当代"的主观色彩会污染

---

① 克罗齐:《历史学的理论和实际》,商务印书馆 1982 年版,第 13 页。
② 同上书,第 68 页。
③ 同上书,第 25 页。

历史的客观性研究

历史知识的客观性。毫无疑问，一旦以脱离历史学家所根植的人类精神史去理解历史学家的历史认识，并进而以历史学家的抽象意识为预设去理解历史时，"活历史"必然会被抽象为冷冰冰的"死历史"或编年史，而历史学家则会被想象为完全脱离现实社会的"鲁滨逊"式人物。

"历史"并不是流俗意义上的前后事件相继相续的抽象过程，而是指不断积累着人类文明并进而扬弃着人类文明的精神辩证发展史。克罗齐正是因为立足于"活历史"的观念，所以他不仅深刻地质疑了史学研究中的实证主义倾向，而且还澄清了哲学与史学的内在统一关系。在他看来，历史学家对史料的实证分析始终奠基于其对历史本性的存在论自觉，因为只有奠基于先行的"活历史"，史学家才能对僵死的史料进行融化、统摄和分析。换言之，对历史本性的存在论自觉是史学家展开实证研究的前提。克罗齐说，"真正的历史学家必须对他所研究的事件进行理解和评估，而他在这样做的时候就成了哲学家。"[①] 大历史学家首先肯定是大哲学家，所以史学的实证研究绝不能刻意回避哲学的反思意识。克罗齐认为，只有将史学与哲学结合起来才能真正克服历史的琐碎和哲学的抽象，即这种结合"使历史学家越来越感到需要理论的分析，使哲学家越发感到需要在一定的前后关系中去分析他的概念，不应该把这些概念看成是超验的、柏拉图式的天国的居民，应该看成是某一表述的述语或特定判断的组成部分。"[②] 因此，历史学家在认识历史的过程中应该最大限度地发挥主观思维的能动性，以此保证历史知识的客观性。克罗齐说，"历史永远应当严格地进行判断，永远应当力求主观，而不被思想所参与的冲突或其所冒的危险所搅乱。因为只有思想本身才能越过自己的困难和危险，甚至在这里也不陷入轻率的折衷主义。"[③]

传统的历史学总是囿于编年史的观念割裂"当代"与"历史"

---

① 怀特编著：《分析的时代》，商务印书馆1981年版，第40页。
② 同上书，第41页。
③ 克罗齐：《历史学的理论和实际》，商务印书馆1982年版，第65页。

第三章 内涵逻辑与历史观念的变革

之间的内在传承关系，有意回避"当代"对历史研究的影响。克罗齐则打破了这种长期支配人们的流俗的编年史观，把它斥之为不可能还原的"死历史"，并自觉地将源始的历史表达为与现实处于辩证互动之中的精神自我展开过程。现实是历史性的现实，历史是积淀在现实中的历史。"一切历史都是当代史"意味着，"当代"是历史的结果与产物，因而对历史本性的理解必须从当代出发，而且也只有自觉从当代出发才能真正深入到历史本质性的一度之中。克罗齐的这种历史观念在哲学上可以称为历史主义。但历史主义的真实症结在于，它存在着走向相对主义和虚无主义的可能。具体言之，克罗齐把当代作为澄明历史本质的标准和尺度，但当代本身却是向未来无限开放的，它始终处于历史流变之中。当代的不确定性必然会导致历史客观性的绝对标准的消解，最终滑向历史虚无主义。卡尔曾这样概括历史主义的历史观，"历史的客观性不依赖于也不能依靠于某些固定的、不可转移的当下存在的判断标准，只能依靠在将来积累的、随着历史前进而进化的那种标准。只有在过去与未来之间建立起一种持续不断的连贯性时，历史才获得意义与客观性。"① 施特劳斯曾对历史主义发起猛烈的批判。在他看来，历史主义的悖论在于，它一方面否认人类思想有能力获得某种普遍永恒的超历史洞见，另一方面却又超历史地宣称一切合理的思想都是历史性的。因此，尽管历史主义拒斥自然权利，但"不超越历史，不把握住某种超历史的东西，我们就无法看到'一切'思想——亦即除了历史主义的洞见及其中所蕴含的一切思想——的历史性。"② 施特劳斯认为，在历史主义的理论视域中，"唯一能够继续存在的标准，乃是那些纯属主观性的标准，它们除了个人的自由选择之外别无其他依据。从而，在好的与坏的选择之间的分别并无任何客观标准可言。历史主义的顶峰就是虚无主义。"③ 克罗齐曾明确把自己的哲学观念宣称为绝对历史主义，所以他必然会完全陷入

---

① 卡尔：《历史是什么？》，商务印书馆2007年版，第234页。
② 施特劳斯：《自然权利与历史》，生活·读书·新知三联书店2006年版，第27页。
③ 同上书，第19页。

历史的客观性研究

施特劳斯所批评的相对主义和虚无主义。人们对"一切真历史都是当代史"的解读固然有失偏颇，即仅仅囿于流俗的编年史观念而强调克罗齐对"死历史"的质疑，没有意识到克罗齐传承于黑格尔历史观而实现的对历史本性的辩证阐释，但人们却在直觉上敏感地意识到了这一命题的相对主义倾向以及对历史本身的虚无化。黑格尔的唯心主义历史观并不会走向相对主义，因为他以历史屈从于逻辑的方式将人类全部的历史终结在当代，而"历史的终结"同时也就意味着当代的绝对原则的确立。这种半截子的唯心历史主义不仅没有导向相对主义和虚无主义，反而形而上学地确立了当代的绝对性。但克罗齐却完全陷入历史主义固有的悖论之中，消解了一切确定性的价值标准和判断尺度。

笔者认为，只有重新回到马克思历史辩证法的根基上来，才能真正克服克罗齐历史主义的相对主义倾向。马克思的历史辩证法深刻地揭示了源始历史的生成论原则，但这种唯物论的辩证历史主义却并没有走向相对主义的深渊，反而在克服历史主义的相对主义过程中彰显了历史主义本有的理论优势。马克思指出，"人体解剖对于猴体解剖是一把钥匙。反过来说，低等动物身上表露的高等动物的征兆，只有在高等动物本身已被认识之后才能理解。"① 具体言之，当代的资本主义积淀着过去历史的全部秘密，因而它是理解历史的唯一钥匙。很明显，作为历史唯物主义方法论的"从后思索法"已经先在地包含了"一切真历史都是当代史"的全部内涵。但马克思并没有仅仅停留在对当代的抽象理解上，而是自觉诉诸对当代资本主义社会的政治经济学批判来澄明历史的本质。一方面，《资本论》首先是一部理解当代社会的科学巨著，它科学地揭示了资本主义运作的内在机制，即资本的逻辑对现代社会的统治；但另一方面，《资本论》又不仅仅是一部科学著作，而是一部实现对"活历史"的存在论澄明的哲学著作，因为马克思通过对资本主义内在秘密的发现，自觉到了资本主义本身的暂时性，并进而深入到历史本质性的一度中去了。这就是历史唯物主义的历史科学。恩格

---

① 《马克思恩格斯选集》第二卷，人民出版社1995年版，第23页。

第三章　内涵逻辑与历史观念的变革

斯把剩余价值理论和唯物史观称为马克思的"两大发现"。而在这"两个发现"中，剩余价值理论是唯物史观的前提和基础，因为只有获得对当代的资本主义的确定性理解才能真正深入到历史本质性的一度中去。可以说，《资本论》既是一个科学著作，又是一部哲学著作，它真正实现了克罗齐所说的科学与哲学的内在统一。遗憾的是，克罗齐尽管提出"一切历史都是当代史"的学术命题，但他却并没有对当代本身展开实证的科学分析，从而也使得他的绝对历史主义失去了坚实的根基，不可能真正深入到历史本质性的一度中去。人们要么在死历史的意义上理解克罗齐的历史观念，没有意识到克罗齐苦苦探索的活历史；要么意识到了克罗齐对死历史的超越和对活历史的澄明，但却最终陷入相对主义的窠臼之中，没有生长出应有的理论果实。我们有理由认为，克罗齐对源始历史的觉解——绝对历史主义——只有重新回到历史唯物主义的根基上来才能真实地获得理论生命。因为只有奠基于对资本主义社会的科学分析，历史主义才会避免陷入相对主义和虚无主义的泥潭，而成为澄明现实历史的辩证智慧。

三　克罗齐对黑格尔的背离

克罗齐"一切真历史都是当代史"的口号，在一般人看来是极为矛盾的。因为"当代"和"历史"显然是两个不同的概念，甚至是两个相反的范畴。然而，克罗齐则意在说明，纯粹自在的历史如果脱离当代就没有任何意义。这样的所谓历史只是毫无内涵的"名称"，而不是内涵丰富的"概念"。换言之，如果没有当代历史学家的激活，所谓的历史必然是一些空洞抽象的史料堆积，毫无真实性可言。这样的"历史"当然不能称为真历史了。克罗齐专门区分了真历史与语文性历史、诗歌性历史、修辞性历史等。在他看来，历史并不是像纯粹的经验论者所认为的那样，是历史学家通过客观中立地删减、整理史料而形成的，因为"以证据为依据的历史归根到底完全是一种外在的历史而决不是根本的、真正的历史，根本的、真正的历史是当代的和当前的。"[①] 历史在本质上是当代

---

① 克罗齐：《历史学的理论和实际》，商务印书馆1982年版，第108页。

历史的客观性研究

人对过去的复活和再现，所以它只能是当代的。克罗齐甚至认为，在一定意义上，历史就是哲学，哲学就是历史，因为"真正的历史学家必须对他所研究的事件进行理解和评估，而他在这样做的时候就成了哲学家。"① 或者说，历史学家只有具有哲学家那样的睿智和头脑才能写出真实的历史来。那些只懂得一味埋头收集史料，试图原本地还原历史的所谓史家其实是幼稚和可笑的。在克罗齐看来，我们不必因为不能完全回到过去而沮丧，细想一下，如此那般的所谓历史也不是当代人想要的："因为这不是我们所需要的，人类所真正需要的是在想象中去重现过去，并从现在去重想过去，不是使自己脱离现在，回到已死的过去。"②

"一切真历史都是当代史"根源于"一切历史都是思想史"。这一思想被后来的柯林武德深刻地发掘出来了。在克罗齐看来，人们认识历史必然无可逃避地把历史意识化，但是历史并不因被意识化而失去客观性，因为指导历史研究的是理性而非情操。或者说，正是理性的指导把真实的历史与想象性的诗歌从根本上区别开来。因此，历史研究没必要回避主观思想。"语文性历史当然能是正确的，但不是真实的。"③ 克罗齐甚至认为，历史与哲学的结合，并且也只有二者的结合才能真正克服历史的琐碎和哲学的抽象，这种结合"使历史学家越来越感到需要理论的分析，使哲学家越发感到需要在一定的前后关系中去分析他的概念，不应该把这些概念看成是超验的、柏拉图式的天国的居民，应该看成是某一表述的述语或特定判断的组成部分。"④ 可见，真历史只有借助于哲学才能通达。如果人们在认识历史的过程中试图回避主观思想恰恰是不负责任的表现。"因为这种'摒弃思想'的作法实际就是摒弃'思想的严肃性'，是狡猾地把价值给予最庸俗和矛盾的思想，那类思想是由传说传递下来的，是在心中无聊地晃荡的，或是由于一时的任性所闪现出来的。这样去理解或曲解这一箴言是完全错误的，它应当

---

① 怀特编著：《分析的时代》，商务印书馆1981年版，第40页。
② 克罗齐：《历史学的理论和实际》，商务印书馆1982年版，第220页。
③ 同上书，第17页。
④ 怀特编著：《分析的时代》，商务印书馆1981年版，第41页。

第三章　内涵逻辑与历史观念的变革

从反面去理解，就是，历史永远应当严格地进行判断，永远应当力求主观，而不被思想所参与的冲突或其所冒的危险所搅乱。因为只有思想本身才能越过自己的困难和危险，甚至在这里也不陷入轻率的折衷主义。"① 历史的意识化进而当代化并不意味着历史就是任人随意打扮的小姑娘。这里显露出克罗齐对人类理性能力的信仰和对历史自身的独特理解。他说，"精神本身就是历史"，"精神含有它的全部历史，历史和它本身是一致的。"② "历史即精神"确保了历史学家在当代的视域中重演过去的历史的客观性、有效性，而且也保证了历史的生动性和具体性。克罗齐指出，"我们要求对我们所将叙述其历史的事件应有生动的体验，意思也就是要使事件作为直觉与想象重新被提炼出来。没有这种想象性的重建或综合是无法去写历史或读历史或理解历史的。但是这种历史家所确乎不可缺少的想象是与历史综合不可分割的想象，是在思想中和为了思想的想象，是思想的具体性，这决不是一个抽象的概念而永远是一种关系和一种判断，不是不确定而是确定。"③ 在这里，我们也可以明显感受到黑格尔对克罗齐的影响。克罗齐自己也认为，"他（即黑格尔）的伟大功绩和不朽的发现便是指出，具体的知识的要求可以在思维的形式里获得满足。"④ 换言之，历史只有作为当代史、思想史才能确保它的具体普遍性。

很明显，克罗齐在一定意义上继承了黑格尔。黑格尔明确地将世界历史理解为理性的自我展开，而不是史料的编年排列。克罗齐则同样把历史理解为精神。正是黑格尔的巨大影响，才使得克罗齐自觉到了历史与自然之间的深刻差别。历史是人类文明的传承和演进，也就是理性的辩证展开。对此，黑格尔指出，"这些思想的活动，最初表现为历史的事实，过去的东西，并且好像是在我们的现实以外。但事实上，我们之所以是我们，乃是由于我们有历史，"

---

① 克罗齐：《历史学的理论和实际》，商务印书馆1982年版，第64—65页。
② 同上书，第13页。
③ 克罗齐：《历史学的理论和实际》，商务印书馆1982年版，第25页。
④ 克罗齐：《黑格尔哲学中的活东西和死东西》，商务印书馆1959年版，第120页。

历史的客观性研究

他还说,"我们在现世界所具有的自觉的理性,并不是一下子得来的,也不只是从现在的基础上生长起来的,而是本质上原来就具有的一种遗产,确切点说,乃是一种工作的成果,——人类所有过去各时代工作的成果。"① 克罗齐把黑格尔的这一思想进一步凝练为,"在历史进程中所保存和丰富的是历史本身,是灵性。过去不异于在现在而活着,它作为现在的力量而活着,它融化和转化于现在中。"② 也就是说,与单一重复的自然相比,历史始终处于辩证发展之中,并与人的存在有一种内在的深刻关联。

然而,克罗齐对黑格尔历史观念的认同只是表面的。在深层上,克罗齐深刻地误读了黑格尔。在黑格尔那里,作为思想内涵逻辑的历史击碎了主客二分的知性立场,将凝固的知性扬弃为理性(历史)的一个内在环节。或者说,借助历史概念,黑格尔成功地实现了对思想客观性的奠基。然而,克罗齐对历史的理解则又退回到了知性立场,这一点可以在他对黑格尔的批评中看得出来。克罗齐指认黑格尔把历史哲学与历史本身混为一谈。他说,"当我们从特殊事物的历史上的考虑转到是这种考虑的基础,同时是协助这种考虑成为可能和成为事实的理论原质的时候,历史可以令一种哲学产生,但不能因此便说,历史是融摄于这个是历史的预先设定和基础的科学中的。"③ 可见,在克罗齐那里,历史哲学与实证的历史学被认为是完全分开的两个东西。而黑格尔正是由于对历史学与历史哲学的混淆,才使得他不正当地、居高临下地指责历史学家:"这种历史叙述的哲学考察,这种哲学的历史便成为真正的历史了;历史家的历史与之相形之下,便表现为一种错误,因为历史家的历史是根据一种不能导致真理的方法建立起来的,或者,说来也是一样,这种方法是不能导致全部真理的。"④ 将历史哲学同历史学区别开来的实质就是以哲学来排挤史学。克罗齐指出,"一种历

---

① 黑格尔:《哲学史讲演录》,商务印书馆1959年版,第8页。
② 克罗齐:《历史学的理论和实际》,商务印书馆1982年版,第68页。
③ 克罗齐:《黑格尔哲学中的活东西和死东西》,商务印书馆1959年版,第77页。
④ 同上。

第三章　内涵逻辑与历史观念的变革

史哲学的观念，便是对历史学的蔑视，只对于纯粹哲学有利。"①正因为如此，克罗齐眼中的哲学家黑格尔是傲慢的和独断的："黑格尔是要确立，而实际上已经确立了一种历史哲学的观念；他是要否认历史家的历史，实际上他也这样做。"② 对历史学的排斥使得黑格尔付出了巨大的理论代价，即他的哲学变得抽象了，背离了他追求具体的初衷。克罗齐说，"黑格尔的哲学渴求历史，以历史来滋养自己，其后不自知其所为地鼓吹绝食。这是众目共睹的，它的矛盾是显著的，固然，有一系列伟大历史家从黑格尔学派那里产生出来，但是，从这同一个学派那里，毕竟也出现了一班极草率的、滑稽的、史无前例的、对历史和事实的轻蔑者。"③

克罗齐对黑格尔的批评一定意义上是不得要领的。首先，黑格尔明确指出，他的历史研究是对历史的哲学考察。因此，我们只能以哲学的眼光看待黑格尔的历史哲学。作为思想的内涵逻辑，黑格尔的历史观念消解了知性的主客二元对立，实现了为思想的客观性奠基，并由此为我们打开了重新理解历史的方式。这一点克罗齐也是承认的。其次，黑格尔并不排斥实证的历史学，他只是深刻地指出了实证历史学自身的有限性而已。尽管黑格尔在历史哲学中对大量实证材料的应用存在着很大的问题，但其中也不乏一些惊人的真知灼见。更重要的是，黑格尔对历史深刻的哲学洞见生动地展现了人类对自由的历史性追求过程。这是其他的哲学家以及史学家所无法比拟的。然而，克罗齐仅仅以知性的立场、实证的眼光批评黑格尔的历史哲学。这就导致他不但没能达到黑格尔的高度，反而使其后继者开始对历史客观性的消解。可以说，作为新黑格尔主义者的克罗齐在本旨上背离了黑格尔。马克思指出，黑格尔以思辨的方式真实地表达了历史运动的形式。正是基于这种见识，马克思努力开发了黑格尔作为思想内涵逻辑的历史概念的积极因素，创立了历史的内涵逻辑——历史唯物主义。

---

① 克罗齐：《黑格尔哲学中的活东西和死东西》，商务印书馆1959年版，第78页。
② 同上书，第78页。
③ 同上书，第84页。

第 四 章

从历史客观性的争论到历史观的"现实性和力量"

　　黑格尔思想的内涵逻辑以思辨的方式实现了为思想的客观性奠基。从深层次上说，思想的内涵逻辑是自由的逻辑、使人崇高的逻辑，是一种伦理总体性的理论诉求。然而，由于黑格尔的国民经济学立场，思想的内涵逻辑所实现的自由、崇高却只是异化了的自由、崇高。或者说，思想的内涵逻辑是以隐性的资本主义意识形态而存在的。但不管怎样，思想内涵逻辑对历史运动形式的思辨展现却是一大了不起的贡献。在黑格尔那里，历史的客观性奠定了现实的人类或人类的现实性。在积极扬弃思想内涵逻辑的基础上，马克思立足于人类社会或社会化的人类，开创了历史唯物主义。在马克思看来，物质劳动才是人源始性的存在方式。历史正是在人们现实的实践活动中创生的。由此，抛开任何抽象神秘的思辨，马克思诉诸对现实历史的政治经济学批判，并力图在批判旧世界中发现新世界。在这里，马克思将人的解放的价值诉求诉诸对现实历史的实证批判，同时又在对现实历史的实证批判中寻求人的解放的现实道路。历史唯物主义的历史科学是价值论、真理论和存在论的统一。它所把握到的历史规律并不是脱离人的活动的自然规律，而是内蕴于人的活动的历史趋势。人既是历史的前提，又是历史的结果，或者说，人的现实活动总是在既定的条件下进行的。仅仅因为这样，人类文明史才呈现为客观演进的过程。马克思澄明了人类现实的历史，这就使得历史客观性问题的经院式争论直接转变为历史观的现实性和力量。人类文明史是客观地演进的，所以广大的人文社会科

第四章　从历史客观性的争论到历史观的"现实性和力量"

学家们在对待文明史的意义上总可以达到某种程度深刻而广泛的一致性，并且对人类文明史的未来作出某种合理的预见，而且可以诉诸人类文明史来检验其对人类文明所做出的预见。哲学家们以理论的方式对人类文明史的探索构成人类文明活的灵魂。它总是在塑造和引导着人类文明，并转化为一种指引人们去追求更加美好的生活的物质性力量。这就是历史唯物主义对现实历史的敞开，以及对历史客观性问题的扬弃。

第一节　现实历史的敞开
——历史唯物主义的历史科学

历史唯物主义的创立使得历史学成为一门真正的科学。马克思立足于对旧唯物主义和唯心主义的批判，从人类的物质生产生活活动出发，开启和澄明了人类真实的历史。现实历史的敞开使得对它的真实批判成为可能。在对现实历史的敞开和批判中，马克思"发现了新世界"。历史唯物主义虽为"理论"却有着深刻的实践自觉，它自觉以对旧世界（现实历史）的敞开和批判中实现对人类历史未来的指向性引导。

一　旧唯物主义和唯心主义对历史的遮蔽

柯林武德在20世纪提出了一个振聋发聩的命题：一切历史都是思想史。在他看来，"思想史、并且因此一切的历史，都是在历史学家自己的心灵中重演过去的思想。"① 柯氏把康德的哥白尼革命引入史学界，进而在史学界实现了一场认识论转向，它使人自觉到：历史永远是在人们意识中所呈现的历史，所谓自在的历史对人而言只能是存在着的"无"。柯氏的论断由此引起了人们经久不息的关于历史客观性的争论。可见，如何理解和通达历史，首先是一个哲学问题。

对于历史，人们最容易作出素朴实在论的理解，也就是离开对历史认识者本身认识能力的反思而直接断言客观历史的存在。这种

---

①　柯林武德：《历史的观念》，商务印书馆1997年版，第303页。

历史的客观性研究

观点坚信，既然历史是一个客观的人类活动过程，那么人们就能够客观如实地反映和把握它。在这样一种理解模式下，历史要么显现为杂乱无章的史实堆积，要么被误解为自然科学式的精确规律。古希腊时期，人们就极不重视历史。在他们看来，历史的作用不及诗歌。历史是过去了的事情，当然与现实生活乃至将来无关，而诗歌至少可以陶冶人们的情操。近代以来，自然科学的发展给了人们很大的信心，因此，人们试图效法自然科学的精确方法来析出客观必然的"历史规律"。然而，当人们发现作为人类活动的历史和自然物的存在方式有本质差别时，就更加确信了历史无规律的信念。可见，对历史作素朴实在论的理解极有可能走向历史虚无主义。恩格斯《在马克思墓前的讲话》中指出，"马克思发现了人类历史的发展规律。"① 由此，马克思遭到许多学者的批评甚至嘲讽。比如，波普尔就通过对反自然主义和亲自然主义两种历史决定论学说的批评，认为："我们不可能预测历史的未来进程"②，并且显明针对马克思得出"历史决定论不能成立"③ 的结论。我们认为，波普尔对马克思的批评是无效的，因为他把马克思作为人类解放的历史唯物主义误读为脱离人类活动的、自在意义上的必然"规律"。在笔者看来，正是因为波普尔对历史的朴素实在论理解，进而对马克思历史科学的误读，才导致他对马克思的批评。

　　对历史作朴素直观论的旧唯物主义的理解，首要的挑战是近代认识论哲学对人类主观认识能力的强调。近代哲学的认识论自觉使得人们认识到所谓客观历史其实远远不像人们所设想的那么"客观"，历史永远是人们特别是历史学家主观建构的结果，而不可能是那个已过去的不复存在的"自在过程"。因此，克罗齐、柯林武德等人才高呼，"一切历史都是当代史、一切历史都是思想史"。哲学的认识论转向使得人们自觉到了主观意识在人们历史认识中不可避免地要发生作用，但由于唯心主义史学家片面抽象地夸大人的

---

① 《马克思恩格斯选集》第三卷，人民出版社1995年版，第776页。
② 卡尔·波普尔：《历史决定论的贫困》，上海人民出版社2009年版，第1页。
③ 同上书，第2页。

第四章　从历史客观性的争论到历史观的"现实性和力量"

主观能动性，从而造成了认识论哲学历史观一个自身无法克服的悖论：既然历史是人们主观建构的过程，历史的客观性何以可能？对此，唯心主义者要么把历史规律理解为为实现历史以外某种目的的工具，要么干脆把历史理解为"想象的主体的想象活动"①，彻底否认客观历史的存在。康德认为，作为现象的历史是杂乱无章的、无序的，但如果把历史理解为一个善的过程，历史就变得可以理解了，因为"天意"可以提供一条指导线索，"把一堆否则便只是毫无计划的人类行动的汇合体至少在整体上勾划出一个体系。"② 黑格尔在思维和存在统一的本体论承诺的前提下，进而把历史理解为绝对理念的外在显现。海登·怀特则更加强调史学的文学性，认为，"史学永远是次级知识"，"它以对可能的研究对象进行假想性建构为基础"③。

对于旧唯物主义和唯心主义历史观的局限性，马克思有着深刻的理论自觉。他说："从前的一切唯物主义（包括费尔巴哈的唯物主义）的主要缺点是：对对象、现实、感性，只是从客体的或者直观的形式去理解，而不是把他们当作感性的人的活动，当作实践去理解，不是从主体方面去理解。因此，与唯物主义相反，能动的方面却被唯心主义抽象地发展了，当然，唯心主义是不知道现实的、感性的活动本身的。"④ 可见，在马克思看来，旧唯物主义由于不理解人的能动性原则，所以它只是从客体的或者直观的形式来理解历史，也就是把人从历史中"抛出来"，把人对历史的关系仅仅变成一种抽象、凝固的直观关系，它像对待静态物的方式一样来理解历史。即便在费尔巴哈那里情况也依然如此："他把人只看作'感性对象'，而不是'感性活动'。"⑤ 近代以来人们用自然科学方法来分析历史的做法，表面看似"科学"，其实质正是一种对历史的抽象直观论理解，所以它不可能通达真实的历史。总而言之，

---

① 《马克思恩格斯选集》第一卷，人民出版社1995年版，第73页。
② 康德：《历史理性批判文集》，商务印书馆1990年版，第19页。
③ 海登·怀特：《元史学》，译林出版社2004年版，第7页。
④ 《马克思恩格斯选集》第一卷，人民出版社1995年版，第54页。
⑤ 同上书，第77—78页。

历史的客观性研究

旧唯物主义只是一种唯心主义的历史观。"当费尔巴哈是一个唯物主义者的时候，历史在他的视野之外；当他去探讨历史的时候，他不是一个唯物主义者。"① 在对旧唯物主义批判的基础上，马克思实现了对唯心主义历史观的批判。唯心主义史学家自觉到了人的能动方面，但它"不理解现实的感性的活动本身"，反而抽象地发展了、夸大了人的能动方面，也就是把意识能动性从人、历史中独立出来，最终把现实的感性的人类历史理解为独立意识想象的产物——思想史。对此，马克思还特别指出，"他们的历史思辨所以特别热衷于这个'史前历史'，是因为他们认为在这里他们不会受到'粗暴事实'的干预，而且还可以让他们的思辨欲望得到充分的自由，创立和推翻成千上万的假说。"②

表面上看，旧唯物主义和唯心主义是两种截然相反的历史观：旧唯物主义强调历史的客观实在性而唯心主义强调人自身的主观能动性。然而从深层次上看，两者却有着深刻的一致性：对人真实存在方式即现实历史——人的感性活动及物质生活本身——的遗忘。旧唯物主义只懂得感性对象而不懂得人的感性活动。与此相反，唯心主义无视人们"现实的感性的活动本身"而刻意强调意识的能动性。甚至连黑格尔虽然"抓住了劳动的本质"，但"唯一知道并承认的劳动是抽象的精神的劳动。"③ 我们认为，正是立足于对旧唯物主义和唯心主义的批判，马克思创立了历史唯物主义，从而使得历史学成为一门真正的科学。在马克思看来，"历史不过是追求自己的目的的人的活动而已。"④ 因此，一方面，它永远也不是旧唯物主义者所想象的那样是一个客观自在的自然而然的过程，而是人类自身能动的物质活动过程；另一方面，历史更不是人们任意的主观想象的产物，也就是说，我们不能从现实的人、历史中把意识独立出来，进而以意识为基点来理解历史，把历史把握为"思想史"，而应该从人真实的存在方式，即从事感性物质活动的人出发

---

① 《马克思恩格斯选集》第一卷，人民出版社1995年版，第78页。
② 同上书，第80页。
③ 马克思：《1844年经济学哲学手稿》，人民出版社2000年版，第101页。
④ 《马克思恩格斯全集》第2卷，人民出版社1957年版，第118—119页。

第四章　从历史客观性的争论到历史观的"现实性和力量"

来理解历史。马克思说，只要"从现实的、有生命的个人本身出发"，也就是从"处在一定条件下进行的现实的、可以通过经验观察到的发展过程中的人"出发，而且一刻也不离开这种现实的前提，进而描绘出人们的这个能动的感性生活活动过程，"历史就不再像那些本身还是抽象的经验论者所认为的那样，是一些僵死的事实的汇集，也不再像唯心主义者所认为的那样，是想象的主体的想象活动。"① 历史唯物主义使历史的显现成为可能。

二　作为意识形态的思想内涵逻辑

黑格尔所确立的思想内涵逻辑，超越了旧唯物主义和以往的一切唯心主义，以思辨的方式真实地表达了历史运动的形式。这种思想内容自己运动的逻辑，深刻地展现了人类对自由和崇高追求的历程。作为思想中所把握到的时代，黑格尔哲学以理论的方式表征了资产阶级政治解放的重大历史意义和成就：人们在政治生活中对封建主义等级制的扬弃，并以法律的形式确立了人权、自由和平等。当然，黑格尔思想的内涵逻辑作为对现实历史的形式的思辨表达毕竟还不是现实的历史本身，而其最大的理论困难就是如何由理性的历史过渡到现实的历史的问题。这也是马克思对黑格尔的根本指认。思想的内涵逻辑的出发点是绝对理念。也就是说，他是从意识出发来理解人与世界及其相互关系的。在这一点上，黑格尔与近代以来的认识论哲学并无二致。马克思指出，"在'现象学'这本黑格尔的圣经中，在'圣书'中，个人首先转变为'意识'，而世界转变为'对象'，因此生活和历史的全部多样性都归结为'意识'与'对象'的各种关系。"② 就是说，黑格尔将人与世界的现实关系转变为纯粹的意识与意识对象的关系问题。这样，他就把现实历史的问题转变为纯粹意识界的问题。而对于如何从意识界下降到现实世界的问题黑格尔则没能给予让人信服的回答，当然也根本不可能给出任何回答。正因为如此，马克思说，"对哲学家们说来，从

---

① 《马克思恩格斯选集》第一卷，人民出版社1995年版，第73页。
② 《马克思恩格斯全集》第3卷，人民出版社1960年版，第163页。

历史的客观性研究

思想世界降到现实世界是最困难的任务之一。"① 然而，如果无法从思想世界下降到现实历史，哲学家就无法摆脱主观主义的宿命。他们对世界的解释就会沦为一厢情愿的个人意见而已。这也就是黑格尔的"二元论"。马克思说，"黑格尔历史观的前提是抽象的或绝对的精神，这种精神正在以下面这种方式发展着：人类仅仅是这种精神的有意识或无意识的承担者，即群众。因此，思辨的、奥秘的历史在经验的、明显的历史中的发生是黑格尔一手促成的。人类的历史变成了抽象的东西的历史，因而对现实的人说来，也就变成了人类彼岸精神的历史。"② 正是在此意义上，马克思指责道："这些哲学家没有一个想到要提出关于德国哲学和德国现实之间的联系问题，关于他们所作的批判和他们自身的物质环境之间的联系问题。"③ 这就是黑格尔以及青年黑格尔派"解释世界"的唯心主义哲学。

其实，思辨哲学家们的初衷并不是仅仅想与词句做斗争或仅仅解释世界。相反，他们总是想最大限度地去观照现实世界，触及现实的历史。或许在黑格尔看来，现实的历史就是思想中的现实。甚至他自己也并不认为自己所讨论的只是一个纯意识界的经院哲学问题，而本身就是最大的现实。在他看来，所谓现实就是个体理性与普遍理性的统一，是个体理性对普遍理性的认同。因为真理是普遍的，它并不是为个人所占有，个人只有融入真理才能获得现实性。而政治国家作为合乎理性的社会存在物，它是个人获得现实性的中介。因此，思辨思维所展现的思想内涵逻辑本身就是最具体的现实。应当说，黑格尔对"现实"的理解是深刻的。青年马克思极为认同黑格尔的这一睿智的洞见。但马克思很快发现，由于"黑格尔把人变成自我意识的人，而不是把自我意识变成人的自我意识，变成现实的人即生活在现实的实物世界中并受这一世界制约的人的自我意识。"④ 因此，黑格尔将意识的抽象形式——绝对理

---

① 《马克思恩格斯全集》第3卷，人民出版社1960年版，第525页。
② 《马克思恩格斯全集》第2卷，人民出版社1957年版，第108页。
③ 《马克思恩格斯选集》第一卷，人民出版社1972年版，第24页。
④ 《马克思恩格斯全集》第2卷，人民出版社1957年版，第245页。

第四章　从历史客观性的争论到历史观的"现实性和力量"

念——理解为独立的人格，从而将现实的个人边缘化了："于是，自我意识就从人的属性变成了独立的主体。这是一幅讽刺人脱离自然的形而上学的神学漫画。因此，这种自我意识的本质不是人，而是理念，因为理念的现实存在就是自我意识。自我意识是人化了的理念，因而它是无限的。人的一切属性就这样神秘地变成了想象的'无限的自我意识'的属性。"① 这样，黑格尔就把虚幻的绝对理念当作独立自足的真实主体，而将真正的主体——现实的个人——沦为他自己所炮制的绝对理念的被动承担者。历史的主客体由此而被颠倒了，现实的历史由此也被抽象化了。黑格尔抽象地发挥了思维的能动性，而没有自觉到思维的现实基础。因此，他对现实历史的解释既是深刻的，但又是失败的。

　　黑格尔思想内涵逻辑的局限性绝非仅仅是一种理论上的局限性，而是深刻地表征了资本主义社会本身的局限性，亦即政治解放的局限性。政治解放使得人们获得了类生活的外观，也使得黑格尔陷入一种幻觉，即把资产阶级革命当作人类历史的最终完成。因此，黑格尔满怀信心地以思想的内涵逻辑展现人类自由实现的历程，而不自知政治解放不等同于人的解放，资产阶级社会只是人类历史中特有的一个阶段而已。在黑格尔看来，资产阶级核心价值所实现的地方就是绝对理念完成自己的地方，也就是世界历史终结的地方。由此，他站在资产阶级的立场上，雄心勃勃地重新规划了整个历史，使人类全部的历史屈从于他自己所设定的逻辑。对于思想的内涵逻辑实质，马克思指出，"对象（这里指国家）的灵魂是现成的，它在对象的肢体产生以前就已经规定好了，其实这种肢体只不过是一种假象。"② 可以说，在黑格尔那里，凡是现实的都是合理的，然而，"所谓合乎理性，并不是指现实的人的理性达到了现实性，而是指抽象概念的各个环节达到了现实性。"③ 很清楚，黑格尔思想的内涵逻辑是作为资产阶级的意识形态而存在的。作为思

---

① 《马克思恩格斯全集》第 2 卷，人民出版社 1957 年版，第 176 页。
② 《马克思恩格斯全集》第 1 卷，人民出版社 1956 年版，第 260 页。
③ 同上书，第 278 页。

历史的客观性研究

想中所把握到的时代,黑格尔哲学既深刻地体现了政治解放后人们获得的类生活的外观,又反衬出政治解放的局限性:现实个人并没有获得实质的自由,依然受到抽象的统治。

马克思认同黑格尔对现实的理解,即现实理性是普遍理性与个体理性的辩证统一,但他反对黑格尔对两者统一的方式,即黑格尔以普遍理性宰制、压抑个体理性。从认识论的视域上看,黑格尔以思辨的方式成功地实现了对思想客观性的奠基,即个体理性要获得现实性,只能奠基于普遍理性(历史)之上。但马克思鉴别出黑格尔非批判性的绝对理念本身就是资产阶级的意识形态内核的现实化,因为黑格尔抹杀了现实个人的社会差别,将政治解放永恒化。因此,作为意识形态的思想内涵逻辑掩盖、麻醉了人们现实生活中被剥削的实质,所以它必须同样受到批判。在自觉到黑格尔思想内涵逻辑的理论实质后,马克思指出,"黑格尔把谓语、客体变成某种独立的东西,但是这样一来,他就把它们同它们的真正的独立性、同它们的主体割裂开来。随后真正的主体即作为结果而出现,实则正应当从现实的主体出发,并把它的客体化作为自己的研究对象。"① 就是说,绝对理念既非实体更非主体。作为虚幻的存在物,它根源于现实个体的社会差别。换言之,当现实个体的社会差别消失时,所谓普遍真理的神学问题自然就烟消云散了。在马克思这里,普遍理性并非独立自足的存在,而本身就内在于现实的个体理性当中。现实的个体理性社会化的过程就是普遍理性的显现。因此,如果哲学家们以对人而言并不具有本源意义的抽象意识(如绝对理念)作为绝对基点来面向现实,必然造成对现实历史的思辨和遮蔽。马克思说,"我们看到,从思维过渡到现实,也就是从语言过渡到生活的整个问题,只存在于哲学幻想中,也就是说,只有在那种不会明白自己在想象中脱离生活的性质和根源的哲学意识看来才是合理的。"② 现实的个人总已经先行地处于一定社会关系中从事感性的物质活动了。而"哲学首先是通过人脑和世界相联

---

① 《马克思恩格斯全集》第1卷,人民出版社1956年版,第273页。
② 《马克思恩格斯全集》第3卷,人民出版社1960年版,第528页。

第四章　从历史客观性的争论到历史观的"现实性和力量"

系，然后才用双脚站在地上；但这时人类的其他许多活动领域早已双脚立地，并用双手攀摘大地的果实，它们甚至想也不想：究竟是'头脑'属于这个世界，还是这个世界是头脑的世界。"① 可见，现实的个人的本源性的存在方式是社会性的感性活动，而不是首先去思想。意识片面抽象地独立化本身就是现实个人社会分工的产物："思想和观念成为独立力量是个人之间的私人关系和联系独立化的结果。"② 或者说，抛开意识的现实基础，亦即抛开人们现实的社会差别，是唯心主义产生的根源："如果抛开这些观念的现实基础（斯蒂纳本来就把它抛开了），这些观念就被了解为意识范围以内的观念，被了解为人的头脑中的思想了，就从它们的对象性方面被撤回到主观方面来了。"③ 总之，黑格尔的概念辩证法以思辨的方式表达了历史的运动形式，但由于黑格尔自身的国民经济学立场，使得辩证法的批判本性最终被窒息在他的体系里。黑格尔并没有切中现实的历史本身，思想的内涵逻辑反而沦为遮蔽现实历史的意识形态。

三　历史唯物主义"敞开"的现实历史

在近代哲学认识论转向的背景下，特别是唯心主义对人意识能动性的强调，人们逐渐摒弃了对历史抽象实在论的肤浅理解。但是，由于唯心主义者过分夸大主体意识在历史认识中的作用，从而使得自身又造成一个无法克服的内在悖论：独立能动的意识如何切中外部的客观实在？作为"思想史"的历史是否还有客观性可言？以意识看世界，必然把整个世界意识化，从"我思"出发把握历史，必然把历史理解为思想史。正如海德格尔所说，"只要人们从Egocogito（我思）出发，便根本无法再来贯穿对象领域；因为根据我思的基本建制（正如根据莱布尼兹的单子基本建制），它根本没有某物得以进来的窗户。就此而言，我思是一个封闭的区域。'从'该封闭的区域'出来'这一想法是自相矛盾的。因此，必须

---

① 《马克思恩格斯全集》第 1 卷，人民出版社 1956 年版，第 121 页。
② 《马克思恩格斯全集》第 3 卷，人民出版社 1960 年版，第 525 页。
③ 同上书，第 170 页。

从某种与我思不同的东西出发。"① 对此，海德格尔认为，"认识是在世的一种存在方式"，它是"此在的植根于在世的一种样式"②。因此，此在的日常在世现象比认识活动有着更加本原的意义，于是海德格尔转向着力描述此在日常的在世现象。马克思与海德格尔有异曲同工之妙。马克思也深刻地自觉到人本原的、真实的存在方式并不是认识活动，而是感性的物质生产劳动。在马克思看来，意识自身并非是一个独立能动的主体，而只是从事感性活动的、现实的人的能动性而已。因此，如果把意识看作独立的主体，进而寻求意识的客观性，这只能是一个悖谬，是一个争论不休的纯粹经院哲学的问题。黑格尔正是把人看成自我意识，把意识看成独立能动的主体。所以他只能把现实的历史理解为抽象理念的显现，"历史的哲学仅仅是哲学的历史，即他自己的哲学的历史"③。在马克思看来，意识有着深刻的现实（实践）基础，因此，"人的思维是否具有客观的真理性，这不是一个理论的问题而是一个实践的问题。人应该在实践中证明自己思维的真理性，即自己思维的现实性和力量，自己思维的彼岸性。"④ 就是说，人们的实践活动、感性的物质活动比人的意识活动具有更加本源的意义。或者说，意识活动本身只是人们实践活动的内在环节，物质活动才是人的活动的基本形式，"一切其他的活动，如精神活动、政治活动、宗教活动等取决于它。"⑤ 人们的社会存在决定人们的社会意识而不是相反。我们认为，正是从感性的物质活动而不是意识出发，马克思冲破了认识论路向的悖谬，使得现实的历史得以敞开和澄明。

马克思说，"意识在任何时候都只能是被意识到了的存在，而人们的存在就是他们的现实生活过程"⑥。在现实生活过程中，人首先是一个自然存在物。因此，对于现实的人类史，我们首先应当

---

① 费迪耶等：《晚期海德格尔的三天讨论班纪要》，《哲学译丛》2001 年第 3 期。
② 海德格尔：《存在与时间》，生活·读书·新知三联书店 2006 年版，第 71、73 页。
③ 《马克思恩格斯选集》第一卷，人民出版社 1995 年版，第 141 页。
④ 同上书，第 55 页。
⑤ 同上书，第 123 页。
⑥ 同上书，第 72 页。

第四章　从历史客观性的争论到历史观的"现实性和力量"

确定的第一个前提就是,"人们为了能够'创造历史',必须能够生活。但是为了生活,首先就需要吃喝住穿以及其他一些东西。"① 就是说,生产满足人基本需要的物质资料,是人类历史的第一个活动。不仅如此,只要人类存在,人类就离不开物质生产,"人们单是为了能够生活就必须每日每时去完成它,现在和几千年前都是这样。"② 物质资料的生产是由人固有的自然属性决定的,但是,马克思更进一步指出,人们的生产方式"不应当只从它是个人肉体存在的再生产这方面加以考察。它在更大程度上是这些个人的一定的活动方式,是他们表现自己生活的一定方式、他们的一定的生活方式。个人怎样表现自己的生活,他们自己就是怎样。"③ 人们在生产满足基本需要的物质资料时,也就是在间接生产人们的物质生活本身,同时就在创造着现实的历史。历史是由物质劳动所开启的"追求自己的目的的人的活动"过程。它既不是自然而然的自在过程,也不是主体的意识活动过程,而是现实感性的"人的活动"过程。我们可以看出,马克思强调物质生产生活的根本意蕴是为了开启和澄明人类真实的历史。或者说,正是针对当时"几乎整个意识形态不是曲解人类史,就是完全撇开人类史"④ 的现状,马克思创立了历史唯物主义,以此来向人们说明何谓真实的人类史。然而,遗憾的是,许多人竟就此反过来抽象掉现实历史中一切丰富内容,进而指认马克思是一个纯粹的经济决定论者。正如恩格斯所说的那样,"历史过程中的决定性因素归根到底是现实生活的生产和再生产。无论马克思或我都从来没有肯定过比这更多的东西。如果有人在这里加以歪曲,说经济因素是唯一决定性的因素,那么他就是把这个命题变成毫无内容的、抽象的、荒诞无稽的空话。"⑤ 我们认为,历史唯物主义的根本旨趣在于回答真实人类史的敞开何以可能的问题。因此,我们不能把它简单化为物质生产力与历史发展

---

① 《马克思恩格斯选集》第一卷,人民出版社 1995 年版,第 79 页。
② 同上书,第 79 页。
③ 同上书,第 67 页。
④ 同上书,第 66 页。
⑤ 《马克思恩格斯选集》第四卷,人民出版社 1995 年版,第 695—696 页。

历史的客观性研究

单一线性的决定关系。正如马克思所说，它"充其量不过是从对人类历史发展的考察中抽象出来的最一般的结果的概括。这些抽象本身离开了现实的历史就没有任何价值。"① 马克思认为，物质生产活动虽然是一切时代所共有的（这是人的自然属性决定的），但不同时代的物质生产是在不同的物质条件、生产方式下进行的，因此，人与人、人与自然表现为极为不同的关系，即人自身表现为不同的存在方式和生存样态。比如，在资本主义条件下是物（资本）对人的统治，而在封建主义等级制下则表现为人对人的直接统治。可见，两个不同的历史阶段人的存在方式有着本质的不同。

作为"追求自己目的的人的活动"的历史，不仅是一个"过程"的概念，而且也是一个"文明"的概念。人本身就是历史文化的存在，"人，作为人类历史的经常前提，也是人类历史的经常的产物和结果，而人只有作为自己本身的产物和结果才成为前提"②。因此，人类历史本身就是一个文明传承的过程，现实则总是历史文化的积淀，由历史发展而来。在这个意义上，马克思说，"资产阶级社会借这些社会形式的残片和因素建立起来，其中一部分是还未克服的遗物，继续在这里存留着，一部分原来只是征兆的东西，发展到具有充分意义，等等。"③ 因此，反过来可以说，只有深刻地理解了现实，才能真实理解过去。"人体解剖对于猴体解剖是一把钥匙"，"低等动物身上表露的高等动物的征兆，只有在高等动物本身已被认识之后才能理解。"④ 正因为如此，马克思从对现实，也就是资本主义的理解着手，真实地通达了人类全部的历史。"《资本论》不仅是关于'资本'的'资本论'，而且是关于'现实的历史'的'存在论'"⑤，它真实生动地展现了现实历史中人的生存状况，即物对人的统治。在对资本主义深刻分析和批判的

---

① 《马克思恩格斯选集》第一卷，人民出版社 1995 年版，第 73—74 页。
② 《马克思恩格斯全集》第 26 卷（Ⅲ），人民出版社 1974 年版，第 545 页。
③ 《马克思恩格斯选集》第二卷，人民出版社 1995 年版，第 23 页。
④ 同上。
⑤ 孙正聿：《"现实的历史"——〈资本论〉的存在论》，《中国社会科学》2010 年第 2 期。

第四章　从历史客观性的争论到历史观的"现实性和力量"

基础上，马克思进而指出了在封建主义制度下人对人直接的统治。而这一切最终根源于人类物质生产力的低下。

作为"追求自己目的的人的活动"的历史，不是独立的人格，不可能形成任何先验的规律，而是人的活动的产物。因此，历史唯物主义所揭示的"历史规律"不是对人类历史未来的神学式预言。它只是在对现实历史的批判中而实现一种对人类未来历史的指向。正如马克思所言，历史唯物主义"绝不提供可以适用于各个历史时代的药方或公式。"① "这些原理的实际运用，正如《宣言》中所说的，随时随地都要以当时的历史条件为转移"②。如果把历史唯物主义看成一种"万能"的历史哲学，则像马克思说的那样，"这样做，会给我过多的荣誉，同时也会给我过多的侮辱。"③ 洛维特曾指认马克思说："《共产党宣言》所描述的全部历史程序，反映了犹太教—基督教解释历史的普遍图式，即历史是朝着一个有意义的终极目标的、由天意规定的救赎历史。"④ 我们认为，洛氏的错误在于他没有注意到共产主义是马克思对现实历史即资本主义批判性分析后得出的科学结论。马克思说得好，"新思潮的优点就恰恰在于我们不想教条式地预料未来，而只是希望在批判旧世界中发现新世界。"⑤ 而如果我们的任务"不是推断未来和宣布一些适合将来任何时候的一劳永逸的决定，那么我们便会更明确地知道，我们现在应该做些什么，我指的就是要对现存的一切进行无情的批判。"⑥ 可见，历史唯物主义虽为"理论"却有着强烈的实践指向，它的根本使命是通过对旧世界的批判和科学分析而使人们自觉到现实的生存状态，特别是让无产阶级自觉到自己的历史地位和使命。马克思坚信，"哲学把无产阶级当做自己的物质武器，同样，无产阶级也把哲学当做自己的精神武器；思想的闪电一旦彻底击中这块

---

① 《马克思恩格斯选集》第一卷，人民出版社 1995 年版，第 74 页。
② 同上书，第 248 页。
③ 《马克思恩格斯全集》第 19 卷，人民出版社 1963 年版，第 130 页。
④ 洛维特：《世界历史与救赎历史》，生活·读书·新知三联书店 2002 年版，第 53 页。
⑤ 《马克思恩格斯全集》第 1 卷，人民出版社 1956 年版，第 416 页。
⑥ 同上书，第 416 页。

历史的客观性研究

素朴的人民园地，德国人就会解放成为人。"① 波普尔对马克思"历史决定论"的指认，我们同样认为这也是基于对历史唯物主义理论性质的根本误解。马克思曾批评旧哲学"未能实际地干预事物的进程，而至多只是不得不满足于抽象形式的实践。"② 可见，马克思对自己的理论有着深刻的自觉：理论不是独立于实践之上的玄思，而是实践的内在环节。我们认为，"历史规律"不是人为的或者马克思"决定"的，它不是离开人类活动的僵死教条的自在必然性，而是人自身的活动"创造"出来的。或者说，历史唯物主义的根本使命是塑造和引导时代精神，进而现实地"改变世界"。

作为"改变世界"的"新世界观"，历史唯物主义同"解释世界"的德国古典哲学之间存在着极为密切的理论渊源关系。我们也只有在德国古典哲学的高度上才能真实地理解历史唯物主义的新世界观。康德哲学作为法国革命的德国理论，它彰显个体理性，弘扬个性自由。然而，黑格尔却意识到，片面的个体性只能是抽象的主观任意。因此，现实理性应当是普遍理性与个体理性的统一。但是，由于黑格尔将普遍理性当作独立自主的主体，所以现实的个体在他那里被失落和边缘化了。或者说，黑格尔思想的内涵逻辑并没有真实地实现普遍理性与个体理性的统一，而是以隐蔽的资产阶级意识形态而出现的。这引起了马克思的不满。在马克思看来，绝对理念不是脱离于个体的独立人格，而是显现于现实个人的社会性物质活动之中。由此，马克思从现实个人的社会性活动（而不是抽象的社会意识）出发，真正地解决了哲学界长期以来争论的普遍与个别的二元对立问题。他说，"社会结构和国家经常是从一定个人的生活过程中产生的。但这里所说的个人不是他们自己或别人想象中的那种个人，而是现实中的个人，也就是说，这些个人是从事活动的，进行物质生产的，因而是在一定的物质的、不受他们任意

---

① 《马克思恩格斯选集》第一卷，人民出版社1995年版，第15—16页。
② 《马克思恩格斯全集》第2卷，人民出版社1957年版，第49页。

第四章 从历史客观性的争论到历史观的"现实性和力量"

支配的界限、前提和条件下能动地表现自己的。"① 也就是说,现实个人的生活世界以及由此而决定的现实个人的存在状态在深层上决定了政治国家的结构和意识形态的形式。进而言之,人们现实的社会性物质活动是虚幻的绝对理念产生的根源。由此,马克思重新颠倒了黑格尔对历史主客体的颠倒,确保了现实个体的能动作用及其对绝对理念的特殊意义。

在马克思看来,前资本主义社会是塑造神圣形象的时代。在这里,现实的个人把自己的全部神性都寄托给了上帝,而上帝作为虚幻的实体却反过来主宰了人。当然,这一宗教外观背后的实质则是神圣化了的统治者对被统治阶级的直接宰制。或者说,现实的人之所以在自己所创造的神面前如此小心翼翼或顶礼膜拜,根源于现实生活中另一部分人对他们的统治,亦即根源于这种人对人依赖性的社会关系。同样,在资本主义社会中,现实的个人把自己的类本性对象给了政治国家,所以人们在政治生活中获得了类生活的外观,但事实上人们并没有获得真实的自由。就是说,政治解放虽然打碎了在封建主义等级制下人对人的直接依附,但现实的个人却受到了物(资本)的统治。而物对人的统治实质上则是资产阶级借物的中介对无产阶级的统治。在这里,现实的个人同样是抽象的、被动的。由此可见,在迄今为止的全部历史中,不管是作为神圣形象的上帝抑或是作为非神圣形象的政治国家,都根源于现实生活中人与人之间不平等的社会关系。或者说,正是因为人对人之间的社会关系的异化才使得宗教、政治国家以独立的姿态出现,使得人们过着双重的生活:虚幻的天国生活和现实的尘世生活。马克思认为,不仅要把对作为神圣形象的宗教的批判归结于其世俗基础,而且要把对作为非神圣形象(政治国家)的批判归结于其根源——市民社会。人的根本是人本身,而人在其现实性上是一切社会关系的总和。现实的个人总已经生活在一定历史性的社会关系之中了。因此,对现实的个人及其所创生的现实历史的考察只能到政治经济学中去寻找,而不能代之以任何神秘的思辨。这样,马克思就从根本

---

① 《马克思恩格斯选集》第一卷,人民出版社 1972 年版,第 29—30 页。

历史的客观性研究

上改变了以往哲学对社会历史问题的神学提法，而自觉转向对人们社会性的物质生活的实证批判。但是，马克思对现实历史的实证考察并非是非批判的实证主义。恰恰相反，马克思试图通过揭露以往层层意识形态对历史实情的掩盖，厘清制约现实个人的自由的现实因素。马克思指出，市民社会是全部历史的发源地。然而正是在这里，人的社会性总是以扭曲的方式呈现出来。不论是在前资本主义社会的人对人的直接依附，还是资本主义的以物的依赖性为基础的人的独立性。

社会并非是脱离个人的独立自主的特殊人格，而就是现实个人社会特质的显现形式。马克思说，"'特殊的人格'的本质不是人的胡子、血液、抽象的肉体的本性，而是人的社会特质"①，而这种社会特质又是首先在人们的物质活动中显现出来的。黑格尔的思路是，以个体意识勾连于社会意识，并以社会意识来说明社会存在。马克思则反其道而行之：人作为社会性的存在物，其社会性首先是在现实个人的物质活动和交往（而不是直接在社会意识）中体现出来。社会存在决定社会意识，而不是相反。这是因为，思想要以思想的承担者即现实个人的肉体存在为前提。而人作为肉体的存在首先要进行社会性的物质活动，而不是去形成思想。理性固然是人与动物的一个深刻差别，但在本原的意义上，社会性的物质活动就已经把人与动物区别开来了。也可以说，思想作为一个环节已经内含在人们的社会实践活动中了。对于人的活动的社会性，马克思指出，"因为人的本质是人的真正的社会联系，所以人在积极实现自己本质的过程中创造、生产人的社会联系、社会本质，而社会本质不是一种同单个人相对立的抽象的一般的力量，而是每一个单个人的本质，是他自己的活动，他自己的生活，他自己的享受，他自己的财富。"② 而意识一开始就很倒霉，注定要受到语言的纠缠。语言和意识一样，都是人们物质交往的产物。它是人的属性，但却不是独立的人格。然而，在有阶级存在的社会里，尤其是在资本主

---

① 《马克思恩格斯全集》第1卷，人民出版社1956年版，第270页。
② 《马克思恩格斯全集》第42卷，人民出版社1979年版，第25页。

第四章 从历史客观性的争论到历史观的"现实性和力量"

义社会中,由于个人之间自发的社会分工而造成的社会对立就给人一种错觉:现实的个人是彻头彻尾的私人,而不是什么社会性存在物。但马克思说,"就让市民社会的利己主义者在他那非感性的观念和无生命的抽象中把自己设想为原子,即把自己设想成和任何东西无关的、自满自足的、没有需要的、绝对完善的、极乐世界的存在。非极乐世界的感性的现实是不顾他这种想象的。他的每一种感觉都迫使他相信世界和他以外的其他人的存在。"① 可见,现实个人的社会性即使是在资本主义社会也是以歪曲的形式呈现出来。尽管在这里,人的社会性几乎被完全遮蔽,现实的人成为自私自利的私人。

现实的个人是社会性存在物,因此:①马克思的"人道主义"不是从抽象的人性分析开始的,不是从意识出发理解人,而是从对现实的人的社会关系开始分析的。就是说,现实的人必然是处于一定历史性的社会关系当中的人,而不是脱离社会关系的原子式个人。而如果抛开现实个人具体的社会关系,所谓的对社会历史的分析必然是抽象的。马克思指出,"如果我抛开构成人口的阶级,人口就是一个抽象。如果我不知道这些阶段所依据的因素,如雇佣劳动、资本等等,阶级又是一句空话。"② 因此,我们对现实历史的分析,必然首先是从感性具体上升到理性抽象,再从理性抽象升华为理性具体。显然,这仅仅是分析现实历史的理论起点,而不是现实历史本身生成的过程。马克思说,"具体之所以具体,因为它是许多规定的综合,因而是多样性的统一。因此它在思维行程中表现为综合的过程,表现为结果,而不是表现为起点,虽然它是现实中的起点,因而也是直观和表象的起点。在第一条道路上,完整的表象蒸发为抽象的规定;在第二条道路上,抽象的规定在思维行程中导致具体的再现。因而黑格尔陷入幻觉,把实在理解为自我综合、自我深化和自我运动的思维的结果,其实,从抽象上升到具体的方法,只是思维用来掌握具体并把它当做一个精神上的具体再现出来

---

① 《马克思恩格斯全集》第 2 卷,人民出版社 1957 年版,第 154 页。
② 《马克思恩格斯全集》第 12 卷,人民出版社 1962 年版,第 750 页。

的方式。但决不是具体本身的产生过程。"① 这就是历史唯物主义的"实证科学",它完全抛弃了对现实历史的神秘思辨,使人类历史首次以其本来的面目向人们显露出来。②在澄明现实的历史之后,马克思在对具体的资本主义的社会关系的批判性分析中发现了资本的逻辑。在现实的历史中,由于私有制和分工的存在,现实的个人在其社会性的物质生产中产生了一种凌驾于他们之上的力量,即资本的力量。马克思说,"受分工制约的不同个人的共同活动产生了一种社会力量,即扩大了的生产力。由于共同活动本身不是自愿地而是自发地形成的,因此这种社会力量在这些个人看来就不是他们自身的联合力量,而是某种异己的、在他们之外的权力。关于这种权力的起源和发展趋向,他们一点也不了解;因而他们就不再能驾驭这种力量,相反地,这种力量现在却经历着一系列独特的、不仅不以人们的意志和行为为转移,反而支配着人们的意志和行为的发展阶段。"② 这种物的力量由现实的个人所创生,但它却反过来压迫人,使人变成物的奴隶。在这种畸形的社会关系(私有制)中,现实的人对象化给对象的类生命越多,他就越受对象的宰制,自己就变得越贫乏。而"只要私人利益和公共利益之间还有分裂,也就是说,只要分工还不是出于自愿,而是自发的,那么人本身的活动对人说来就成为一种异己的、与他对立的力量,这种力量驱使着人,而不是人驾驭着这种力量。"③ 这就是现代社会中由于资本对人的统治所造成的历史主客体的颠倒。这也是为什么马克思极力强调政治解放并不等同于人的解放。他说,"现代国家承认人权同古代国家承认奴隶制是一个意思。就是说,正如古代国家的自然基础是奴隶制一样,现代国家的自然基础是市民社会以及市民社会中的人,即仅仅通过私人利益和无意识的自然的必要性这一纽带同别人发生关系的独立的人,即自己营业的奴隶,自己以及别人的私欲的奴隶。"④ 就是说,在资本主义社会里,现实个人的社会性生产

---

① 《马克思恩格斯全集》第12卷,人民出版社1962年版,第751页。
② 《马克思恩格斯选集》第一卷,人民出版社1972年版,第39页。
③ 同上书,第37页。
④ 《马克思恩格斯全集》第2卷,人民出版社1957年版,第145页。

第四章　从历史客观性的争论到历史观的"现实性和力量"

并不表现为人的类生命、社会潜能的丰富和发展，反而表现为资本的积累、积聚及其对个人的日益加剧的统治。在马克思看来，只有当个人控制其劳动条件的时候才能真正恢复劳动的社会本性，把异化劳动转变为自为的社会劳动。而这绝非是不可能的，因为现代社会日益简单化的阶级关系为人的解放创造了现实条件。

现实的历史是在人们社会性活动中不断创生的历史，因此，历史的客观性只能奠基于人们社会性物质生活的客观性。马克思不再在理论上抽象地追问客观的历史何以可能，因为任何认识本身都是人们的实践活动、现实生活所产生的，所以他开始通过经济范畴来描述人们的现实生活过程。

四　"历史科学"与人的解放

在哲学史上，从一方面看，黑格尔思想的内涵逻辑成功地实现了为思想的客观性奠基，即个体意识只有奠基于社会意识（作为理性展开的历史）才能获得现实性、客观性。但从另一方面看，它也是作为一种意识形态在暗中说服现实的人们屈服于资本主义的伪善。就是说，作为一种意识哲学，黑格尔思想的内涵逻辑没有也不可能触及的人的实际生存，而只是人实现生存的抽象外观。它表征了人的抽象化，但却没有自觉到人在实现生活中的被抽象化。一言以蔽之，黑格尔在以思辨的方式解决了近代以来日益凸显的思想客观性问题的同时，也造成了对人类现实历史的抽象化理解，即把现实的历史曲解为理性的历史、彼岸的历史。在黑格尔那里，现实的人等于人的意识，而"在意识看来——而哲学意识就是被这样规定的：在它看来，正在理解着的思维是现实的人，因而，被理解了的那样的世界才是现实的世界——范畴的运动表现为现实的生产行为（只可惜它从外界取得一种推动），而世界是这种生产行为的结果；这——不过又是一个同义反复——只有在下面这个限度内才是正确的：具体总体作为思维总体、作为思维具体，事实上是思维的、理解的产物；但是，决不是处于直观和表象之外或驾于其上而且思维着的、自我产生着的概念的产物，而是把直观和表象加工成

历史的客观性研究

概念这一过程的产物。"① 意大利的黑格尔主义者克罗齐道破了黑格尔历史观天机：一切历史都是当代史。既然历史只能是思维自己创生自己的历史，那么，历史就只能是思想史、当代史。黑格尔处心积虑地想实现为思想的客观性奠基，但是作为唯心主义者，他依然把他所讨论的问题紧紧地限制在意识领域内。黑格尔不但没有证明意识的客观性，反倒是证明了意识自身的不可超越性。既然一切历史都是观念史，那么一切现实的斗争就只能是观念的斗争，或者说，观念的斗争才是真正现实的斗争。这是青年黑格尔派对黑格尔教义的忠实继承。既然一切真问题都是思想内部的问题，那么感性的现实个人就显得微不足道了。在将人与世界的现实关系抽象化为意识与意识对象的关系的同时，黑格尔也将现实个人创造的虚幻存在物——绝对理念——当作能动真实的主体，而把现实的个人当作被动的现成存在。这一理论弊端一直延续到青年黑格尔派那里："可是绝对的批判从黑格尔的'现象学'中至少学会了一种技艺，这就是把现实的、客观的、在我身外存在着的链条变成只是观念的、只是主观的、只是在我身内存在着的链条，因而也就把一切外部的感性的斗争都变成了纯粹观念的斗争。"② 这样一种哲学当然只能解释世界，而无法改变世界，即"未能实际地干预事物的进程，而至多只是不得不满足于抽象形式的实践。所谓哲学是超实际的，这只是说它高高地君临于实践之上。"③ 青年马克思已经深刻地洞察到了黑格尔思想内涵逻辑的理论弊端，所以他说，"我劝你们，思辨神学家和哲学家们，假如你们愿意明白事物存在的真理，即明白真理，你们就应该从先前的思辨哲学的概念和偏见中解放出来。"④

马克思认为，"自古以来人的生活就以生产为基础，而人一旦摆脱纯粹的动物状态，人的生活就开始以各种社会生产为基础，正

---

① 《马克思恩格斯全集》第12卷，人民出版社1962年版，第751—752页。
② 《马克思恩格斯全集》第2卷，人民出版社1957年版，第105页。
③ 同上书，第49页。
④ 《马克思恩格斯全集》第1卷，人民出版社1956年版，第33页。

第四章 从历史客观性的争论到历史观的"现实性和力量"

是这种社会生产关系,我们也称之为经济关系。"① 可见,人与人之间现实的社会关系是经济关系,而不是虚假的意识与意识对象的关系。在现实的个人"认识"他人之前,就已经先行与他人处于一定的社会性的生产关系中了。而人类现实的生产关系又总是体现为自然历史的过程,因为任何现实的生产都要在既定的物质条件下进行的。在此意义上,"社会生产过程的任何前提同时也是它的结果,而它的任何结果同时又表现为前提。"② 仅仅因为这样,片面性是历史发展的形式,历史总是以退步的形式实现自身的进步。在历史的长河中,现实的人类总是在与不自由的存在方式斗争的过程中实现自己的自由,而不可能一劳永逸地实现绝对的自由。马克思说,"人们每次都不是在他们关于人的理想所决定和所容许的范围之内,而是在现有的生产力所决定和所容许的范围之内取得自由的。"③ 马克思揭露出,在人类现实的历史中,"在一切社会制度中,占统治地位的阶级(或一些阶级)总是占有劳动的物的条件的阶级"④,然而,"在这些关系中,上述(劳动和它的物的条件之间的)关系看不见了,而表现为主人与奴仆,自由民与奴隶,半仙和凡人等等之间的关系,而且在双方的意识中就是作为这样的关系存在着。只是在资本中,这种关系才被剥掉了一切政治的、宗教的和其他观念的伪装。这种关系——在双方的意识中——被归结为单纯的买和卖的关系。劳动条件本身以赤裸裸的形式与劳动相对立,它们作为物化劳动、价值、货币与劳动相对立,作为把自身仅仅理解为劳动本身的形式并且只是为了作为物化劳动保存和增殖自身而与劳动相交换的货币。因此,这种关系纯粹表现为单纯的生产关系——纯粹的经济关系。"⑤ 由此可见,历史的内在本质只有发展到资本主义时代才逐渐明确地显现出来。也可以反过来说,对资本主义内在本质的揭露也只有当现实历史发展到如此这般的地步时

---

① 《马克思恩格斯全集》第48卷,人民出版社1985年版,第122页。
② 《马克思恩格斯全集》第26卷(Ⅲ),人民出版社1974年版,第564页。
③ 《马克思恩格斯全集》第3卷,人民出版社1960年版,第507页。
④ 《马克思恩格斯全集》第47卷,人民出版社1979年版,第146—147页。
⑤ 同上书,第147页。

历史的客观性研究

才有可能。在此意义上，马克思主义本身就是社会历史发展的产物。正像马克思指出的那样，"所有这一切当然都只有在可能对现存制度的生产条件和交往条件进行批判的时候，也就是在资产阶级和无产阶级之间的对立产生了共产主义观点和社会主义观点的时候，才能被揭露。"①

马克思有句人们耳熟能详的名言："哲学家们只是用不同的方式解释世界，而问题在于改变世界。"改变世界的前提是彰显现实的历史，并且能够深刻地自觉到现实历史的客观进程。哲学作为理论形态的人类自我意识，其首要旨趣就在于澄明作为人的存在的现实历史，并为人类的未来把脉。马克思正是发现了，在人类现实的历史中，资本作为一种独立的力量凌驾于现实的个人之上，而现实的个人则沦为资本实现自身增值的手段。也就是说，在人类现实的历史发展中，个人的社会潜能、类本质不但没有被很好地丰富起来、展现出来，反而在自发的社会分工过程中被不断遮蔽。人类创造自己历史的过程不但不是自身自由实现的历程，反而表现为异己势力壮大自己的过程，表现为现实个人的丰富人性被逐渐缩化为单向度的人的过程。而黑格尔思想的内涵逻辑却不但没有自觉到人的实际生存，反而以一种隐蔽的意识形态的方式遮蔽了现实历史的实情。马克思恩格斯创立的历史唯物主义的历史科学，在批判、扬弃黑格尔思想内涵逻辑的基础上，层层剥离了遮蔽人类历史的种种意识形态，澄明了人类现实的历史。马克思强调，现实的历史并不是作为凌驾于个人之上的独立人格，而是在人们社会性的物质活动中生成的。或者说，现实个人的社会性物质活动创生了现实的历史。在此意义上，现实的个人永远都是历史的主体。然而反观人类已有的历史，创造历史的现实个人总是受到异己力量的压迫。尤其在现代的资本主义社会中，现实的社会关系——资产阶级对无产阶级的剥削关系——已经发展到了违反人性的极致：工人阶级一无所有，而资产阶级却坐享其成。通过对资本主义的政治经济学批判，马克思发现，随着人们社会交往的扩大和深入，随着整个历史向世界历

---

① 《马克思恩格斯全集》第3卷，人民出版社1960年版，第490页。

第四章 从历史客观性的争论到历史观的"现实性和力量"

史的发展,现实的条件为人的解放提供了历史契机,人的解放已经由可能变为现实。历史唯物主义作为"时代精神的精华"和人类文明"活的灵魂",其根本旨趣就是要使得现实的个人自觉到已经澄明了的现实历史,让无产阶级自觉到其现实的社会地位和历史使命,从而积极行动起来推翻私有制,结束"史前史",实现自觉的社会分工和社会性的自由劳动。当然,"思想从来也不能超出旧世界秩序的范围:在任何情况下它都只能超出旧世界秩序的思想范围。思想根本不能实现什么东西。为了实现思想,就要有使用实践力量的人。"① 就是说,"批判的武器当然不能代替武器的批判,物质力量只能用物质力量来摧毁;但是理论一经掌握群众,也会变成物质力量。理论只要说服人,就能掌握群众;而理论只要彻底,就能说服人。所谓彻底,就是抓住事物的根本。但是,人的根本就是人本身。"② 历史唯物主义的历史科学,它既是现实历史应运而生的产物,又是无产阶级解放自身的"武器"。作为从意识哲学的篱笆中超拔出来的不再是哲学的"世界观",历史唯物主义彻底超越了解释世界的旧哲学的宿命。正像马克思所说的那样,"德国哲学是从意识开始,因此,就不得不以道德哲学告终"③,而"共产主义者根本不进行任何道德说教","共产主义者不向人们提出道德上的要求"④,而只是让现实的人们对作为其存在方式的现实历史达到应有的自觉。

我们认为,马克思恩格斯创立的历史唯物主义,从感性的物质活动出发敞开和澄明了人类真实的历史。现实历史的敞开和澄明使得对现实历史的批判和改变成为可能。既然历史不是客观自在、自然而然的过程,更不是想象主体想象的产物,而是现实的"人的活动"的产物;那么,这就内在地要求理论不能高高地凌驾于实践之上,而应自觉地转化为实践的内在环节,转化为物质力量,以现实地改变作为"人的活动"的历史为天命。马克思认为,哲学

---

① 《马克思恩格斯全集》第 2 卷,人民出版社 1957 年版,第 152 页。
② 《马克思恩格斯选集》第一卷,人民出版社 1995 年版,第 9 页。
③ 《马克思恩格斯全集》第 3 卷,人民出版社 1960 年版,第 432 页。
④ 同上书,第 275 页。

是"时代精神的精华"和人类文明"活的灵魂"。它"要和自己时代的现实世界接触并发生相互作用",应"浸进同时代人的灵魂,也就是浸进使他们激动的爱与憎的感情里"。① 可见,作为"理论"的历史唯物主义已不再仅仅囿于理论的领域,而是有着深刻的实践自觉,以塑造和引导时代精神为根本指向和使命。马克思说,"理论的对立本身的解决,只有通过实践方式,只有借助于人的实践力量,才是可能的;因此,这种对立的解决绝对不只是认识的任务,而是现实生活的任务,而哲学未能解决这个任务,正是因为哲学把这仅仅看作理论的任务。"② 在他看来,黑格尔之后的所谓"哲学家们""没有一个想到要提出关于德国哲学和德国现实之间的联系问题,关于他们所作的批判和他们自身的物质环境之间的联系问题"③,所以他们只能解释世界而不能改变世界。"青年黑格尔派玄想家们尽管满口讲的都是所谓'震撼世界的'词句,却是最大的保守派。"④ 对于纯粹经院化的历史研究,马克思是不感兴趣甚至是非常排斥的。我们可以说,历史唯物主义的根本旨趣是对现实历史的敞开、批判和引导,它的根本使命是"改变世界"而不是"解释世界"。它对历史本来面目的揭示,使人们更加自觉到自己现实受压迫受奴役的状态;它对资本主义的深刻批判,对资本的逻辑的科学分析,又为现实的人类解放指明了道路。历史唯物主义是无产阶级的武器,或者说现实的共产主义运动就是历史唯物主义,无产阶级就是历史唯物主义的"理论家"。历史唯物主义深刻地体现着马克思哲学与传统哲学的决裂和马克思实现的本体论革命,即它不再沿着传统的知识论路向追问世界何以可能,而是现实地追求"人的解放何以可能"⑤。

追求人类解放是马克思根本的价值旨趣,但马克思人类解放的

---

① 《马克思恩格斯全集》第1卷,人民出版社1956年版,第121页。
② 马克思:《1844年经济学哲学手稿》,人民出版社2000年版,第88页。
③ 《马克思恩格斯选集》第一卷,人民出版社1995年版,第66页。
④ 同上书,第66页。
⑤ 孙正聿:《解放何以可能:马克思的本体论革命》,《学术月刊》2002年第9期。

第四章　从历史客观性的争论到历史观的"现实性和力量"

理想之所以不是抽象的伦理原则，而是作为"人的活动"的历史的现实指向，就在于马克思把这种价值诉求诉诸对现实历史的批判性考察中，从而实现了自觉地以对现实历史的塑造和引导为根本旨趣。共产主义绝不是马克思对人类未来主观的凭空臆测，而是有着深刻的现实基础。马克思很清醒地自觉到，如果没有实践基础，那么，"正如共产主义的历史所证明的，尽管这种变革的观念已经表述过千百次，但这对于实际发展没有任何意义。"① 马克思认为，政治解放是人类历史发展的一大进步，但它不是人类解放的最后形式。政治解放的历史功绩在于，它打破了封建主义等级制下人对人的直接依附，进而把人类带入一个全新的时代。与此同时，作为封建主义精神支柱的宗教也得到了应有的批判。而"真理的彼岸世界消逝以后，历史的任务就是确立此岸世界的真理。人的自我异化的神圣形象被揭穿以后，揭露具有非神圣形象的自我异化，就成了为历史服务的哲学的迫切任务。"② 可见，对作为现实历史的资本主义社会进行批判是历史发展的内在要求和人类的必然使命。

对宗教的批判具有着重大而深远的意义，正如马克思指出的那样，"对宗教的批判是其他一切批判的前提"③，因为正是在对宗教的批判中得出一个富有成果的根本命题：人是人的根本。人是人的根本，就意味着我们必须把"人的世界和人的关系回归人自身"④，实现人的解放。马克思说："对宗教的批判最后归结为人是人的最高本质这样一个学说，从而也归结为这样一条绝对命令：必须推翻那些使人成为被屈辱、被奴役、被遗弃和被蔑视的东西的一切关系"⑤。也正是在对宗教的批判中使得马克思深刻地自觉到，宗教作为"颠倒的世界意识"，它根源于"颠倒的世界"⑥。由此，马克思从对宗教的批判转向对政治、法和国家的批判，把对天国的批

---

① 《马克思恩格斯选集》第一卷，人民出版社 1995 年版，第 93 页。
② 同上书，第 2 页。
③ 同上书，第 1 页。
④ 《马克思恩格斯全集》第 3 卷，人民出版社 2002 年版，第 189 页。
⑤ 《马克思恩格斯选集》第一卷，人民出版社 1995 年版，第 9—10 页。
⑥ 同上书，第 1 页。

历史的客观性研究

判转向对尘世即现实历史的批判。人们自己创造自己的历史,马克思说,"'历史'并不是把人当做达到自己目的的工具来利用的某种特殊的人格。历史不过是追求着自己目的的人的活动而已。"①因此,人们理应自觉控制、驾驭自己所创造的历史。其实,维科在其《新科学》中就已经提出历史是人们自己创造的观念,进而提倡以"新科学"对它进行研究。他说,"民政社会的世界确实是由人类创造出来的,所以它的原则必然要从我们自己的人类心灵各种变化中就可找到。"②但是,维科的所谓"新科学"找到的只是一些抽象的人类发展原则,而马克思则借助政治经济学进一步切入到真实的历史中考察了人的现实生存状况。在马克思看来,"人们自己创造自己的历史,但是他们并不是随心所欲地创造,并不是在他们自己选定的条件下创造,而是在直接碰到的、既定的、从过去继承下来的条件下创造。"③ 在对现实历史的考察中,马克思发现,由于私有制的存在,作为积累起来的人类劳动即资本成为能动的主体,而真正创造历史的人却反而成为被动的"客体",从而出现了这样一种反常现象:本来是被动的而成为能动的资本统治着本来是能动的而成为被动的人。黑格尔的"主客颠倒"正是"以'最抽象'的形式表达了人类'最现实'的生存状态,这就是人们正在受'抽象'的统治——'以物的依赖性为基础的人的独立性'——的存在状态。"④ 正因如此,马克思极力强调不能把政治解放混同于人的解放。政治解放只是把封建主义等级制下人对人的直接统治关系转变为在资本主义条件下物(资本)对人的统治,与前者相比,后者甚至使人"更不自由,因为他们更加屈从于物的力量。"⑤ 总之,不管是资本主义还是封建主义,其区别只是人受神圣形象还是非神圣形象的统治而已。作为历史真正创造者的人

---

① 《马克思恩格斯全集》第2卷,人民出版社1957年版,第118—119页。
② 维科:《新科学》,人民文学出版社1986年版,第135页。
③ 《马克思恩格斯选集》第一卷,人民出版社1995年版,第585页。
④ 孙正聿:《辩证法:黑格尔、马克思与后形而上学》,《中国社会科学》2008年第3期。
⑤ 《马克思恩格斯选集》第一卷,人民出版社1995年版,第120页。

第四章 从历史客观性的争论到历史观的"现实性和力量"

自身始终不能驾驭、控制自己的历史,所以马克思把人类既有的社会形式称为"史前时期"。但他断言,"资产阶级的生产关系是社会生产过程的最后一个对抗形式","人类社会的史前时期就以这种社会形态而告终"①,因为资本逻辑的运转为人类的解放提供了可能。

历史现实的敞开和澄明,进而在对它的批判中而实现对现实历史的指向性引导,是历史唯物主义的根本旨趣。一方面,历史现实的开启和澄明为现实历史的批判和引导提供了前提和基础;另一方面,正是在对现实历史的深刻批判中,马克思为人类现实的解放指明了道路。马克思立足于人类社会或社会化的人类,把人类解放的价值旨趣诉诸对历史现实的开启和现实历史的批判中,最终实现了从"解释世界"到"改变世界"的哲学革命。历史唯物主义是存在论、真理论和价值论的统一。

第二节 现实的历史与马克思的劳动主题

在马克思哲学中,劳动既是一个经济学概念,又是一个体现一定价值旨趣的哲学范畴。特别从黑格尔马克思的关系看,我们更是能体认到马克思劳动概念深刻的哲学意蕴。劳动不是抽象理性的自我运动,而是人和自然界双重生成的物质活动过程。借助劳动概念,马克思通达了我们现实的生活世界、现实的历史。更为重要的是,马克思把"人的解放"的旨趣孕育在现实历史的过程中,从而实现了从解释世界到改变世界的哲学革命。

劳动是马克思哲学当中的一个基础性概念。它不仅是一个表达物质生产的经济学范畴,而且是一个表征人的生命自我实现的哲学范畴。马克思在扬弃黑格尔作为人类精神自我成长的精神劳动的基础上,提出了作为现实的人类自我发展、自我解放的物质劳动概念。在笔者看来,正是因为马克思把现实的人理解为自然存在物和类存在物的统一,所以他才真实地理解了作为人存在方式的劳动的

---

① 《马克思恩格斯选集》第二卷,人民出版社1995年版,第33页。

内涵，进而以此通达了人们现实的生活世界，并展开对资本主义的深刻批判。在此基础上，马克思成功地实现了从"解释世界"到"改变世界"的哲学原则的转变，即只有人类通过自身的努力把劳动生产力发展到一定阶段，也就是人与人、人与自然的关系完全达到清楚明白、自由和谐的状态时，人的解放才有可能。

一　马克思对黑格尔精神劳动的扬弃

众所周知，探讨黑格尔和马克思的关系是理解马克思的一个基本理论前提。同样，我们认为，从黑格尔的精神劳动出发依然是理解马克思劳动概念的真实内涵的一个较为恰切的切入点，尽管马克思的劳动概念深受古典政治经济学的影响。

黑格尔认为，"凡生活中真实的伟大的圣神的事物，其所以真实、伟大、神圣，均由于理念。"因此，"哲学的目的就在于掌握理念的普遍性和真形相。"① 理念起初是无限的东西、抽象的普遍性，但它却是不安息的。它有一种内在的冲动，不断进行自我否定、自我扬弃，从而使得自己获得越来越丰富的规定性和越来越具体的内容。如果说黑格尔哲学本质上是一个神学体系也不无道理，马克思就曾指出它是"从宗教和神学出发"②，但却不可否认，黑格尔以抽象的形式真实地表达了人类精神如何一步步自我成长、丰富并最终实现自由的历程。可以说，黑格尔的逻辑是"自由何以可能的逻辑"③。他的深刻之处就在于，他把人看成一个不断自我生成、发展的过程，并且用思辨的方式表达了这一过程。

马克思认为，黑格尔"抓住了劳动的本质，把对象性的人、现实的因而是真正的人理解为他自己的劳动的结果。"④ 这是因为，作为人类真实存在方式的物质生产劳动，不但是一个改造对象世界的过程，而且也是一个人自身不断自我生成、发展和丰富的过程。人在运用自身的自然力"作用于他身外的自然并改变自然时，也

---

① 黑格尔：《小逻辑》，商务印书馆1980年版，第35页。
② 马克思：《1844年经济学哲学手稿》，人民出版社2000年版，第96页。
③ 孙正聿：《辩证法：黑格尔、马克思和后形而上学》，《中国社会科学》2008年第3期。
④ 马克思：《1844年经济学哲学手稿》，人民出版社2000年版，第101页。

第四章 从历史客观性的争论到历史观的"现实性和力量"

就同时改变他自身的自然"。在这一过程中,"他使自身的自然中沉睡着的潜力发挥出来,并且使这种力的活动受他自己控制"①,从而使得人的历史在生产劳动的过程中成为一种"有意识地扬弃自身的形成过程"②。黑格尔已经体认到了人的生成性,即人类在生产劳动中自身的不断生成和发展。遗憾的是,作为唯心主义者的黑格尔"不知道现实的、感性的活动本身"③,所以他不可能真实地把握劳动的内涵,而"唯一知道并承认的劳动是抽象的精神的劳动。"④ 马克思对黑格尔抽象的精神运动史进行了积极的扬弃,把他的精神成长史转化为人类物质生产活动的一个内在环节。也就是说,正是在物质生产劳动的过程中,人的生命才真实地达到了自我成长、自我丰富。

马克思还进一步指出了黑格尔不能真实地理解"劳动"内涵的根源:他站在国民经济学的立场上,从"异化出发",把人理解为人的自我意识。马克思说:"黑格尔把人变成自我意识的人,而不是把自我意识变成人的自我意识,变成现实的人即生活在现实的实物世界中并受这一世界制约的人的自我意识。"⑤ 把人变成自我意识的人,必然把感性的物质活动理解为抽象的精神劳动,这样就导致黑格尔只看到"劳动的积极的方面,没有看到它的消极的方面"⑥。与黑格尔相反,马克思从现实的人出发,把自我意识看成现实的人的自我意识,也就是"把现实的存在物看做无限物的真正主体"⑦,所以他真实地理解了作为人存在方式的劳动,进而理解了现实的历史。在马克思看来,"人们按照自己的物质生产率建立相应的社会关系,正是这些人又按照自己的社会关系创造了相应的原理、观念和范畴。"⑧ 因此,由劳动所开启的物质生活是人本

---

① 《马克思恩格斯全集》第 23 卷,人民出版社 1972 年版,第 202 页。
② 马克思:《1844 年经济学哲学手稿》,人民出版社 2000 年版,第 107 页。
③ 《马克思恩格斯选集》第一卷,人民出版社 1995 年版,第 54 页。
④ 马克思:《1844 年经济学哲学手稿》,人民出版社 2000 年版,第 101 页。
⑤ 《马克思恩格斯全集》第 2 卷,人民出版社 1957 年版,第 245 页。
⑥ 马克思:《1844 年经济学哲学手稿》,人民出版社 2000 年版,第 101 页。
⑦ 《马克思恩格斯全集》第 1 卷,人民出版社 1956 年版,第 273 页。
⑧ 《马克思恩格斯选集》第一卷,人民出版社 1995 年版,第 142 页。

源的、本真的存在方式，任何的观念、范畴都是建立在这一基础上的。黑格尔当然不知道这一点。因此，他把思想、观念当成独立的力量，最终把现实的人类活动仅仅理解为精神运动史。

总之，马克思对黑格尔精神劳动概念进行了积极的扬弃，即把黑格尔作为人类精神自我生成和发展的"精神劳动"成功地转化为现实的物质劳动的一个内在环节。同时，马克思也深刻地指出黑格尔之所以不能真实地把握劳动内涵的根源，即他站在国民经济学的立场上，从异化出发来理解劳动。在对黑格尔马克思的比较考察中我们也可得出：马克思的劳动概念绝不是一个中性地表达物质生产的经济学范畴，而是蕴涵着马克思一定价值旨趣的哲学概念。

二 劳动的内涵及现实历史的彰显

黑格尔把人等同于自我意识，所以他就把本来现实的、活生生的个人理解为绝对的、无限的抽象存在物。这样的存在物是一个孤零零的"唯一者"，它不可能有外在的真实对象进行对象化的感性活动，所以它要运动起来就只能把自身设定为自己的对象，进行自我否定、自我扬弃，"就是设定自己，自己与自己相对立，自相结合，就是把自身规定为正题、反题、合题，或者就是它自我肯定、自我否定和否定自我否定。"① 也就是说，"既然被当作主体的不是现实的人本身，因而也不是自然——人是人的自然——而只是人的抽象，即自我意识，所以物性只能是外化的自我意识。"② 这就是黑格尔理解和表达的精神劳动的实质。一句话，由于黑格尔不了解现实的人本身，也就不能理解现实的人类活动。现实的人，在马克思看来，首先是感性的和受动的人，即他总是"在自身之外有感性的对象，有自己的感性的对象。"③ 可以说，感性对象的存在及感性的对象化活动是人真实的存在方式。正是从作为人本源性的存在方式的视角出发，马克思真实地理解了劳动的内涵。

马克思认为，人在直接意义上是一个自然存在物。一方面，作

---

① 《马克思恩格斯选集》第一卷，人民出版社 1995 年版，第 140 页。
② 马克思：《1844 年经济学哲学手稿》，人民出版社 2000 年版，第 104 页。
③ 同上书，第 107 页。

第四章　从历史客观性的争论到历史观的"现实性和力量"

为有生命的自然存在物,他是能动的,并"具有自然力、生命力";另一方面,他又和动植物一样,作为感性的、肉体的存在,"是受动的、受制约的和受限制的存在物"①。这说明,作为自然存在物的人是既能动又被动的辩证统一,且他总会有外在的对象与他"对峙"。然而,外在对象的存在对人而言绝不是什么限制,相反,它又是人得以进行真实的对象化活动即生产劳动的前提。马克思说,"人只有凭借现实的、感性的对象才能表现自己的生命"②。正是外在对象世界的存在,才使得人有可能把自己内在固有的本质力量激发并释放出来。此外,更重要的是,"人不仅仅是自然存在物,而且是人的自然存在物,就是说,是自为地存在着的存在物,因而是类存在物。"③ 关于人作为类存在物,马克思指出,"一个种的整体特性、种的类特性就在于生命活动的性质,而自由的有意识的活动恰恰就是人的类特性。"④ 这是说,人和动物的区别并不在于他的自然属性,而在于其类特性,即自由的有意识的活动。人的类特性使人的劳动成为能动地创造意义的"生活"活动,而不是动物式的"生存"活动。

我们看到,马克思在批判黑格尔对人的抽象理解的同时提出了对现实人的规定性,即把人理解为自然存在物和类存在物的统一。理解了现实的人,马克思进一步阐发了作为现实人存在方式的劳动的内涵。关于劳动,马克思指出,"劳动首先是人和自然之间的过程,是人以自身的活动来引起、调整和控制人和自然之间的物质变换的过程。人自身作为一种自然力与自然物质相对立。为了在对自身生活有用的形式上占有自然物质,人就使他身上的自然力——臂和腿、手和脚运动起来。当他通过这种运动作用于他身外的自然并改变自然时,也就同时改变他自身的自然。"⑤ 这段论述表明:首先,劳动的实质是一种对象化的活动,而对象化活动是以主体

---

① 马克思:《1844 年经济学哲学手稿》,人民出版社 2000 年版,第 105 页。
② 同上书,第 106 页。
③ 同上书,第 107 页。
④ 同上书,第 57 页。
⑤ 《马克思恩格斯全集》第 23 卷,人民出版社 1972 年版,第 201—202 页。

历史的客观性研究

(人)以及外在于主体的客体对象(自然界)为前提的;其次,人类的生产劳动既是改造对象世界的过程,又是人自身不断生成的过程。可见,正是在生产劳动的过程中,一方面人们把对象世界改造成"属人的世界";另一方面人自身的需要得到满足,生命获得成长、充实。现实人的劳动就是人与自然不断的互交过程以及在此基础上所实现的人和自然不断的生成过程。又由于人的自然属性从属于人的类属性,因此,真正的劳动应该是表征人的类生命的自由自觉的活动。马克思说:"而人甚至不受肉体需要的影响也进行生产,并且只有不受这种需要的影响才进行真正的生产"①。可见,劳动既是为了满足人基本需要的物质生产过程,更重要的,它又是表征人的类生命的自主活动、自由活动的过程。马克思的劳动概念,不仅是一个表达物质生产的经济学范畴,而且是一个表征人类自主活动、自由活动和人的生命的自我实现的哲学范畴。

对现实的人及其活动的深刻理解,马克思真正开启、通达了人们现实的生活世界。劳动作为对象化的感性物质活动,首先体现的是人与自然界的物质交换过程。正像马克思指出的那样:"没有自然界,没有感性的外部世界,工人什么也不能创造。"② 然而,在现实的生产劳动过程中,人对自然界的关系又是以人与人之间的关系为前提的。马克思说,"他们只有以一定的方式共同活动和互相交换其活动,才能进行生产。为了进行生产,人们相互之间便发生一定的联系和关系;只有在这些社会联系和社会关系的范围内,才会有他们对自然界的影响,才会有生产。"③ 可见,人类的生产劳动总是在人与人、人与自然的辩证统一中进行的。而在生产劳动的基础上,人与自然、人与人之间的辩证统一关系所敞开和彰显的正是我们现实的生活世界。这是一个前概念、前逻辑和前反思的世界。它不需要任何思辨的色彩,但却描述了人们生活的实情。在如此本源的生活状态中,人当然不仅要受到外在对象即自然界的制

---

① 马克思:《1844年经济学哲学手稿》,人民出版社2000年版,第58页。
② 同上书,第53页。
③ 《马克思恩格斯选集》第一卷,人民出版社1995年版,第344页。

第四章　从历史客观性的争论到历史观的"现实性和力量"

约,而且要受到他人的制约。此外,人作为历史的存在,他还要受到既定历史条件的制约,即历史遗留的"一定的物质结果,一定的生产力总和,人对自然以及个人之间历史地形成的关系",及"前一代传给后一代的大量生产力、资金和环境"① 等的制约。这就是马克思向我们澄明的人们真实的存在方式和生活世界。

借助劳动及其所敞开和彰显的现实的世界,马克思展开了对资本主义的深刻批判。他认为,在现实的历史中,由于私有制和分工的存在,人们的生活始终是不幸的,表现人的类生命的自由劳动异化了。异化劳动把"自主活动、自由活动贬低为手段,也就把人的类生活变成维持人的肉体生存的手段"②。因此,人们开始像逃避瘟疫一样逃避劳动。在这样的生存状态下,"人(工人)只有在运用自己的动物机能——吃、喝、生殖,至多还有居住、修饰等等——的时候,才觉得自己在自由活动,而在运用人的机能时,觉得自己只不过是动物。动物的东西成为人的东西,而人的东西成为动物的东西。"③ 如此,人原本丰富的、多维的生命内涵被蒸馏了。人甚至失去了作为类存在物的审美能力,因为"人——这是私有制的基本前提——进行生产只是为了拥有。"④ 但是,对现实的历史的深刻批判和揭露并没有使马克思表现出丝毫的悲观和无奈,相反,他在批判旧世界中发现了新世界,发现了人类未来的希望。在他看来,人类的解放就现实地孕育在现实的不幸过程中。"异化"是人类历史的必经阶段但也是人类暂时的阶段。当人通过自身努力把劳动生产力提高到一定阶段时,当人与人、人与自然的关系达到自由和谐状态时,真正表现人的类生命的自由劳动时代就会来临。

三　自由劳动及现实人的解放

自由是近代以来人们所追求的一个核心价值。黑格尔理解的自由是抽象理性一步步自我扬弃、自我提升所实现的结果。可以说,黑格尔所坚持的依然是抽象的自由观。马克思认为,自由作为人的

---

① 《马克思恩格斯选集》第一卷,人民出版社1995年版,第92页。
② 马克思:《1844年经济学哲学手稿》,人民出版社2000年版,第58页。
③ 同上书,第55页。
④ 同上书,第180页。

历史的客观性研究

真实存在方式就是人的自由劳动。而自由劳动又是通过人自身劳动生产力逐步发展所实现的。这是因为，劳动既是物质生产的过程，又是人的生命自我成长、实现的过程。在马克思看来，能够表达劳动是否"自由"的是财产权。财产是人类物质劳动结果的现实形态。它不仅可以满足人基本的物质需要，而且更重要的，它也是人"按照美的规律来构造"①的结果，是人的类生命的对象化和表达。然而在现实的历史中，由于私有制和分工，劳动者与其创造的财产出现了异化。财产的多重属性被遮蔽了，一切被占有的感觉所代替。在马克思的设想中，当人类能真正控制、驾驭作为其劳动成果的财产的时候，也就是现实的私有制被扬弃的时候，人与人、人与自然就会恢复本然真实的关系，自由劳动就会成为人真实的存在方式。到那时，"人的一切感觉和特性彻底的解放"②，财产被遮蔽的多重属性会重新向人们敞开，人外化了的生命也会"向自身、向社会的即合乎人性的人的复归"③。马克思认为，这样一种理想的生存状态绝不是远在彼岸的"可能世界"，而就孕育在人类现实的解放运动中。也就是说，当人类在既定的历史条件下通过自身的努力把劳动生产力提高到一定水平时，当物质财富极大丰富时，人类的解放就会实现，人就会达到真正符合人的生活。

马克思说："历史不过是追求着自己目的的人的活动而已。"④在人类"劳动生产力处于低级发展阶段，与此相应，人们在物质生活生产过程内部的关系，即他们彼此之间以及他们同自然之间的关系是很狭隘的"⑤。这就导致人的异化状态。而当劳动生产力发展到一定程度，"当实际日常生活的关系，在人们面前表现为人与人之间和人与自然之间极明白而合理的关系的时候"，"只有当社会生活过程即物质生产过程的形态，作为自由结合的人的产物，处

---

① 马克思：《1844年经济学哲学手稿》，人民出版社2000年版，第58页。
② 同上书，第85—86页。
③ 同上书，第81页。
④ 《马克思恩格斯全集》第2卷，人民出版社1957年版，第118—119页。
⑤ 《马克思恩格斯全集》第23卷，人民出版社1972年版，第96页。

第四章　从历史客观性的争论到历史观的"现实性和力量"

于人的有意识有计划的控制之下的时候"①，作为人的解放的共产主义就会由可能变成现实。可见，一方面，"人对人的依赖性"以及"以物为基础的人的独立性"作为现实人类的"阵痛"是历史发展的必经阶段；但另一方面，这些"阵痛"又为人类的解放提供了可能的前提和准备。人类的解放就孕育在这一现实的历史过程当中。

总之，笔者以"劳动"为切入点，从黑格尔马克思的关系出发，来阐发在什么意义上马克思超越了黑格尔。换言之，马克思哲学为什么是"现代"而不是"传统"哲学？黑格尔从自我意识、抽象的普遍性出发，展开了理性运演的逻辑，所以他以抽象的形式真实地表达了人的精神的自我成长、丰富和发展的历程。他向我们展现的是"人类思想运动的内涵逻辑"②。黑格尔的伟大之处就在于，他把人的发展看成一个不断生成的过程，即"他自己劳动的结果"。尽管如此，他只是"为历史的运动找到抽象的、逻辑的、思辨的表达，这种历史还不是作为一个当作前提的主体的人的现实历史，而只是人的产生的活动、人的形成的历史。"③ 在批判黑格尔的基础上，马克思既理解了现实的人，又理解了作为现实人的存在方式的劳动的双重内涵：劳动既是物质财富的生产过程，又是人的生命自我提升、自我实现的过程。从现实的人及其劳动出发，马克思真实地开启、通达了由人与自然、人与人的辩证交互关系中所澄明和敞开的现实生活世界。

在我看来，马克思的深刻之处就在于他体认到了物质劳动才是人本真的存在方式，由物质劳动所敞开和澄明的世界才是人真实的生活世界。因此，我们不能从想象中所设定的东西出发创造对象，而应该直面事情本身，即由生产劳动所通达、澄明的现实生活世界，并把这一基础作为我们一切思考的出发点。黑格尔哲学的主要缺点在于，它所设定的出发点——精神及其活动——是次生的、不

---

① 《马克思恩格斯全集》第 23 卷，人民出版社 1972 年版，第 96—97 页。
② 孙正聿：《历史唯物主义的真实意义》，《哲学研究》2007 年第 9 期。
③ 马克思：《1844 年经济学哲学手稿》，人民出版社 2000 年版，第 97 页。

历史的客观性研究

具有本源性，或者说它本身就是现实生活中私有制和分工的结果。正是因为黑格尔从他所设定的抽象理性出发，所以他理解的自由永远是抽象的，而不可能是人真实的存在方式。立足于劳动及其所敞开的现实世界，马克思指出，全部问题都能在"人的实践中以及对这个实践的理解中得到合理的解决"①。换言之，正是对现实的人及其劳动的深刻体认，以及在此基础上对生活世界的敞开和澄明，马克思才实现了哲学解释原则的转变，即他不再像"哲学家们"那样仅仅是"解释世界"，而是自觉到了人类只有现实地改变世界，幸福才有可能。

第三节 活动、规律与趋势

历史是追求自己目的的人的活动。而任何人类现实的活动总是在既定的条件下进行并获得新的发展，历史由此而展现为一个客观演进的过程。这就是基于人的物质活动而生成的人类历史的演进的客观性。可见，内蕴了人的活动的历史规律并不能被理解为普遍必然性的自然律，它只是表明了现实的人的活动不能超越既定条件的限制。在一定意义上，作为人的活动的历史规律只能呈现为历史趋势。

一 人的活动的现实性

黑格尔有句人们耳熟能详的名言：凡是现实的都是合理的，凡是合理的都是现实的。在这里，"现实"并非常人流俗所理解的"现存"之意，而是指合乎理性。就是说，只有合乎理性的存在才能配得上"现实"的美名，而对于那些必将被扬弃的感性杂多来说，虽然"现存"着但并不具有现实性。我们知道，黑格尔从意识出发来理解人，所以他就把人的活动的现实性理解为意识的现实活动。而意识活动的现实性又奠基于人类普遍精神史的绝对合理性。或者说，个体意识只有作为人类认识史中的一环，作为绝对理念实现自身的手段才有现实性可言，否则就被斥之为抽象的主观任

---

① 《马克思恩格斯选集》第一卷，人民出版社1995年版，第56页。

第四章　从历史客观性的争论到历史观的"现实性和力量"

意。由此可见，在黑格尔那里，真正具有现实性的并不是指现实的个体，而是指彼岸的理性历史。这也是黑格尔"凡是现实的都是合理性的"这句名言的根本意旨之所在。马克思在批判青年黑格尔派时指出，"人为了历史而存在，而历史则为了证明真理而存在。在这种批判的庸俗化的形式中重复了思辨的高见：人和历史所以存在，是为了使真理达到自我意识。""因此，历史也和真理一样变成了特殊的个性，即形而上学的主体，而现实的人类反倒仅仅变成了这一形而上学主体的体现者。"① 个体意识只是为了作为理性自我展开的历史而存在的。这表明，黑格尔及青年黑格尔派在思辨的外衣下所裹挟的一种道德主张，即试图通过道德认同的方式来改变人们对现存世界的认识。这一点在青年黑格尔派那里更加明显地表现出来："既然根据青年黑格尔派的幻想，人们之间的关系、他们的一切举止行为、他们受到的束缚和限制，都是他们意识的产物，所以青年黑格尔派完全合乎逻辑地向人们提出一种道德要求，要他们用人的、批判的或利己的意识来代替他们现在的意识，从而消除束缚他们的限制。这种改变意识的要求，归根到底就是要求用另一种方式来解释现存的东西，也就是说，通过另外的解释来承认现存的东西。"②

在马克思看来，黑格尔只是把个体活动与理性历史割裂开来，再用理性历史为个体活动奠基。这一基本路数说明黑格尔并没有改变对人类现实问题的神学提法。他只是以绝对理念取代了上帝，以有别于基督教的方式（但依然是神学的方式）重新解释了人类历史。马克思说，"我们不把世俗问题化为神学问题。我们要把神学问题化为世俗问题。相当长的时期以来，人们一直用迷信来说明历史，而我们现在是用历史来说明迷信。"③ 而"'历史'并不是把人当做达到自己的工具来利用的某种特殊的人格。历史不过是追求着自己目的的人的活动而已。"④ 可见，历史本质上只是人的活动

---

① 《马克思恩格斯全集》第 2 卷，人民出版社 1957 年版，第 101 页。
② 《马克思恩格斯选集》第一卷，人民出版社 1972 年版，第 23 页。
③ 《马克思恩格斯全集》第 1 卷，人民出版社 1956 年版，第 425 页。
④ 《马克思恩格斯全集》第 2 卷，人民出版社 1957 年版，第 119 页。

历史的客观性研究

的形式而已,而不是外在于个人活动的独立人格。在本源的意义上,人们自己创造自己的历史,而不是历史创造人。早在18世纪,维科就已经打破了历史的神创说,并认为人们自己能够认识自己所创造的历史:"这个民族世界确实是由人类创造出来的,所以它的面貌必然要在人类心智本身的种种变化中找到。如果谁创造历史也就由谁叙述历史,这种历史就最确凿可凭了。"① 由此,维科试图通过对人类心灵的各种变化的考察来发现历史运动的法则。尽管《新科学》作为规模宏大的历史哲学体系受到后人的不少议论和批判,但维科由此而萌发的新的哲学原则——历史原则——却极大地影响了后继者。这个原则具体就是:人们自己创造自己的历史,因而人们能够自己认识自己的历史。

马克思认为,历史并不是先行于现实个人的独立存在,而是在人们社会性的物质活动中不断生成的。这就从根本上保证了任何对历史的考察必须摆脱任意的抽象思辨,而必须回溯到现实的人的活动本身。当然,马克思的这一观念直接地受惠于费尔巴哈而不是维科。卢卡奇就曾指出,"只有从这样一种立场出发,历史才真正地变为人的历史。这是因为在历史中再也不会有任何最终不能回溯到人,回溯到人与人的关系的东西。这一转变是费尔巴哈赋予哲学的。他因此对历史唯物主义的形成起了一种十分重要的作用。"② 历史是追求自己目的的人的活动,但这种现实的感性活动本身并不是任意的,从根本上说,它本身又是历史的"结果"。或者说,人们自己创造自己的历史,但是人类创造历史的感性活动本身又要在现实的历史条件下进行。这就是历史作为人的"前提"和"结果"的辩证关系。马克思说,"历史并不是作为'产生于精神的精神'消融在'自我意识'中,历史的每一阶段都遇到有一定的物质结果、一定数量的生产力总和,人和自然以及人与人之间在历史上形成的关系,都遇到有前一代传给后一代的大量生产力、资金和环境,尽管一方面这些生产力、资金和环境为新的一代所改变,但另

---

① 维科:《新科学》,人民文学出版社1986年版,第145页。
② 卢卡奇:《历史与阶级意识》,商务印书馆1999年版,第275页。

第四章　从历史客观性的争论到历史观的"现实性和力量"

一方面,它们也预先规定新的一代的生活条件,使它得到一定的发展和具有特殊的性质。"① 可见,历史不外是历代人的活动的依次交替,本身并没有什么神圣的使命或目的可言。然而,如果以神学的眼光看,"事情被思辨地颠倒成这样:好像后一个时期历史乃是前一个时期历史的目的,例如,好像美洲的发现的根本目的就是要引起法国革命。因此,历史便具有其特殊的目的并成为某个与'其他人物并列的人物'(如象'自我意识'、'批判'、'唯一者'等等)。其实,以往历史的'使命'、'目的'、'萌芽'、'观念'等词所表明的东西,无非是从后来历史中得出的抽象,无非是从先前历史对后来历史发生的积极影响中得出的抽象。"② 可见,历史并不神秘,我们不能把现实的个体幻化为历史自己目的的手段。这里的实情只是,现实个人创造历史的现实活动本身要受到历史条件的制约。就是说,"个人是什么样的,这取决于他们进行生产的物质条件。"③ "单个人的历史决不能脱离他以前的或同时代的个人的历史,而是由这种历史决定的。"④ 由此,和黑格尔一样,马克思同样把个人活动的现实性奠基于历史之上,但这里的"历史"并不是黑格尔理解的理性的历史,而本身就是人们社会化的物质活动的产物。马克思指出,"人们的社会历史始终只是他们的个体发展的历史,而不管他们是否意识到这一点。他们的物质关系形成他们的一切关系的基础。这些物质关系不过是他们的物质的和个体的活动所借以实现的必然形式罢了。"⑤ 历史是人的活动的形式,是人们在现实的活动中所形成的物质关系,而人的活动反过来又受制于历史本身,那么,对现实的个人及其活动的考察就只能通过对人类现实历史内在关系结构的剖析,而不能直接从作为整体混沌的表象——人口——入手。正是立足于对现实的资本主义生产关系的政治经济学批判,马克思得出,"社会经济形态的发展是一种自然历

---

① 《马克思恩格斯选集》第一卷,人民出版社 1972 年版,第 44 页。
② 同上书,第 51 页。
③ 同上书,第 25 页。
④ 《马克思恩格斯全集》第 3 卷,人民出版社 1960 年版,第 515 页。
⑤ 《马克思恩格斯全集》第 27 卷,人民出版社 1972 年版,第 478 页。

史过程。不管个人在主观上怎样超脱各种关系,他在社会意义上总是这些关系的产物。"①

历史不过是追求自己目的的人的活动,而人的活动的现实性反过来又奠基于现实的历史本身。这就是人与历史的辩证互动关系。人类任何创造历史的现实活动都无法超越既定的历史阶段,而只能在既有的条件下获得新的发展,因此,社会历史的发展体现为一个自然历史过程。马克思说,"社会——不管其形式如何——究竟是什么呢?是人们交互作用的产物。人们能否自由选择某一社会形式呢?决不能。在人们的生产力发展的一定状况下,就会有一定的交换和消费形式。在生产、交换和消费发展的一定阶段上,就会有一定的社会制度、一定的家庭、等级或阶级组织,一句话,就会有一定的市民社会。"② 在对现实的历史即资本主义的深入剖析中,马克思指出,随着历史向世界历史的发展,资本主义内在的资本逻辑正在向全世界的每一个角落蔓延,所以"问题本身并不在于资本主义生产的自然规律所引起的社会对抗的发展程度的高低。问题在于这些规律本身,在于这些以铁的必然性发生作用并且正在实现的趋势。工业较发达的国家向工业较不发达的国家所显示的,只是后者未来的景象。"③ 可以说,资本逻辑的本质就是资本的最大化,所以它一旦运作必然向力所能及的地方扩张。从历史上看,资本主义的巨大功绩就在于它以前所未有的巨大威力击碎了封建主义等级制,但由此而带来的巨大代价就是越来越多的人日益受到资本的奴役。当然,历史总是以退步的形式实现自身的进步。作为追求自己目的的人的活动的历史,正是以这种"悲壮"的方式深刻地展现了人类在摆脱不自由的过程中逐渐实现自由的历程。马克思具体指出,"人的依赖关系(起初完全是自然发生的),是最初的社会形态,在这种形态下,人的生产能力只是在狭窄的范围内和孤立的地点上发展着。以物的依赖性为基础的人的独立性,是第二大形态,

---

① 《马克思恩格斯全集》第23卷,人民出版社1972年版,第12页。
② 《马克思恩格斯全集》第27卷,人民出版社1972年版,第477页。
③ 《马克思恩格斯全集》第23卷,人民出版社1972年版,第8页。

第四章　从历史客观性的争论到历史观的"现实性和力量"

在这种形态下，才形成普遍的社会物质变换，全面的关系，多方面的需求以及全面的能力的体系。建立在个人全面发展和他们共同的社会生产能力成为他们的社会财富这一基础上的自由个性，是第三个阶段。第二个阶段为第三个阶段创造条件。"① 也就是说，随着生产力的发展，资产阶级所发动的政治解放彻底打碎了"人的依赖关系"，实现了个体巨大的独立性，但是政治解放并不等同于人的解放，因为在资本主义条件下，人的独立性是建立在对物的依赖性的基础上的。当然，从另一个方面看，"第二个阶段为第三个阶段创造条件"，即资本主义的生产方式客观上促使了生产的社会化以及人们社会交往的极大丰富。马克思最后指出，尽管"一个社会即使探索到了本身运动的自然规律，——本书的最终目的就是揭示现代社会的经济运动规律，——它还是既不能跳过也不能用法令取消自然的发展阶段。但是它能缩短和减轻分娩的痛苦。"② 可见，作为自然历史过程的历史规律并不等同于自然规律，而是与人的活动之间存在着某种张力关系。作为革命家的马克思，正是试图通过对历史规律的发现，使得人的活动获得历史性的现实性，从而在缩短"分娩阵痛"的基础上实现人类最大的自由。

二　作为人的活动的历史规律

近代以来日益兴起的自然科学的巨大成就在于，它摆脱了原始自在的经验类推方式，而能以系统化的科学思维去精准地捕捉自然规律。受此影响，不少史学家和哲学家曾一度效法自然科学的研究方式，试图一劳永逸地揭示人类历史的运动规律。但令人遗憾的是，这一宏伟的梦想不得不一再以失败而告终，以至于在后现代的视域中，探讨历史规律的问题被指认为不切实际的宏大叙事。沃尔夫曾指出，"在 19 世纪实证主义者的理论背后所存在的就是这种信念，亦即历史的思维实际上乃是科学思维的一种形式。这些作者们所强调的是，存在着有历史规律正如存在着有自然规律一样；而且他们论证说，历史学家应当专心致力于弄明白这些规律。但是事

---

① 《马克思恩格斯全集》第 46 卷（上册），人民出版社 1979 年版，第 104 页。
② 《马克思恩格斯全集》第 23 卷，人民出版社 1972 年版，第 11 页。

历史的客观性研究

实上,历史学家却表明对这种规划很少有或者根本没有兴趣,而宁愿仍像以往那样代之以把注意力放在个别事件的细节上,但依旧声称能对它提供某种解释。他们这样做至少提示了一种可能性,即历史思维毕竟是有它自己的一种思维方式的,它是与科学思维并列的,却又不可以归结为科学思维。"① 既然历史思维和科学思维是两种不同的思维方式,而人们通常又习惯于在自然科学的意义上谈论"规律"一词的含义,即把"规律的有效性问题独立于是否有任何人已经想到它的问题;它也独立于我们的规律概念是正确还是错误的问题。"② 那么,历史规律的说法似乎就应该给予否定。李凯尔特就明确提出,"有一些科学,它们的目的不是提出自然规律,甚至一般说来也不仅仅是形成普遍概念,这就是最广泛的意义上而言的历史科学。"③ 然而,亨普尔在考察历史学的研究前提时指出,"在历史学和各门自然科学中,普遍规律具有非常相似的作用,它们成了历史研究的一个必不可少的工具,它们甚至构成了常被认为是与各门自然科学不同的具有社会科学特点的各种研究方法的共同基础。"④ 在他看来,"在下述方面,历史学和各门自然科学之间没有区别:两者都只有依靠普遍概念才能说明它们的课题,历史学正如物理学和化学一样能够'把握'它的研究对象的'独特个性'。"⑤ 因此,"与经验科学的其他任何领域一样,在历史学中,对一个现象的解释在于把现象纳入普遍规律之下,解释的可靠性的标准不在于它是否诉诸于我们的想象,并不在于它是根据有启发的类比提出来的,或是使它显得似乎真实的其他方法——这一切在假解释中也可以存在——而唯一在于它是否依赖于有关初始条件和普遍规律的被经验完全证实的假设。"⑥ 应当说,亨普尔对历史研究前提的思考是极为深刻的。他使我们更加深刻地认识到包括史学在

---

① 沃尔夫:《历史哲学导论》,北京大学出版社2008年版,第9页。
② 卡尔:《历史是什么?》,商务印书馆2007年版,第155页。
③ 李凯尔特:《李凯尔特的历史哲学》,北京大学出版社2007年版,第56页。
④ 汤因比等:《历史的话语》,广西师范大学出版社2002年版,第312页。
⑤ 同上书,第312页。
⑥ 同上书,第322页。

第四章 从历史客观性的争论到历史观的"现实性和力量"

内的广大人文科学的思维与自然科学的思维的内在一致性。但是,历史学家通过对历史的认识所得出的规律并不必然就是历史自身的运动规律。在这一点上,自然"科学"与历史"学科"之间的差别马上又凸显了出来。其实,布莱德雷早已指出过这一点:"批判的历史学必须有一种前提假设,而这一前提假设便是规律的一致性。"① 然而,洪堡恰恰根据自在历史的混沌和自为历史的规律性得出否认历史规律的结论。如海登·怀特指出,"洪堡把历史知识置于一种混沌状态和理想状态之间,前者是未被加工的材料呈现于知觉之前的状态,后者则是使混乱状态屈从于秩序和理解的规律科学的状态;然后,他否认史学家有可能按任何规律来理解支配历史过程的力量。"② 而"被当作历史规律的那些命题,通常都建立在对复杂现象的这些不合理的过分简化之一的基础上。"③ 可以说,洪堡的理论极符合常人(甚至包括许多历史学家)对历史的基本理解。

有趣的是,卡尔否认历史规律的存在,但承认历史学家探讨历史规律的价值。他说,"假定自然科学中所使用的'规律'标准也被应用于历史题材。我们已经达到下列结论。即使将历史现象还原分解至个人的简单的要素也无法满足这个标准。在这点上,为了向历史规律的问题提供某种肯定的意义,我们也许有两条途径可供继续寻找。第一条途径是对上面的论证的一种回答,它断言,没有任何绝对的或明确的认识价值可以被赋予任何形式的历史规律。相反,正如这个回答所说的那样,历史规律至少能够拥有一种相对的或临时的价值。考察支配宇宙中基本粒子的运动规律。只有这些规律的知识才会揭示出历史事件的真正原动力;当然,从长远看,认识这些规律是不大可能的。另外,假设一般公认的或已经确立的历史规律位于通向这个不可能达到的目标的路上的某个地方。既然是那样,任何宣称这些规律具有精确的有效性的断言都将是自欺欺人

---

① 布莱德雷:《批判历史学的前提假设》,北京大学出版社2007年版,第34页。
② 海登·怀特:《元史学》,译林出版社2004年版,第248页。
③ 卡尔:《历史是什么?》,商务印书馆2007年版,第126页。

历史的客观性研究

的话，但是，这并不抹杀这些规律自身的固有价值。相反，历史规律将或多或少类似于哲学的先入之见或推测。甚至当一项研究距离认识事物的本质还相当遥远的时候，哲学仍然能够提供关于事物属性的一种临时的假说或一个一般的概念。"① 在我看来，这种所谓的历史规律除了体现历史学家丰富的想象力外，并不见得有多大用处。首先，史学规律对人性的总结可以从现世中得出来。海登·怀特指出，"人们不停地研究历史，即使这些研究明显地表示出，从历史研究中学到的任何东西，都能从研究各种各样现世肉身的人性中获得。这些肉身作为研究客体，具有直接呈现以供观察的优越性，这是历史事件所不具备的。"② 如果这样的话，我们就应该彻底抛弃历史的观念，而一味专注于对现实的研究。其次，所谓史学规律，在实质上除了简单的因果联系外，并没有多少新东西可言。布莱德雷指出，"规律的普遍性以及大抵可以称之为因果联系的，乃是使历史学得以成为可能的条件，而且尽管不需要它来证明，然而它却必须预先假定有一项原理，并且表明它乃是在其活动的全部领域内所得出的结果。"③ 如果如此的话，"史学家的概括即使到了能理直气壮要求拥有规律地位的地步，也是不重要的，因为'除去了晦涩和难解的部分之后，真理所剩下的只是最普通不过的知识。最小范围的经验都能传授这种知识'。"④ 最后，探讨几乎不可能存在的历史规律的问题极容易沦为资产阶级自我辩护的意识形态。卢卡奇就提出，"自然科学的认识理想被运用于自然时，它只是促进科学的进步。但是当它被运用于社会时，他就会成为资产阶级的思想武器。"⑤ 由此可见，历史规律的说法似乎应当抛弃。

马克思曾明确指出，我们唯一知道一门科学，即历史科学。但是，在这里，历史科学视域下的历史规律在实质上区别于自然科学之下的自然规律。这一点马克思有着十分深刻的自觉。因此，如果

---

① 卡尔：《历史是什么？》，商务印书馆2007年版，第140页。
② 海登·怀特：《元史学》，译林出版社2004年版，第57页。
③ 布莱德雷：《批判历史学的前提假设》，北京大学出版社2007年版，第32页。
④ 海登·怀特：《元史学》，译林出版社2004年版，第482页。
⑤ 卢卡奇：《历史与阶级意识》，商务印书馆1999年版，第59页。

第四章　从历史客观性的争论到历史观的"现实性和力量"

人们以自然科学的眼光来审视马克思的历史科学及其历史规律，必然对马克思主义造成极大的误解：要么把历史唯物主义彻底实证化而把它指认为极不"科学"的旧历史哲学而加以抛弃，要么直接把历史唯物主义归结为基督教传统的历史观抑或黑格尔历史哲学的变种而给予简单的否定。其实，对于历史科学与自然科学和历史哲学的关系，马克思有着深刻的认识。在他看来，把历史科学与自然科学混淆的实质在于，人们只是从客体的或直观的旧唯物主义方式去理解历史。这样理解的历史其实并不是人类史，而是自然史。而以往的历史哲学，特别是黑格尔的《历史哲学》，则只是抽象地发挥了人的主观能动性。因此，它虽然自觉到了历史自身的能动性原则，但却把历史的哲学变成哲学的历史。二者根本的症结就在于都不懂得感性的、革命的实践，不懂得历史是追求自己目的的人的活动。马克思强调，我们不能离开人的活动来探讨历史规律。如果脱离人的活动，尤其是脱离对人的活动的现实性的理解，势必造成必然与偶然、历史规律与人的自由等一系列二律背反问题。尼采曾拒斥任何形式的规律而强调自我的权力意志。正像海登·怀特所指出的那样，"黑格尔在历史中发现了'形式'正如马克思发现的'规律'，被尼采看作不过是虚构，它们是诗性想象的产物，对于特定种类的生活多少有些可用和便利之处，但绝不是以发现人类生活的真相。在尼采看来，决定何种'形式'和何种'规律'要被视作似乎是'真理'的全部权威，都被赋予了至高无上的自我或意志，除却它自身的生活利益或权力意志外，它不承认任何规律。"[①] 然而，黑格尔早就深刻地指出，脱离普遍理性的个体理性只能是非法的主观任意，并不具有任何现实性可言。马克思则更是深刻地自觉到，人的活动的现实性就是人的历史性的现实活动。如果脱离历史来谈论人的活动，那只把人的现实活动抽象化，用想象出来的东西代替实现的东西。因此，人的活动的自由性只能奠基于历史的现实性、必然性。自由就是对必然的认识！黑格尔思想的内涵逻辑意在表明，对个体意识的考察只能奠基于理性的历史之上。马克思历史

---

① 海登·怀特：《元史学》，译林出版社2004年版，第515页。

的内涵逻辑却深刻地揭示出，人的自由的实现受制于社会历史的发展，而社会历史的发展是一个自然历史过程。然而，长期以来，人们总把马克思历史的内涵逻辑抽象化、简单化为可以套用在任何地方的万能公式，把马克思关于作为人的活动的历史科学庸俗化为离开人的活动的自然规律，最终把历史唯物主义漫画化了。

三 规律与趋势

历史唯物主义的历史观念，并不是脱离人的活动的抽象的过程性原则，而就是人的现实活动的历代传承。人们自己创造自己的历史，但人们并不能随心所欲地创造。人既是历史的"前提"，又是历史的"结果"和"产物"。可以说，人的现实活动创造了人类现实的历史，而人类现实历史的客观性反过来又奠定了人的活动的现实性。正因为如此，现实的人的活动总是能在不断更新的历史条件下进行而展现出新的可能性，而整个社会历史的发展则体现为自然历史过程。如果离开现实的人的活动去理解历史，历史必然被抽象化、虚无化。长期以来，人们之所以将历史唯物主义的历史科学混同于旧的历史哲学，将马克思发现的人类历史发展规律实证化为非批判的自然规律，无不与对历史的抽象理解有关。马克思说，"所以人类始终只提出自己能够解决的任务，因为只要仔细考察就可以发现，任务本身，只有在解决它的物质条件已经存在或者至少是在形成过程中的时候，才会产生。大体说来，亚细亚的、古代的、封建的和现代资产阶级的生产方式可以看作是社会经济形态演进的几个时代。"① 在这里，马克思意在表明，人类现实的历史活动总是在现实的历史条件具备的情况下才有可能，即为了说明"个人的全面发展，只有到了外部世界对个人才能的实际发展所起的推动作用为个人本身所驾驭的时候，才不再是理想、职责等等，这也正是共产主义者所向往的。"② 基于此，马克思才以"亚细亚的、古代的、封建的和现代资产阶级的生产方式"的历史演进来佐证这一

---

① 《马克思恩格斯全集》第13卷，人民出版社1962年版，第9页。
② 《马克思恩格斯全集》第3卷，人民出版社1960年版，第330页。

第四章 从历史客观性的争论到历史观的"现实性和力量"

问题。然而,不少学者在论述时,总是习惯于将关键的前半句"斩去",而将后半句抽象地普遍化,使之成为可以随意套用的万能公式。这样,历史唯物主义也就合乎逻辑地被曲解为旧的历史哲学。其实,对于抽象的历史哲学理论,马克思有着十分清醒的自觉,并不时表现出对它的深恶痛绝:"使用一般历史哲学理论这一把万能钥匙,那是永远达不到这种目的的,这种历史哲学理论的最大长处就在于它是超历史的。"① "当教授们创造历史理论的时候,历史本身却继续急速向前奔驰,根本不顾教授们的历史。"② "他一定要把我关于西欧资本主义起源的历史概述彻底变成一般发展道路的历史哲学理论,一切民族,不管他们所处的历史环境如何,都注定要走这条道路,——以便最后都达到在保证社会劳动生产力极高度发展的同时又保证人类最全面的发展的这样一种经济形态。但是我要请他原谅。他这样做,会给我过多的荣誉,同时也会给我过多的侮辱。"③ 旧的历史哲学的根本症结就在于离开人的现实活动而将历史抽象化,并将属于某一个性的特殊原则抽象化为人类一般的历史原则。神学家和思辨哲学家都是这样做的。他们将自己臆想的某一原则僭越为人类历史的普遍原则,将历史"打扮"为所谓绝对真理或特殊使命实现自身目的的手段和养料。然而,随着近代以来实证的自然科学的发展,旧的历史哲学的宏大叙事逐渐被人们所唾弃。

历史唯物主义的历史科学,从来没有离开人的现实活动去考察人类的历史。因此,它抛弃了对现实历史的任何抽象思辨,而诉诸对它的政治经济学批判。但历史唯物主义的实证科学并不是非批判的实证主义,不是客观如实地还原自在历史的本来面目,恰恰是想通过对旧世界的批判来发现新世界。马克思说,"如果我们的任务不是推断未来和宣布一些适合将来任何时候的一劳永逸的决定,那末我们便会更明确地知道,我们现在应该做些什么,我指的就是要

---

① 《马克思恩格斯全集》第19卷,人民出版社1963年版,第131页。
② 《马克思恩格斯全集》第6卷,人民出版社1961年版,第49页。
③ 《马克思恩格斯全集》第19卷,人民出版社1963年版,第130页。

历史的客观性研究

对现存的一切进行无情的批判,所谓无情,意义有二,即这种批判不怕自己所作的结论,临到触犯当权者时也不退缩。"① 在对现实的历史的批判性考察中,马克思发现,人类的文明形态已经由前资本主义的人的依赖关系转变为以物的依赖性为基础的人的独立性存在。然而,资本主义社会并没有实现人的全面自由和个性发展,因为所谓的平等、自由、人权等是建立在对物的依赖的基础上的。在资本主义社会里,真正的自由是资本肆无忌惮地增值的自由,而无产阶级却是日益加深的不自由。但是,正像封建主义内孕着资本主义因素一样,资本主义的政治解放本身也为人的解放提供了积极的物质基础,因为资本主义的生产方式内含着否定其前提——私有制——的因素,这就是无产阶级的不断壮大。马克思说,"无产阶级宣告迄今为止的世界制度的解体,只不过是揭示自己本身的存在的秘密,因为它就是这个世界制度的实际解体。"② 然而,在资本主义的"秘密"揭露之前,亦即在历史唯物主义的历史科学创立之前,工人运动完全是自发的,他们自觉不到自己的历史地位和历史使命。马克思说,"工人阶级搞运动是自发的,他们意识不到这一运动的最终目标将是怎样的。社会主义者并没有发明运动,而只是向工人说明运动的性质和目标。"③ 卢卡奇曾深刻地指出,历史唯物主义是无产阶级的"武器"。而作为"武器"的历史唯物主义就是要向已经不断壮大的无产阶级指明其道路和方向。马克思说,"问题不在于目前某个无产者或者甚至整个无产阶级把什么看做自己的目的,问题在于究竟什么是无产阶级,无产阶级由于其本身的存在必然在历史上有些什么作为。"④ 由此可见,历史唯物主义对历史规律的探讨,从来没有离开人的现实活动。相反,它是以对人的活动的现实条件的考察而去指引人的现实活动,亦即通过对人类历史文明进程的客观自觉而实现对人类未来命运的观照。在此意义上,历史唯物主义的历史规律不是自然规律,而是意指历史趋

---

① 《马克思恩格斯全集》第 1 卷,人民出版社 1956 年版,第 416 页。
② 《马克思恩格斯选集》第一卷,人民出版社 1995 年版,第 15 页。
③ 《马克思恩格斯全集》第 44 卷,人民出版社 1982 年版,第 712 页。
④ 《马克思恩格斯全集》第 2 卷,人民出版社 1957 年版,第 45 页。

第四章　从历史客观性的争论到历史观的"现实性和力量"

势。"共产主义对我们说来不是应当确立的状况,不是现实应当与之相适应的理想。我们所称为共产主义的是那种消灭现存状况的现实的运动。"①

施特劳斯指出,历史主义的极端是虚无主义。然而,历史在马克思那里并不是抽象的过程性原则。相反,借助于历史概念,马克思击穿了西方传统中根深蒂固的实体形而上学,从而实现了为人的现实活动奠基。正因为如此,巴勒克拉夫指出,"在史学史的语境下,马克思主义的重要性首先在于,当历史主义(就其唯心主义和相对主义的词义上说)困于本身的内部问题而丧失早期的生命力时,马克思主义为取代历史主义而提供了有说服力的体系。"② 人们自己创造自己的历史,但历史既是人的"前提",又是人的"结果",这就促使现实的人们总是不得不去面对不断更新的历史"标准"而做出新的历史"选择"。只有奠基于历史的客观性,人的活动才能具有真正的现实性,相反,离开历史的根基,人的活动就会沦为抽象的主观任意。巴勒克拉夫指出,"马克思认为,历史既是服从一定规律的自然过程,又是人类自己写作和上演的全人类的戏剧。"③ 马克思指责"哲学家们"对自由绝对化和实体化的理解。在他看来,对自由的超历史理解,表明思辨哲学家们只是神学家的变种,因为他们在根本上没有改变对人的存在及其历史的神学提法。因此,如果一味囿于绝对主义的立场去批评马克思的"历史主义",只能把马克思创立的不再是"哲学"的世界观退回到"哲学"的水平,必然把马克思混同于他向来不屑一顾的"解释世界"的思辨"哲学家们"。事实上,现代哲学的生活世界转向已经充分凸显了马克思哲学对现实历史理解的深刻和睿智。海登·怀特说,"马克思和尼采对于19世纪末期'历史主义危机'的贡献在于,他们将客观性观念本身历史化了。"④ 在马克思看来,从根本上说,社会历史的发展是一个自然历史过程,但历史对人的活动而

---

① 《马克思恩格斯选集》第一卷,人民出版社1972年版,第40页。
② 巴勒克拉夫:《当代史学主要趋势》,北京大学出版社2006年版,第21页。
③ 同上书,第22页。
④ 海登·怀特:《元史学》,译林出版社2004年版,第381页。

言并不是前定的，而是人们在历史性的"标准"下不断"选择"的结果。人们只能提出自己所能解决的现实任务，而人们选择的"标准"只能基于对人类文明史的自觉。历史规律并不在人之外，而就体现在人的活动、选择之中。可见，历史规律并不是超人之外的自然规律，实质上是人类对自身未来趋势的把握。

第四节　《自然辩证法》的旨趣与历史唯物主义

恩格斯《自然辩证法》中的"自然"概念绝非指流俗意义上的现成自然物的机械总和，而是基于现代自然科学成果而实现的对源始自然流变涌现的存在论澄明。正因为如此，只有借助于黑格尔概念辩证法的理论资源才能够真实地进入恩格斯的理论语境之中来探讨所谓的"自然辩证法"问题。重新解读恩格斯辩证法意义上的自然概念，不仅有利于实现对恩格斯"科学主义者"这个名号的"正名"，而且还有利于厘清自然辩证法与历史唯物主义之间的关系问题。

《自然辩证法》是恩格斯晚年最为成熟的一部哲学名著，也是马克思主义发展史上不可或缺的一个环节。然而，这样一部举足轻重的学术著作却历来备受学界冷落，甚至包括一些所谓的马克思主义理论家在内。一般认为，《自然辩证法》只是利用已有的自然科学成果对整个自然界的变化运动做出朴素的描述，因而它远没有达到哲学著作应有的反思维度。与此相应，恩格斯也被简单地冠以"科学主义者"的名号与马克思对立起来，形成了所谓的"马恩差异论"。近些年来，关于"马恩差异论"的讨论有所减弱，但不得不承认，在科学主义思潮盛行的今天，这始终是马克思主义研究中无法绕开的一个重大话题。本节试图在存在论的意义上来重新探讨恩格斯的自然概念，一方面试图恢复这部巨著本有的理论高度和学术价值，另一方面也想通过对恩格斯的"正名"来丰富马克思主义的理论内涵。

一　自然的存在论澄明

长期以来，人们总是囿于一种流俗的观点把《自然辩证法》

第四章 从历史客观性的争论到历史观的"现实性和力量"

中的"自然"理解为现成自然物的机械总和,把"自然辩证法"理解为一种素朴实在论意义上的关于万物普遍联系变化的观点。对于实证的自然科学家来说,《自然辩证法》算不上什么严谨的科学著作,只可看作是关于自然科学成果的重新罗列,因而它至多只有历史文献的价值;对于思辨的哲学家来说,这部著作只是在常识的意义上描述了世界万物整体上的变化运动,因而它远没有达到哲学著作应有的反思维度。科学家和哲学家的这种两难造成了《自然辩证法》长期在学界的冷落。诚然,如果《自然辩证法》中的自然概念仅仅是指常人流俗意义上的自然物的机械总和,那么,这部著作在科学上就是多余的而在哲学上则是浅薄的;但如果恩格斯在这里所意指的"自然"已经远远超出了常识的流俗理解,而达到了对自然的存在论觉解,那么对《自然辩证法》就必须要有一番重新的考量。事实上,以"回到恩格斯"的姿态来澄清《自然辩证法》中的自然概念,就会发现,这部著作不仅是一部精辟的哲学巨著,而且也是一部自然科学家不得不认真对待的巨著,因为它通过自然概念阐明了哲学与科学的关系,即在什么意义上哲学对科学具有"指导"意义。

人类对自然的理解和认识经历了一个漫长的历史过程。古希腊的哲学家们已经意识到了自然界的规律性与秩序性,但却又无法对此作出合理的解释和说明,因而最终把自然界幻化为有灵魂的"活物"。柯林武德指出,"希腊思想家把自然中心灵的存在当作自然界规则或秩序的源泉。"① 尽管古希腊的自然科学远未达到真正实证科学的水平,而是带有明显的神秘色彩,但它却首次在存在论的意义上实现了对源始自然的觉解。自然是有心灵的,它始终处于永恒的产生和消失中,处于不断地流动中,处于不停地变化和运动中,这就意味着人的生命也是如此。显然,希腊自然科学的自然观在实质上并不全然是为了解释自然,它更多的是倾注了早期先哲对人生问题的哲学思考。伴随着中世纪的来临,古希腊这种生机勃勃的生命自然观逐渐被神学自然观所取代,自然由此不再活泼泼地直

---

① 柯林武德:《自然的观念》,华夏出版社1999年版,第4页。

接关涉于人的生命，而是浸染着浓重的宗教色彩。

近代以来迅猛发展的自然科学以实证主义的眼光革命性地瓦解了中世纪的神学自然观，促成了人的觉醒和自然的真正发现。恩格斯指出，近代的自然科学是随着那个激动人心的文艺复兴而出现的，而"自然研究当时也在普遍的革命中发展着，而且它本身就是彻底革命的"①。在哥白尼等人发动的科学革命的影响下，人们逐渐形成了一种一成不变的机械论自然观，即"不管自然界本身是怎样产生的，只要它一旦存在，那么它在存在的时候就总是这个样子。"② 机械论自然观在一定程度上祛除了自然的神学色彩，使得人们对自然的理解更加唯物主义了，但由于它在整体上把自然界抽象为现成存在物的机械总和，所以始终无法解释自然的生成变化等问题。牛顿力图通过机械论的因果关系来追溯自然的第一动因，但却最终把还未完全从中世纪神学中摆脱出来的机械自然观重新回置到神学的窠臼之中。恩格斯指出，"哥白尼在这一时期之初向神学下了挑战书；牛顿却以神的第一推动这一假设结束了这个时期。"③ 牛顿晚年对自然第一动因的"困惑"绝不是偶然的，它表明，机械论自然观虽然有力地解释了自然的细节问题，但在对自然整体的觉解上却远低于古希腊的水平，因为它遮蔽了源始自然流变涌现的辩证本性。恩格斯指出，"18世纪上半叶的自然科学在知识上，甚至在材料的整理上大大超过了希腊古代，但是在观念地掌握这些材料上，在一般的自然观上却大大低于希腊古代。"④ 其实，机械论自然观也就是现代人流俗意义上的自然观，只是常人很少去自觉追问自然"第一动因"的问题而已。

近代以来的自然科学本来是作为近代哲学的"盟友"一道来对抗宗教的，但它却由于自身的局限性重新又回转到宗教的牢笼之中。与自然科学相反，18世纪的唯物主义哲学则抛开了任何外在的干扰，坚持着从自然本身来说明自然。正因为如此，恩格斯给予

---

① 《马克思恩格斯选集》第四卷，人民出版社1995年版，第262页。
② 同上书，第264页。
③ 同上书，第265页。
④ 同上。

第四章　从历史客观性的争论到历史观的"现实性和力量"

了18世纪的唯物主义哲学极高的评价。在唯物主义哲学家看来，自然是自足地处于不断的生成变化之中，既不受外力推动，又不是一成不变。恩格斯说，"当时的哲学博得的最高荣誉就是：它没有被同时代的自然知识的狭隘状况引入迷途，它——从斯宾诺莎一直到伟大的法国唯物主义者——坚持从世界本身来说明世界，并把细节的证明留给未来的自然科学。"① 然而，由于缺乏辩证法的思维方式，当时的唯物主义哲学家们并不能完全以概念的方式来表达自然界的辩证运动，因而尽管这种素朴的唯物主义有力地对抗了宗教，但还远未形成一种系统的辩证思维来支撑当时自然科学的发展。

二　辩证法视域中的"自然"概念

机械论自然观只是近代初级的经验自然科学的产物。经验自然科学是朝着机械的因果关系定向的，因而它只能把整个自然理解为一架僵死的机器，而始终无法应对自然界在整体上的辩证发展问题。随着自然科学本身的发展，特别是经验自然科学向理论自然科学的过渡，经验主义的机械论自然观被自然科学本身扬弃了。恩格斯说，现代科学中地质学、物理学以及生物学的发展，使得"一切僵硬的东西溶解了，一切固定的东西消散了，一切被当作永恒存在的特殊的东西变成了转瞬即逝的东西，整个自然界被证明是在永恒的流动和循环中运动着。"② 在此背景下，"现代自然科学必须从哲学那里接过运动不灭的原理；离开这个原理它就无法继续存在下去。"③ 恩格斯进一步指出，"于是，自然科学便进入理论领域，而在这里经验的方法不中用了，在这里只有理论思维才管用。但是理论思维无非是才能方面的一种生来就有的素质。这种才能需要发展和培养，而为了进行这种培养，除了学习以往的哲学，直到现在还没有别的办法。"④ 理论自然科学随着自身的发展扬弃了经验自然科学，初步触及源始自然的流变本性。而在理论自然科学领域，科

---

① 《马克思恩格斯选集》第四卷，人民出版社1995年版，第265—266页。
② 同上书，第270页。
③ 同上书，第276页。
④ 《马克思恩格斯文集》第九卷，人民出版社2009年版，第435—436页。

历史的客观性研究

学家的研究和创新能力已经不再仅仅取决于收集材料的广度和深度，而在于他自身的理论思维水平，即能否具备辩证法的思维方式。这是因为，如果缺乏一种纯粹的思辨思维能力，科学家就无法在每一研究领域中系统地和依据其内在联系来整理已经积累的庞大数量的实证知识材料，从而也就无法揭示出自然界的普遍联系变化。在恩格斯看来，作为专门反思人类思维的辩证哲学，是提高科学家理论思维能力的唯一办法，因此，理论自然科学要获得长足的发展，澄明源始流变的自然，就必须实现与哲学的联盟。

但现实的情况却是，一方面，"在理论自然科学中，往往非常明显地显露出对哲学史缺乏认识。哲学上在几百年前就已经提出，并且在哲学界中往往早已被抛弃的一些命题，在理论自然研究家那里却常常作为崭新的知识而出现，甚至在一段时间里成为时髦。"① 另一方面，所谓的哲学家由于在自然科学领域是半通的，甚至远未"脱毛"，所以他们只能将辩证法当作刻板公式和现成结论"硬塞进自然界"，最终造成自然科学家的拒斥和轻蔑。正是基于这种现实，恩格斯在《自然辩证法》中系统总结了以往的辩证法史，力图为现代的理论自然科学发展提供一种建立在通晓思维的历史和成就的基础上的理论思维，来推进自然科学的发展。

《自然辩证法》不是研究自然的科学著作，而是通过对自然科学的哲学反思来实现科学与哲学的联盟。在恩格斯看来，"对于现今的自然科学来说，辩证法恰好是最重要的思维形式，因为只有辩证法才为自然界中出现的发展过程，为各种普遍的联系，为从一个研究领域向另一个研究领域过渡，提供了模式，从而提供了说明方法。"② 自然科学固然可以通过自身所具有的力量自然而然地实现从形而上学思维到辩证思维的复归，"但这是一个旷日持久的、步履艰难的过程，在这一过程中要克服大量额外的阻碍。……如果理论自然科学家愿意较为仔细地研究一下辩证哲学在历史上有过的各

---

① 《马克思恩格斯选集》第四卷，人民出版社 1995 年版，第 285 页。
② 同上书，第 284 页。

第四章　从历史客观性的争论到历史观的"现实性和力量"

种形态，那么上述过程可以大大缩短。"① 在总结辩证哲学在历史上有过的各种形态时，恩格斯发现，对思维形式、思维规定的研究，"自亚里士多德以来，只有黑格尔系统地从事过。"②

黑格尔哲学是唯心主义的，它企图以对思维规律的研究来代替对自然细节的研究，而全然不顾立足于经验基础的实证科学研究。正因为如此，黑格尔早已被科学家当作一条"死狗"抛弃了。大体来说，现代自然科学对黑格尔哲学的批判集中在两个方面：其一，唯心主义的立脚点；其二，不顾事实而任意编造的体系。就前者说，黑格尔错误地将范畴当作预先存在的东西，"而现实世界的辩证法表现为它的单纯的反照，实际上刚刚相反：头脑的辩证法只是现实世界，即自然界和历史的各种运动形式的再现"③；就后者说，黑格尔按照其唯心主义的方式把辩证法的规律当作纯粹的思维规律而强加于自然界和历史，"由此就产生了整个牵强的并且常常是令人震惊的结构：世界，不管它愿意与否，必须适应于某种思想体系，而这种思想体系本身又只是人类思维的某一特定发展阶段的产物。"④ 黑格尔哲学表明，如果仅仅囿于对思维规律的研究，则必然会不自觉地抽象夸大思维的能动性，最终陷入唯心主义的窠臼。

然而，恰恰是由于黑格尔特别专注于对思维规律的研究，所以他才能首次在哲学史上系统地阐释作为理论思维的辩证法。在他看来，任何经验的自然科学其实都不符合真理的要求，因为它都是偶然的、主观的；只有作为人类纯粹思想所共有的结构的逻辑学才是客观的、必然的、真正的科学。通过对人类认识史的系统反省，黑格尔揭示了人类一切认识得以可能的基本概念框架，提出一种有别于形式逻辑的思想内涵逻辑，从而也就捕捉到了一切自然科学的"元逻辑"。

马克思主义认同黑格尔的逻辑学，认为这种聪明的唯心主义比

---

① 《马克思恩格斯文集》第九卷，人民出版社 2009 年版，第 438 页。
② 《马克思恩格斯选集》第四卷，人民出版社 1995 年版，第 332 页。
③ 同上书，第 302 页。
④ 同上书，第 311 页。

历史的客观性研究

愚蠢的唯物主义更加接近聪明的唯物主义。传统"愚蠢的"旧唯物主义本质上其实是形而上学的,因为它始终囿于思维与存在的二元论而从没有真正解决思维与存在的统一性,即"它只限于证明一切思维和知识的内容都应当来源于感性的经验,并且重新提出下面这个命题:感觉中未曾有过的东西,理智中也不存在。"① 旧唯物主义实质上是一种不自觉的唯心主义,它只是笨拙地从思维的内容方面考量认识的可能性,而没有反思作为认识前提的思维本身。黑格尔"聪明的"唯心主义则自觉地超越了旧唯物主义客体的、直观的思维方式,从思维的形式方面思考了思维与存在的统一性的问题,并自觉以辩证思维的逻辑展现自然运动的规律。恩格斯指出,"只有现代的唯心主义的,同时也是辩证的哲学,特别是黑格尔,才又从形式方面研究了这个前提。尽管我们在这里遇到无数的任意虚构和凭空臆造,尽管这种哲学的结果——思维和存在的统一——采取了唯心主义的头足倒置的形式,可是不容否认,这个哲学在许多场合下和在极不相同的领域中证明了思维过程同自然过程和历史过程的类似之处以及反过来的情形并且证明同一些规律对所有这些过程都是适用的。"② 在《自然辩证法》中,恩格斯不止一次地强调过自然科学家立足于经验基础之上的理论认识的发展过程同黑格尔所揭示的思维形式的发展过程的不谋而合。但遗憾的是,"正当自然过程的辩证性质以不可抗拒的力量迫使人们接受它,因而只有辩证法能够帮助自然科学战胜理论困难的时候,人们却把辩证法随同黑格尔派一起抛进大海,因而又无可奈何地陷入旧的形而上学。"③ 不钻研黑格尔的逻辑学,就不懂得马克思主义的认识论。自然科学家要提高自身的理论思维水平,就必须认真对待黑格尔关于理论思维的辩证法,而绝不能把它当作一条"死狗"轻易抛掉。

三 从"自然辩证法"到"历史辩证法"

长期以来,人们之所以没有真实地进入《自然辩证法》的理

---

① 《马克思恩格斯选集》第四卷,人民出版社 1995 年版,第 364 页。
② 同上书,第 364—365 页。
③ 同上书,第 285—286 页。

第四章　从历史客观性的争论到历史观的"现实性和力量"

论语境之中，就是因为缺乏对恩格斯与黑格尔之间理论传承关系的理解，而过度地夸大了恩格斯对黑格尔唯心主义的批判。黑格尔认识到了自"认识论转向"以来思维不再纯朴的理论现实，所以他自觉以思辨逻辑的自我展开来展现自然运动的规律，而把自然仅仅看作理念的外化而已。这种看似颠倒的逻辑其实展现出极为深刻的东西，那就是对思维与存在统一性的理论自觉。但是，黑格尔对思维与存在统一性问题的思辨解决，同时也就是把囿于认识论范式的意识哲学的弊端彻底暴露了出来，即思维把握存在的规律仅仅是思维的规律，而不是思维关于存在的规律。事实上，从思维自身的属性出发来解决思想的客观性问题本身就是一个逻辑上的自循环。正如海德格尔所指出的那样，"只要人们从 Egocogito（我思）出发，便根本无法再来贯穿对象领域"①，也就是说，从我思出发永远也无法切中作为对象的自然界。

从"愚蠢的"旧唯物主义到"聪明的"唯心主义表明，如果仅仅囿于思维自身形式和内容的二重性而遗忘了思维的现实基础——实践，就不可能很好地回答"思维与存在的统一性"这个根本性的前提问题，从而也就无法真正理解人们的自然观问题。马克思恩格斯正是因为深刻地自觉到了这一点，所以他们才能够在哲学史上作出划时代的变革。

同黑格尔一样，恩格斯也认同"思维与存在的统一性"。他说，"我们的主观的思维和客观的世界遵循同一些规律，因而两者在其结果中最终不能互相矛盾，而必须彼此一致，这个事实绝对地支配着我们的整个理论思维。这个事实是我们的理论思维的本能的和无条件的前提。"② 但与黑格尔不同的地方在于，恩格斯自觉超越意识哲学的窠臼，把思维与存在的统一性诉诸思维自身最本质最切近的基础——实践。在《自然辩证法》这部巨著中，恩格斯指出，"人的思维的最本质的和最切近的基础，正是人所引起的自然

---

① 费迪耶等：《晚期海德格尔的三天讨论班纪要》，《哲学译丛》2001 年第 3 期，第 55 页。
② 《马克思恩格斯选集》第四卷，人民出版社 1995 年版，第 364 页。

界的变化，而不仅仅是自然界本身；人在怎样的程度上学会改变自然界，人的智力就在怎样的程度上发展起来。"① 这表明，要理解思维规律与存在规律的统一性，就必须要超越对思维形式或内容的二元论考察，而自觉诉诸人的思维的最本质的和最切近的基础——实践。恩格斯说，正是"由于人的活动，就建立起因果观念即一个运动是另一个运动的原因这样一种观念。"② 而"必然性的证明寓于人类活动中，寓于实验中，寓于劳动中：如果我能够造成 POST HOC，那么它便和 PROPTER HOC 等同了。"③ "自然科学和哲学一样，直到今天还全然忽视人的活动对人的思维的影响；它们在一方面只知道自然界；在另一方面又只知道思想。"④ 正是因为全然忽视人的活动对人的思维的影响，"迅速前进的文明完全被归功于头脑，归功于脑的发展和活动；人们已经习惯于用他们的思维而不是用他们的需要来解释他们的行为。"⑤ 这就是唯心主义自然观的产生。在这种自然观的影响下，人们再也认识不到劳动对人的认识、对人类文明所起的巨大作用了。应该说，恩格斯在《自然辩证法》中的思想和马克思在《关于费尔巴哈的提纲》的思想是完全一致的。在《关于费尔巴哈的提纲》中，马克思指出，思想的客观性问题不是一个理论问题，而是一个实践问题。

恩格斯把理论思维不自觉和无条件的前提——思维和存在的统一性——诉诸人的活动，就为真实地理解人与自然界现实的、历史性的关系提供了新的理论视域，也就是为实现对自然的存在论澄明提供了可能。就是说，源始的自然并不是完全外在于现实个人的抽象存在，而是在人们现实的活动中逐渐生成的，而思维规律与自然规律的统一性也并不是一个先验的独断，必须要诉诸人的具体活动才能获得真实的理解。事实上，人们对自然的总体理解，对自然具体研究的深度和广度，都要受到人的活动的制约。因此，要考察人

---

① 《马克思恩格斯选集》第四卷，人民出版社1995年版，第329页。
② 同上书，第328页。
③ 同上书，第330页。
④ 同上书，第329页。
⑤ 同上书，第381页。

第四章 从历史客观性的争论到历史观的"现实性和力量"

们的自然观,甚至包括自然科学,都必须从人的存在方式——实践——着手。恩格斯指出,"科学的产生和发展一开始就是由生产决定的。"① 生产劳动作为人本源性的存在方式,它是人之为人的根本规定性,进而也在根本上规定着人对自然的认识。换言之,人怎样认识自然的问题必须首先回溯到现实的个人及其历史发展上来。这就在一定意义上打通了从自然辩证法到历史唯物主义的过渡。

黑格尔尽管彻底颠覆了直观反映论,大大地张扬了人的思维的能动性,但他对人的能动性的理解依然是抽象的,因为他依然把人的能动性仅仅理解为一种意识的能动性,而不是感性的人的活动。可以说,在黑格尔那里,自然与思维依然处于二分的状态。其实,自然只不过是在人的感性活动中才从"有之非有,存在着的无"转变为属人的自然、现实的自然。所谓自然是普遍联系运动的,绝对不是流俗意义上所理解的简单的自然物之间的经验联系,而是在人的活动以及基于人的活动的人的认识的过程逐渐显现出来的。正是随着传统的生产方式向现代的转型,自然科学才以突飞猛进的速度向自然的宏观和微观层面进军,源始自然的无限性、普遍的联系和运动才日益向人们显现出来。从根本上说,人类现实的生活需要使得自然的层层奥秘被剥开,源始自然的内在联系运动才急速地显现出来。另外,人类又永远不可能吞没自然,自然对人而言永远具有无限的敞开性,它也是人类真实的对象化活动得以展开的前提。恩格斯指出,"只有一个有计划地从事生产和分配的自觉的社会生产组织,才能在社会方面把人从其余的动物中提升出来,正像生产一般曾经在物种方面把人从其余的动物中提升出来一样。历史的发展使这种社会生产组织日益成为必要,也日益成为可能。一个新的历史时期将从这种社会生产组织开始,在这个时期中,人自身以及人的活动的一切方面,尤其是自然科学,都将突飞猛进,使以往的一切都黯然失色。"② "但是要实行这种调节,仅仅有认识还是不够的。为此需要对我们的直到目前为止的生产方式,以及同这种生产

---

① 《马克思恩格斯选集》第四卷,人民出版社1995年版,第280页。
② 同上书,第275页。

历史的客观性研究

方式一起对我们的现今的整个社会制度实行完全的变革。"① 在这里,《自然辩证法》的主题合乎逻辑地落到了历史唯物主义的根基上了,历史辩证法(历史唯物主义)甚至成为理解自然辩证法的一个隐性前提。所谓马克思、恩格斯差异论的说法也就不攻自破了。

---

① 《马克思恩格斯选集》第四卷,人民出版社 1995 年版,第 385 页。

第 五 章
《资本论》与现实历史的澄明

马克思不仅在思维方式的意义上，击破了质疑历史客观性的知性思维，而且还具体诉诸《资本论》，实现了对人类现实历史的存在论澄明。深入阐释《资本论》对人类现实历史的运动规律的澄明，不仅是回击质疑历史客观性这一思潮的需要，而且也是理解马克思主义哲学实质精髓的需要。首先，本章通过梳理历史主义谱系中的《资本论》，确证了《资本论》的哲学性质，即《资本论》通过批判国民经济学的形而上学方法，在政治经济学的语境中澄清了人类历史的发展规律，科学地论证了共产主义的必然性；其次，《资本论》通过对共产主义本身的"过程式"解读，说明了作为人类历史的终极归属的共产主义，与传统形而上学所设定的最高价值有着本质的区别。

第一节 历史主义谱系中的《资本论》

古典历史主义尽管拒斥启蒙的普遍理性而强调个体的特殊性和价值，但其在本体论上依然是形而上学的，即相信历史是有意义的过程，这种意义与上帝相连。但伴随着世界的祛魅和历史意义的失落，古典历史主义不可避免地陷入历史虚无主义。现代的许多思想家企图重启古希腊的"自然"概念来克服历史主义的危机，但这已经不经意地陷入了历史主义与自然主义的无休止的争论之中。《资本论》中的新型历史主义思想原则，不仅瓦解了启蒙的抽象理性以及政治经济学中的形而上学思维，而且还在澄清人类生活的历史性本质的基础上，指明了人的解放的现实道路。考量历史主义谱系中的《资本论》，无论对于提炼历史主义积极的理论成就，还是对于深入研究《资本论》，都具有重大的意义。

安东尼在《历史主义》这本小册子中把马克思的"历史唯物主义"故意称为"唯物历史主义"，并认为马克思"将社会主义引入了历史主义文化"，进而"将自己的历史主义应用到革命纲领中。"确实，在历史主义的思想谱系中，马克思占据着极为重要的思想位置。但马克思的历史主义同以往的古典历史主义有着本质的区别。这种新型的历史主义彻底把启蒙以来的超历史的普遍理性变革为一种历史性的思想原则。从根本上说，《资本论》之所以能够出离资产阶级的理论视域，首次使得国民经济学成为一门真正的科学，就是因为马克思鲜明地以历史主义的思想原则瓦解了国民经济学中根深蒂固的形而上学思维，看到了私有制的历史性。但马克思的历史主义原则，并没有导致相对主义抑或虚无主义。这是因为，马克思着力于在批判旧世界中发现新世界，自觉在现实的历史中为"人的解放"探寻现实的道路。从本质上讲，要厘清《资本论》与庸俗经济学的根本区别，就必须要诉诸马克思在反思启蒙理性的过程中所开创的历史主义思想原则，而要真正拯救现代的"历史主义危机"，同样需要回到《资本论》所建构的新型历史主义上来。

一 拒斥启蒙的普遍理性：历史主义的由来

历史主义是18世纪末以来在德国兴起的一股思潮，它旨在反对启蒙理性所假定的抽象人性和一种以普遍人权为预设的非历史的伦理。启蒙运动着力于揭露中世纪基督教对人性的压制，彰显人的自由，但由于它把人的自由奠基于自然法之上，因而并没有摆脱对自由的形而上学理解。在本质上，启蒙哲学同基督教一道分享着西方传统柏拉图主义的思想前提，把自由看作是终极的、超历史的绝对价值。后来的尼采之所以把启蒙运动仅仅看作是基督教伦理的世俗化，并终其一生都在批判18世纪的旧启蒙，其原因就在于此。历史主义则完全立足于个体的特殊性，系统地反思了启蒙以来的思想家所悬设的绝对价值和抽象原则。历史主义认定，人没有本性，只有历史，因而所有的价值都是在特定的历史环境下产生的，都只

第五章　《资本论》与现实历史的澄明

是独特的和历史性的。由此，历史主义不再像启蒙哲学那样迷恋于对人的绝对自由的观照，而是认定启蒙理性所悬设的普遍价值是肤浅不堪的，并极力强调在特定时空下个体的特殊性和价值。按照伊格尔斯的考证，历史主义的术语最早由施莱格尔提出。在1797年的关于语言学的零散笔记中，施莱格尔提出，"温格尔曼的历史主义承认'可估量的独特性'和'古代文化的独一无二的性质'，因而在语言学研究中开辟了一个'新时代'。"① 在这里，施莱格尔已经把历史主义理解为拒斥启蒙的普遍理性的新范式。当然，历史主义的真正兴起则是奠基于以兰克为代表的德国历史学派，正是通过兰克等史学家的努力，19世纪才最终被誉为"历史主义的世纪"。

其实，黑格尔已经意识到了启蒙自由观的局限性，所以他把自由看作是个体理性同普遍理性辩证生成的历史过程。但是，在黑格尔那里，个体理性依然被窒息于抽象的普遍理性之中，而没有得到应有的重视。根本上说，尽管黑格尔对自由做了历史性的理解，但他并没有真正克服启蒙以来的抽象理性。对此，伊格尔斯指出，"尽管黑格尔的进步观使个体与总的过程相和谐，但是它显然违反了认为个人具有根本的自治能力的历史主义理论。"② 兰克则首次明确以史学家的身份质疑了启蒙以来的历史哲学对个体性的压制和忽视。他说，"我认为，万物的造主俯瞰着整个人类的全部历史并赋予各个历史时代同等的价值。启蒙历史观虽然有些道理，但是应该认识到，在上帝面前，各个时代的人是权利平等的。历史学家必须这样去观察事物。"③ 兰克还进一步明确指出，"每个时代都直接与上帝相关联。每个时代的价值不在于产生了什么而在于这个时代本身及其存在。……每个时代或谓每个历史阶段都具有其特有的原则和效能，而且都有资格受到尊重。"④ 换言之，特定时空中的特殊个体不应该被普遍之物所淹没，而应该受到应有的重视。由此，

---

① 伊格尔斯：《历史主义的由来及其含义》，《史学理论研究》1998年第1期。
② 伊格尔斯：《德国的历史观》，译林出版社2006年版，第46页。
③ 兰克：《历史上的各个时代——兰克史学文选之一》，北京大学出版社2010年版，第8页。
④ 同上书，第7页。

历史的客观性研究

兰克不再偏执于探讨历史的普遍意义，而是更加注重个体化的历史事实。安东尼说，"兰克反对历史哲学，特别是黑格尔的历史哲学，他宣称每个时代都处在神的直接注视之下：因此应为了这个时代而去理解这个时代，而不是根据某种高级的意图去理解它。于是他便回到了曾受黑格尔蔑视的'经验'历史学。"① 需要强调的是，尽管在方法论的层面上，兰克是个历史客观主义者或历史经验主义者，他极为注重对史料的批判性审查，甚至提出，"严谨的事实陈述，即使这些事实或许是偶然的和枯燥无味的，无疑是历史编纂学的最高法则。"② 但在哲学的层面上，兰克史学绝不是没有灵魂的实证主义，因为兰克依然承认历史现象背后的统一性和意义。而兰克所谓的历史编纂学，并不是要教导人们完全沉迷于历史细节之中，而是意在强调，只有从历史中的个体的特殊性出发才能觉知到历史整体的意义和指向。伊格尔斯说，"然而兰克和黑格尔的世界观也有其共同之处。他们都假定在现象世界的背后隐藏着某种一致性。"③ 可见，兰克尽管强调历史中的个体的特殊性和价值，拒斥启蒙的普遍理性，但他始终没有放弃对历史现象背后的统一性的信念，而其倡导的实证主义史学研究方法始终是以这种历史实在的形而上学为根基的。这就是兰克的历史主义。

由此可以看出，历史主义一方面强调特定时空中的东西比普遍之物具有更高的价值；但另一方面也承认，历史整体绝非一盘散沙，而是一个有意义的过程，历史中的个体都只是历史整体的展开过程的各个方面和环节而已。在《德国的历史观》中，伊格尔斯系统地概括了德国历史主义传统的这两个基本原则：一个是个体的观念，即强调所有的价值和认识都是历史的和个体的；另一个是坚信历史整体的意义，亦即相信"历史是一个仁慈的过程"。历史主义尽管滥觞于德国，但此后很快就主宰了欧洲整个的思想文化。德罗伊森、文德尔班、李凯尔特等沿着兰克的路向，一方面，强调自

---

① 安东尼：《历史主义》，上海人民出版社 2010 年版，第 91 页。
② 易兰：《兰克史学研究》，复旦大学出版社 2006 年版，第 98 页。
③ 伊格尔斯：《历史主义的由来及其含义》，《史学理论研究》1998 年第 1 期。

第五章 《资本论》与现实历史的澄明

然现象与历史现象之间的本质差别,认为自然科学探讨的是普遍规律,而历史科学则是理解个体的、一次性的具体现象;另一方面,他们又着力于通过特殊的历史个体来通达历史现象背后的普遍意义。

二 《资本论》与方法论的历史主义

作为 19 世纪的杰出思想家,马克思同样深刻地反思了启蒙的普遍理性,并在思想气质上表现出鲜明的历史主义倾向。青年马克思尽管一度受到黑格尔的深刻影响,强调"精神的实质就是真理本身","真理占有我,而不是我占有真理",但他很快发现,黑格尔颠倒了历史的主客体,把历史本身理解为形而上学的理性主体,而把真正创造历史的现实个人理解为历史的客体。黑格尔对历史主客体的颠倒,彻底暴露了启蒙以来普遍理性的无限度泛滥和扩张。马克思不无讽刺地指出,"使用一般历史哲学理论这一把万能钥匙,那是永远达不到这种目的的,这种历史哲学理论的最大长处就在于它是超历史的。"① 与黑格尔的思辨历史哲学不同,马克思提出,历史什么事情也没有做,它"'并不拥有任何无穷无尽的丰富性',它并'没有在任何战斗中作战'!创造这一切、拥有这一切并为这一切而斗争的,不是'历史',而正是人,现实的、活生生的人。'历史'并不是把人当作达到自己目的的工具来利用的某种特殊的人格。历史不过是追求着自己目的的人的活动而已。"② 在人的历史活动中,人作为"历史的经常的前提",又总是"历史的经常的产物和结果"。一方面,现实的历史条件构成人的活动的经常前提,因而人的发展只能在历史的发展中实现;另一方面,人作为历史的结果和产物,又总是在历史中获得创造性的现实力量,把自己关于现实的理想变成理想的现实。在马克思这里,历史已经不再是超越于现实个人之上的普遍主体,而只是处于特定语境中的现实个人所不断创生的结果而已。这就在根本上打破了启蒙哲学对现实历史的形而上学思辨。一旦现实的历史本身被看作是人的历史性

---

① 《马克思恩格斯选集》第三卷,人民出版社 1995 年版,第 342 页。
② 《马克思恩格斯全集》第 2 卷,人民出版社 1957 年版,第 118—119 页。

历史的客观性研究

活动的展开过程，那么，对现实历史的任何理解，都要克服片面的、孤立的形而上学思维，而必须强调一种从特殊的、具体的前提出发的历史主义眼光。马克思正是从这种历史主义的眼光出发来理解人类的现实历史的。马克思说，"我们开始要谈的前提不是任意提出的，不是教条，而是一些只有在想象中才能撇开的现实前提。这是一些现实的个人，是他们的活动和他们的物质生活条件，包括他们已有的和由他们自己的活动创造出来的物质生活条件。"①

可以说，马克思将历史性思想完全贯彻到了对现实历史的考量之中了，始终强调一种从现实的、历史的前提出发的历史主义视角。这种方法论的历史主义与兰克的古典历史主义有着本质的差别。兰克的古典历史主义尽管以凸显个体的特殊性的方式来拒斥启蒙的普遍理性，但由于这一拒斥只是在历史实在的形而上学的地基上进行的，所以兰克只是继承而不是超越了启蒙的普遍理性。现代的史学史大师伊格尔斯之所以断言兰克的历史主义同黑格尔的历史哲学的同质性，显然也是出于这一缘由。马克思则在反思启蒙的普遍理性的过程中，特别是在深入批判黑格尔的思辨历史哲学的过程中，开发出一种新型的历史主义，这种新型历史主义彻底把启蒙以来的超历史的普遍理性变革为一种历史性的思想原则。这就是马克思在历史主义史上的重大贡献。

不仅如此，马克思还将这种历史性的思想原则彻底地贯彻到了对国民经济学的考量之中，从而在根本上摧毁了国民经济学中根深蒂固的形而上学思维方式，首次使得政治经济学成为一门真正的科学。作为对政治经济学系统批判的理论产物，《资本论》集中体现了马克思的方法论的历史主义。众所周知，《资本论》直接导源于马克思对资产阶级政治经济学的批判。受自然科学方法论的影响，资产阶级政治经济学对现实的历史始终采取一种非批判的形而上学态度。这种非批判的形而上学态度把资产阶级的生产关系当作是永恒的范畴，把私有制看作是毋庸置疑的前提。但马克思则从历史主义出发，认为资产阶级经济学的各种范畴，"对于这个历史上一定

---

① 《马克思恩格斯选集》第一卷，人民出版社 1995 年版，第 66—67 页。

第五章 《资本论》与现实历史的澄明

的社会形式即资本主义的生产关系来说","是有社会效力的、因而是客观的思维形式。"① 但一旦转换到其他的生产形式中去，商品世界的全部秘密就立刻消失了。例如，在中世纪，人都是相互依赖的，而"人们在劳动中的社会关系始终表现为他们本身之间的个人的关系，而没有披上物之间即劳动产品之间的社会关系的外衣。"②

资产阶级政治经济学之所以在资本主义早期能够宣称自己是一门客观的科学，是因为此时的阶级斗争尚处于潜伏的状态，私有制的内在矛盾还没有充分体现出来，所以人们误以为资本主义制度不是历史的过渡阶段，而是社会生产的最后形式。马克思说："只要政治经济学是资产阶级的政治经济学，就是说，只要它把资本主义制度不是看作历史上过渡的发展阶段，而是看作社会生产的绝对的最后的形式，那就只有在阶级斗争处于潜伏状态或只是在个别的现象上表现出来的时候，它还能够是科学。"③ 但是，一旦随着阶级斗争的明显化，资本主义制度的"超历史性"的伪装就被剥离了，此时，人们就不再相信资产阶级政治经济学是一门"科学"了。

在马克思看来，资产阶级的政治经济学家把阶级利益的对立看作是超历史的"社会的自然规律"绝非偶然，因为这可以使得资产阶级统治获得永恒的合法外衣。马克思说，"经济学家所以说现存的关系（资产阶级生产关系）是天然的，是想以此说明，这些关系正是使生产财富和发展生产力得以按照自然规律进行的那些关系。因此，这些关系是不受时间影响的自然规律。这是应当永远支配社会的永恒规律。于是，以前是有历史的，现在再也没有历史了。"④ 这表明，资产阶级经济学家之所以把封建制度看作是人为的，而把资产阶级制度看作是天然的，是为了辩护资产阶级统治的合法性。对此，马克思说，"政治经济学对待资产阶级以前的社会

---

① 马克思：《资本论》第一卷，人民出版社2004年版，第93页。
② 同上书，第95页。
③ 《马克思恩格斯全集》第44卷，人民出版社2001年版，第16页。
④ 《马克思恩格斯选集》第一卷，人民出版社1995年版，第151页。

历史的客观性研究

生产有机体形式,就像教父对待基督教以前的宗教一样。"①

但资产阶级经济学始终存在一个无法克服的内在悖论。这就是说,一方面,政治经济学家把私有制当作是合乎人性的和合理的关系;但另一方面,他们又不得不面对根源于私有制的阶级剥削和阶级斗争。这就像神学家尽管以宗教的超人性为前提,但又不得不借助于人的形象来理解宗教观念一样。马克思指出,如果说亚里士多德没有思考价值的问题,只是因为受到特定的社会历史条件的制约,那么,资产阶级经济学家没有考虑价值的源泉,则是有意识地为资本主义的剥削制度辩护。"这些资产阶级经济学家实际上具有正确的本能,懂得过于深入地研究剩余价值的起源这个爆炸性问题是非常危险的。"②

在马克思看来,政治经济学要真正成为一门科学,就必须要扬弃非批判的形而上学思维方式,把历史主义的原则贯彻到对政治经济学的批判之中。具体来说,政治经济学家必须要超越资产阶级的界限,把私有制看作是历史性的,而不是永恒的。马克思说,"普鲁东从政治经济学中被诡辩掩盖的相反的事实出发,即从私有制的运动造成贫困这个事实出发,得出了否定私有制的结论。"③ 这就使得"政治经济学革命化了,并且第一次使政治经济学有可能成为真正的科学。"④《资本论》则完全从对私有制的历史性理解出发,彻底地变革了资产阶级的政治经济学。在《资本论》中,马克思一方面深入分析了资本主义的历史必然性,并强调资本主义社会的内在运作规律正在以铁的必然性发生作用;但另一方面马克思又看到了资本主义的暂时性和历史性。显然,马克思完全把历史主义的思维原则贯彻到了对资本主义的理解之中,而没有像资产阶级那样把资本主义当作一个超历史的原点进行分析。不仅如此,马克思还始终强调,资本主义在各个国家都会以特殊的形式表现出来,而不会出现同一的景象。比如,在谈到德国当时的经济状况时,马

---

① 《马克思恩格斯全集》第44卷,人民出版社2001年版,第99页。
② 马克思:《资本论》第一卷,人民出版社1975年版,第564页。
③ 《马克思恩格斯全集》第2卷,人民出版社1957年版,第42页。
④ 同上书,第39页。

第五章 《资本论》与现实历史的澄明

克思指出,由于历史发展阶段的错位,德国一方面要面对资本主义发展所导致的阶级矛盾,另一方面又要承受古老的生产方式及政治、社会关系的苟延残喘,因而它"不仅苦于资本主义生产的发展,而且苦于资本主义生产的不发展。"①

综上所述,历史主义是马克思在反思整个西方传统形而上学的过程中所取得的一种积极的思想成就,马克思把这种历史性思想具体贯彻到对政治经济学的批判之中,并最终创作了《资本论》。历史主义在《资本论》中的成功应用,不仅使得《资本论》揭露了资产阶级形形色色的意识形态理论,真正深入到了历史的本质性一度之中,而且还在根本上拯救了历史主义,使得这种新型历史主义最终成为19世纪之后唯一可资开发的一种思维形式。

三 "解放"的旨趣与马克思对历史主义的扬弃

19世纪尽管被誉为"历史主义的世纪",但19世纪杰出的历史主义思想家,无论是兰克还是马克思,都没有明确使用过历史主义的概念。"历史主义"这一概念只是到了20世纪,也就是当历史主义出现危机的时候,才真正流行起来。关于"历史主义"一词的起源,安东尼曾指出,"'历史主义'一词独特而曲折的历程至今还没有走到尽头。这个词先后有过各种意义:最初它指的是一种错误,甚至某种反常,后来它被定义为一种积极的思想成就。"②历史主义一开始之所以被判定为"一种错误,甚至某种反常",是因为在20世纪拒斥形而上学的思想背景下,它逐渐脱离了对历史实在的形而上学的信念,走向了片面强调个体的特殊性和价值的相对主义,并最终成为消解一切真理和价值的绝对性的引爆剂。当历史主义在20世纪步步陷入相对主义的困境中之时,人们才意识到了历史主义的问题。安东尼说,"仿佛只有当它意味着文明价值观的重大振荡时,人们才最终意识到它的性质和影响,并觉察到我们全部的文化都受'历史主义'的浸透,而这种历史主义可能摧毁对我们的文明来说至关重要的思想和信仰遗产——从形而上学到神

---

① 马克思:《资本论》第一卷,人民出版社1998年版,第10页。
② 安东尼:《历史主义》,上海人民出版社2010年版,第1页。

历史的客观性研究

学再到自然法。"①

19世纪的历史主义不但没有陷入相对主义和虚无主义，反而成就了历史主义的辉煌，这显然是由于此时人们对历史实在的形而上学深信不疑。伊格尔斯指出，阻止他们的道德和认识论上的相对主义的，是他们对超越历史世界的形而上学世界的强烈信仰。但到了20世纪，尽管许多思想家越来越接受历史主义的认识论原则，但他们在使用这一术语的同时，却否定了历史过程有其内在的一致性，进而连带否定了对现代西方文明的信仰。卡尔西在谈到"历史主义的危机"时指出，历史主义是研究历史的有效方法，但研究历史"只是一步步地揭示了西方文化价值和信仰的相对和过时，根本不能用来创造文化。"② 施特劳斯更为明确地指出，"历史主义比怀疑论有过之而无不及"③，"历史主义的顶峰就是虚无主义。"④

梅尼克曾以一种极端的历史方法拯救了历史主义的危机。在《历史主义的兴起》中，梅尼克彻底以历史主义这一概念取代了西方经典的自然法概念，强调一种发展的观念，注重历史的独一无二性和"个性"。在他看来，正是德国文化传统的特殊性，才使得德意志民族具有独一无二的价值。在梅尼克的解读下，"'历史主义'从此失去了所有贬损的含义，转而指一场伟大的精神运动、一种人类思想的积极成就。"⑤ 人们甚至由此把这种注重个体的特殊性和独特性的历史主义观念，同19世纪专业化的德国史学联系起来，认为19世纪的历史编纂学已经表征了历史主义观念的兴起。但事实上，兰克的古典历史主义同梅尼克所理解的历史主义存在着本质的区别。伊格尔斯指出，"19世纪30年代兰克的历史主义和20世纪30年代弗里德里希·迈涅克的历史主义都与进步的观念有着某种微妙的联系。在一方面，进步观念对他们来说不可接受，因为他

---

① 安东尼：《历史主义》，上海人民出版社2010年版，第1页。
② 伊格尔斯：《历史主义的由来及其含义》，《史学理论研究》1998年第1期。
③ 施特劳斯：《自然权利与历史》，生活·读书·新知三联书店2006年版，第31页。
④ 同上书，第19页。
⑤ 安东尼：《历史主义》，上海人民出版社2010年版，第4页。

第五章 《资本论》与现实历史的澄明

们强调每一个时代都有其自身的价值,'与上帝直接相通';但在另一方面,兰克和德罗伊森像黑格尔一样深深地相信现代西方文化的共同性,而迈涅克则相信德国文化的独一无二的性质。"[①] 20 世纪 60 年代以后,学界开始批评德国历史主义的历史观,认为它是 20 世纪灾难的帮凶。

总体上看,20 世纪的历史主义,一开始就被其内在的矛盾所困扰。一方面,历史主义要挺立相对性和暂时性原则;但另一方面,它又要规避陷入彻底的相对主义和虚无主义,而要寻求某种一致性和确定性。在"历史主义的危机"的背景下,重新彰显马克思对历史主义的方法论改造,无论对于提炼历史主义积极的理论成就,还是对于深入研究《资本论》,都具有重大的意义。

首先,《资本论》对资本主义的历史性解读,既使得马克思主义同抽象的人道主义划清了界限,又使得马克思成为一个真正的人道主义者。马克思不再像启蒙思想家那样超历史地追问自由何以可能的问题,而是直接把这一追问诉诸对现实历史的政治经济学批判,力求在批判旧世界中发现新世界,探寻人的解放的现实道路。在《资本论》中,马克思澄清了人类存在方式的历史性演进形态,并特别强调,在现代社会中,人的独立性是建立在对物的依赖性的基础之上的,因而对"人的解放"的寻求,只能诉诸对资本主义私有制的批判。正是通过对私有制的政治经济学批判,马克思超越了资产阶级的界限,指明了人类未来的发展方向。

其次,马克思在对资本主义做出历史性理解的同时,由于并没有放弃"人的解放"的最高理想,所以他的历史主义思想原则尽管彻底,但却并没有导致相对主义抑或虚无主义。马克思不再像兰克的古典历史主义那样,只是在历史实在的形而上学的地基上来反思启蒙的普遍理性,而是以历史主义的思想原则彻底摧毁了启蒙的普遍理性乃至西方整个的柏拉图主义。这种彻底的历史主义原则,不仅使得马克思真正深入到了历史的本质性一度之中,而且使得他发现了资本的内在运作逻辑,并最终确证了无产阶级的历史任务和

---

① 伊格尔斯:《历史主义的由来及其含义》,《史学理论研究》1998 年第 1 期。

使命——人的解放。安东尼说,"马克思并不是第一个发现新的资本主义阶级形成的人,也不是第一个发现这个阶级的政治和社会力量逐步增长的人,同样也不是他最早发现新兴无产阶级极端悲惨的生存状态。……但马克思把握了工人大众的全新的社会和政治难题的全部历史意义,他知道,如果这个新阶级组织起来就会获得何种力量;他认为,这一历史现象将对欧洲的新历史具有决定性意义。"① 安东尼还进一步指出,"但是,马克思与工人阶级的其他支持者之间的鲜明区别在于,他将自己的历史主义应用到革命纲领中。我们可以说,马克思将社会主义引入了历史主义文化,或者说,他将一种以自然法为基础的'社会正义'理想引入了一个否认抽象自然法的传统中,而我们已经见识过这种传统。"② 显然,马克思彻底的历史主义思想原则与其"人的解放"的价值理想是密不可分的。正是因为马克思"人的解放"的价值诉求,奠基于对现实历史的历史性理解,所以它与启蒙运动所谓的最高理想有着本质的差别。换言之,这种"人的解放"的价值诉求,不仅为当代人的未来带来了希望,而且使得马克思的新型历史主义在根本上超越了相对主义和虚无主义的泥潭。

第二节 《资本论》与共产主义的历史性意蕴

理解马克思主义的共产主义学说,离不开马克思为之付出毕生心血的《资本论》。《资本论》诉诸对资本主义历史的内在批判,发现了阻碍人的解放的现实力量——资本,这其实也就为现实的共产主义运动赋予了真实的理论内容,即,所谓的共产主义运动,不是别的,而是指瓦解资本的逻辑,破解"以物的依赖性为基础的人的独立性",从而实现人的真正解放。离开《资本论》所揭示的资本主义历史,马克思主义必然会被抽象为某种传统的历史哲学,而共产主义则必然被曲解为这一历史哲学所设定的终极历史目标。

---

① 安东尼:《历史主义》,上海人民出版社 2010 年版,第 123 页。
② 同上。

第五章 《资本论》与现实历史的澄明

相反,澄清《资本论》同共产主义的内在关联,则能够打破人们对共产主义的形形色色的超历史理解,拯救现代人的信仰的迷失。

在当下,人们之所以对共产主义时不时表现出种种怀疑的情绪,根本上说,是因为共产主义被理解为某种形而上学所设定的"终极价值"和"最高理想"。可以说,对共产主义的形而上学误读,不仅影响广泛而且根深蒂固,甚至在某种意义上构成了人们拒斥马克思主义的基本理由。毋庸置疑,人们对共产主义的误解与共产主义研究中《资本论》的缺失有着深刻的关联。因此,重新回到《资本论》,特别是重新澄清《资本论》基于资本主义历史而对共产主义的历史性理解,是深化对科学共产主义认识的必由之路。笔者不才,发表浅见,以求教于方家。

一 从哲学批判到政治经济学批判:"共产主义"生成的理论语境

马克思关于"共产主义"的论述,人们经常引用的是这样一段话:"共产主义对我们来说不是应当确立的状况,不是现实应当与之相适应的理想。我们所称为共产主义的是那种消灭现存状况的现实的运动。这个运动的条件是由现有的前提产生的。"① 按照广松涉的考证,这段话出自《德意志意识形态》(以下简称《形态》),是马克思在恩格斯的底稿旁所记的补充,因而它可算作是马克思对恩格斯在正文中关于"田园诗式共产主义"的一个回应。这也就是说,马克思在对共产主义的理解上同恩格斯存在着根本的差别,前者把共产主义理解为"现实的运动",而后者则把共产主义理解为某种"应当确立"的社会形态。广松涉由此提出,马克思的这一段补充"将恩格斯在手稿中随处所尝试的关于'共产主义社会'的论述——恩格斯不是作为理想和运动,而是作为应该建立起来的状态来论述共产主义社会——推翻了。"② 我们姑且不论广松涉对马恩关于共产主义理解上的差异的过度放大,特别是他

---

① 《马克思恩格斯文集》第一卷,人民出版社 2009 年版,第 539 页。
② 广松涉:《文献学语境中的〈德意志意识形态〉》,南京大学出版社 2005 年版,第 367 页。

历史的客观性研究

没有注意到恩格斯关于共产主义的另一论断:"海因岑先生大错特错了。共产主义不是教义,而是运动",① 但他却至少透露出,人们在对共产主义的理解上存在着两种截然不同的观点,即要么把共产主义理解为现实的运动,要么把共产主义理解为某种应然的社会形态。应该说,从马克思主义的传播史来看,后一种观点,尽管是一种误读,不仅影响广泛而且根深蒂固,甚至在某种意义上构成了人们拒斥马克思主义的基本理由。在此背景下,如果我们仅仅依靠援引马克思恩格斯在其文献中的只言片语来变革人们对共产主义的流俗理解,显然是苍白无力的。因此,只有实质性地深入到马克思主义哲学的内在理论空间之中,特别是诉诸马克思为之付出毕生心血的《资本论》,才可能真正澄清马克思所赋予共产主义的真实理论内涵。

广松涉对马克思在《形态》中关于共产主义论断的原初文本语境的考证极为重要,它在方法论的意义上启发我们,必须要结合《形态》整体的文本语境来理解马克思关于共产主义的这一论断。从理论旨趣和理论任务来看,《形态》显然并不是为了系统阐述共产主义,它的主旨目的是清算费尔巴哈、鲍威尔、施蒂纳和德国社会主义,这一点可以从《形态》的标题"对费尔巴哈、布·鲍威尔和施蒂纳所代表的现代德国哲学以及各式各样先知所代表的德国社会主义的批判"看出来。事实上,马克思在《形态》中之所以要强调共产主义是"现实的运动",而不是某种既定的社会形态,正是与他对青年黑格尔派的批判有关。青年黑格尔派抛开现实的历史进程,而孤立地观察人的宗教情感,把人的本质理解为某种仅仅依靠爱、友情等自然情感联系起来的共同性,因而他们在对共产主义的理解上同样是形而上学的,即把共产主义理解为超历史的终极理想,而不是现实的历史运动。马克思说,费尔巴哈"借助于'共同人'这一规定宣称自己是共产主义者,把这一规定变成'人'的谓词"。② 在费尔巴哈那里,共产主义就是爱的宗教,是某

---

① 《马克思恩格斯文集》第一卷,人民出版社 2009 年版,第 671—672 页。
② 同上书,第 548 页。

第五章 《资本论》与现实历史的澄明

种超越现实历史之外的抽象理想。鲍威尔和施蒂纳非批判地继承了费尔巴哈对共产主义的抽象理解,认为费尔巴哈的共产主义理想就是真正的共产主义,他们甚至给马克思也扣上了费尔巴哈派的帽子,误以为马克思也把共产主义理解为理想而不是现实的运动。《形态》正是针对青年黑格尔派对共产主义的种种误解,才系统而深入地驳斥了青年黑格尔派,特别是这位"宣称自己是共产主义者"的费尔巴哈。

在马克思看来,费尔巴哈的旧唯物主义在批判思辨哲学和宗教的过程中确实起到了非常革命的作用,它不仅彻底地揭露了"基督教的本质",而且还明确把宗教的本质归结为人的本质,但是,由于费尔巴哈不理解人的本质是一切社会关系的总和,所以他在把宗教归结为它的世俗基础之后,又重新回到传统形而上学的视域中,把人的本质理解为某种抽象的"类"。归根到底,费尔巴哈的旧唯物主义只是自然唯物主义而历史唯心主义。马克思说,"当费尔巴哈是一个唯物主义者的时候,历史在他的视野之外;当他去探讨历史的时候,他不是一个唯物主义者。"① 费尔巴哈的旧唯物主义同现实的历史失之交臂,它没有也不可能真正深入到现实历史的本质性一度之中,这就最终促使他把作为现实历史运动的共产主义理解为某种形而上学所设定的彼岸理想。

在批判费尔巴哈旧唯物主义的基础上,马克思彻底变革了以往一切形而上学对现实历史的抽象思辨,真正深入到现实历史的本质性一度之中了,并由此而革命性地把共产主义理解为人类历史的现实运动过程。马克思说,"我们需要深入研究的是人类史,因为几乎整个意识形态不是曲解人类史,就是完全撇开人类史。"② 《形态》是马克思恩格斯对遮蔽现实历史的种种意识形态理论的清理,它可看作是马克思在青年黑格尔派的基础上为自己进一步提出的理论任务。青年黑格尔派已经尝试通过对宗教的批判来澄清现实历史的本质,但他们最终却仅仅做到对宗教虚无本质的揭露,即把宗教

---

① 《马克思恩格斯文集》第一卷,人民出版社2009年版,第530页。
② 同上书,第519页。

的本质归结为人的本质。马克思认为,"就德国来说,对宗教的批判基本上已经结束;而对宗教的批判是其他一切批判的前提。"① 但他同时指出,如果对宗教的批判无法进一步升华到对现实历史的批判,那么,这种宗教批判则永远不可能真正出离形而上学的窠臼。这其实也就是青年黑格尔派根本的理论局限性。费尔巴哈最终还是把源于18世纪法国唯物主义的共产主义运动抽象地理解为某种超历史的形而上学理想。马克思说,"费尔巴哈是从宗教上的自我异化,从世界被二重化为宗教的、想像的世界和现实的世界这一事实出发的。他做的工作是把宗教世界归结于它的世俗基础,他没有注意到,在做完这一工作之后,主要的事情还没有做。因为,世俗基础使自己从自身中分离出去,并在云霄中固定为一个独立王国,这一事实,只能用这个世俗基础的自我分裂和自我矛盾来说明。因此,对于这个世俗基础本身首先应当从它的矛盾中去理解,然后用消除矛盾的方法在实践中使之发生革命。"② 因此,与青年黑格尔派不同,马克思彻底出离了西方传统形而上学的理论视域,自觉把自己的理论任务和目标确定为消解人在非神圣形象中的自我异化。马克思说,"真理的彼岸世界消失以后,历史的任务就是确立此岸世界的真理。人的自我异化的神圣形象被揭穿以后,揭露具有非神圣形象的自我异化,就成了为历史服务的哲学的迫切任务。于是,对天国的批判变成对尘世的批判,对宗教的批判变成对法的批判,对神学的批判变成对政治的批判。"③ 马克思不再像传统形而上学家们那样,先行悬设某种抽象的理想,进而把人类现实的历史运动过程看作是向这种抽象理想迈进的各个环节,而是着力于在批判旧世界中发现新世界,并把现实地消灭旧世界的现实运动本身看作是人类走向自我解放的过程。

马克思在《形态》中关于共产主义的那一段重要论述,广松涉在文献学的意义上做了更加精细的整理:"共产主义对我们来说

---

① 《马克思恩格斯文集》第一卷,人民出版社2009年版,第3页。
② 同上书,第504页。
③ 同上书,第4页。

第五章 《资本论》与现实历史的澄明

不是应当确立的状况，不是变得异己的［东西］现实应当与之相适应的理想（Ideal）。我们所称为共产主义的是实［践性的］（pra〔ktische〕）现实的（wirkliche）运动，将实践的（praktische）［消灭］进行……的那种消灭现存状况的现实的（wirkliche）运动。我们只能叙述［以下问题］这个运动的条件能够按照实在的（reale）实际存在的（vorliegende）现实本身（Wirklichkeitselbst）来判断是由现有的（jetztbestehende）前提产生的。"① 很明显，马克思在这里所要强调的是，共产主义是"实践性的"、"现实的"运动过程，而不是意识界的思想的运动过程。在马克思看来，人们感性的物质活动，而不是抽象的意识活动，才是人的源始活动形式，才是人类全部现实历史的发源地和基础。因此，只有直接诉诸人们的感性的经济活动，具体来说就是人们经济生活中的现实活动，才能真正理解人的解放的现实过程。而对人们感性的经济活动的理解，只能诉诸政治经济学批判，而不是哲学批判。这样一来，马克思就同以往的"解释世界"的哲学家们彻底分道扬镳了，自觉从对现实历史的哲学批判转向了对现实历史的政治经济学批判，并最终创作了《资本论》。《资本论》的旨趣在于系统地展现作为现实历史运动的共产主义的真正生成，因而只有诉诸《资本论》，才能真实地展现共产主义的理论内涵，才能内在地理解马克思主义所探讨的科学共产主义。

二 瓦解资本的逻辑与"共产主义"的生成

长期以来，人们之所以把共产主义理解为某种超历史的形而上学理想，而不是现实的历史运动过程，根本上说，就是因为脱离了《资本论》的理论语境。《资本论》同马克思主义的共产主义学说有着深刻的内在关联，它所展现的资本的瓦解过程，就是现实的共产主义运动的真正出场。众所周知，《资本论》的出发点是商品，但商品不是"物"。马克思首先从商品的使用价值和交换价值中看到了劳动的二重性，即创造商品使用价值的具体劳动和在商品交换

---

① 广松涉：《文献学语境中的〈德意志意识形态〉》，南京大学出版社 2005 年版，第 37 页。

历史的客观性研究

中所体现出来的商品的抽象劳动。这就表明,《资本论》尽管是由商品等一系列经济范畴所构成,但它实质上所关注的是人的感性活动,而不是单纯的物的交换。如果连接马克思在《手稿》中关于共产主义的论述,我们就会更加清楚地看到《资本论》中的共产主义课题。在《手稿》中,马克思着重论述了人的感性物质活动同现实的共产主义运动的内在关联。首先,马克思指出,人的感性物质活动是自由自觉的活动,是人的本质力量的实现,而共产主义作为现实的运动,同样"是人的本质的现实的生成,是人的本质对人来说的真正的实现,或者说,是人的本质作为某种现实的东西的实现"。① 其次,人们的感性实践活动,作为真实的对象性活动,首先体现在人与自然的关系中,而共产主义首先所要实现的,同样是人与自然的和解和统一,"这种共产主义,作为完成了的自然主义,等于人道主义,而作为完成了的人道主义,等于自然主义,它是人和自然界之间、人和人之间的矛盾的真正解决,是存在和本质、对象化和自我确证、自由和必然、个体和类之间的斗争的真正解决。它是历史之谜的解答,而且知道自己就是这种解答。"② 这里清楚地表明,共产主义之所以是历史性的现实运动,而不是青年黑格尔派所理解的思想运动,就是因为它是由人们的感性实践活动所促成的。《资本论》尽管不再直接从人们的感性物质活动出发,而是从作为感性物质活动的产品的商品出发,但它在深层上所关注的依然是人的自由自觉的活动何以可能的问题,这其实也就是现实的共产主义运动何以可能的问题。马克思从商品到货币的进一步分析,就更加明显地表现出了这一点。

如果说马克思透过商品的使用价值和价值的属性看到了人的具体劳动和一般劳动,那么,透过作为"一般等价物的特殊商品"的货币,马克思则看到了由人们的劳动交换关系所引发的人的异化。货币本来是人们的抽象劳动得以交换的中介,但由于它是固定地充当一般等价物的特殊商品,所以它逐渐成为"每个个人行使

---

① 《马克思恩格斯文集》第一卷,人民出版社2009年版,第217页。
② 同上书,第185—186页。

第五章 《资本论》与现实历史的澄明

支配别人的活动或支配社会财富的权力"。①《资本论》对货币的分析表明，人们抽象劳动的交换和基于抽象劳动交换的人们的社会交往关系，在现实的商品经济中被异化为物与物之间的抽象关系。与此同时，作为人的自由自觉的感性物质活动，已经不再是人的自我本质实现的活动，而是被异化为塑造异己力量的活动。在这里，货币拜物教就产生了。马克思对货币拜物教的指认极为重要，因为它真正捕捉到了人的解放的现实障碍，从而也为现实的共产主义运动赋予了实质性的内涵，这就是说，作为消灭现存世界的共产主义运动，实质上就是破解货币拜物教的过程，就是消灭人在货币这一非神圣形象中的自我异化的运动过程。显然，《资本论》已经不再像《手稿》和《形态》那样，从与思辨哲学的较量中来破解人们对共产主义的形而上学理解，而是径直在经济学的语境中来考量共产主义运动的真实内容和未来趋向。

如果说马克思在《手稿》中把异化劳动的根源追溯到货币，那么，在《资本论》中，马克思通过对货币的进一步剖析指出，货币的真正威力不仅仅在于它是钱，而是因为它是"能生钱的钱"，即资本。马克思对资本自我瓦解逻辑的揭示，最终真正阐明了现实的共产主义运动的现实性和必然性。马克思在进一步考察"作为货币的货币和作为资本的货币的区别"时，发现了货币向资本的转化。资本的增值过程实质上就是以货币的量的增长为具体内容的运动过程。资本之所以能够增值，是因为资本家在市场上买到一种特殊的商品，即本身能够创造价值的劳动力。通过对劳动力这一特殊商品的分析，马克思最终揭示了资本增值的现实基础，即剩余价值的生产。这就是说，在雇佣劳动的关系中，除了基本的生存和繁殖的需要之外，工人所创造的全部价值都被转化成资本的自我增值，都被转移到资本家的财富积累过程之中了。剩余价值的生产表明，"资本主义的生产方式和积累方式，从而资本主义的私有制，是以那种以自己的劳动为基础的私有制的消灭为前提的，也就

---

① 《马克思恩格斯全集》第30卷，人民出版社1995年版，第106页。

是说，是以劳动者的被剥夺为前提的。"① 这样一来，马克思就把资本增值的基础回溯到了私有制。显然，由于私有制的存在，人们的自由自觉的感性活动才被异化为资本增值的逻辑；反过来说，现实的人要真正确证人的自由自觉的本质，就必须要扬弃私有制。《资本论》从商品到货币再到资本的层层分析，最后发掘出了私有制，这其实也就科学地回答了《手稿》中关于共产主义的基本论断。在《手稿》中，马克思说，"共产主义是对私有财产即人的自我异化的积极的扬弃，因而是通过人并且为了人而对人的本质的真正占有；因此，它是人向自身、也就是向社会的即合乎人性的人的复归，这种复归是完全的复归，是自觉实现并在以往发展的全部财富的范围内实现的复归。"② 资本自我瓦解的必然性亦即共产主义的必然性就在于，资本本来就是由人的社会性劳动所创造的社会性力量，而不是私人的力量，因而它理应重新回归为人的社会性本质的自我实现。马克思说："资本是集体的产物，它只有通过社会许多成员的共同活动，而且归根到底只有通过社会全体成员的共同活动，才能运动起来。"而"把资本变为公共的、属于社会全体成员的财产，这并不是把个人财产变为社会财产。这里所改变的只是财产的社会性质"。③ 这就是说，共产主义所要消灭的是"生产资料的私人占有制"，构建以人的感性活动为基础的个人所有制，而并不是要彻底消灭私有制。

但是，私有制的自我瓦解本身是一个历史性的过程，这就在根本上决定了共产主义不可能一蹴而就，而只能是展现为现实的运动过程。马克思说，"要消灭私有财产的思想，有共产主义思想就完全够了。而要消灭现实的私有财产，则必须有现实的共产主义行动。历史将会带来这种共产主义行动，而我们在思想中已经认识到的那个正在进行自我扬弃的运动，实际上将经历一个极其艰难而漫长的过程。"④ 显然，与空想共产主义不同，马克思恩格斯所创立

---

① 《马克思恩格斯全集》第44卷，人民出版社2001年版，第887页。
② 《马克思恩格斯文集》第一卷，人民出版社2009年版，第185页。
③ 《马克思恩格斯选集》第一卷，人民出版社1995年版，第287页。
④ 《马克思恩格斯全集》第42卷，人民出版社1985年版，第139—140页。

第五章 《资本论》与现实历史的澄明

的科学共产主义强调共产主义是历史性的现实运动过程。

三 "共产主义"与人类的未来

《资本论》所展现的资本运动的逻辑,在直接的意义上,是对资本主义现实历史的批判,但在深层旨趣和动机上,则是对人的解放的现实道路和现实的共产主义运动的揭示。可以说,对资本主义历史的批判和对现实的共产主义运动的揭示,共同地构成了作为存在论的《资本论》。因此,离开《资本论》所揭示的资本主义历史,就不可能理解马克思主义的共产主义运动;反过来说,离开马克思主义对现实共产主义运动的揭示,《资本论》就会被扭曲为同国民经济学同质的流俗经济学著作。

美国著名学者詹姆斯·劳勒曾指出,关于共产主义的研究目前存在两种截然不同的方法或观点,即"虚无主义的共产主义"和"辩证的共产主义"。"虚无主义的共产主义"完全割裂资本主义同共产主义的内在关联,它"信奉的是要么是资本主义要么是共产主义这样一种抽象的非此即彼的逻辑,认为在它们之间不存在中间地带",因而对资本主义持完全否定和批判的态度。与"虚无主义的共产主义"不同,"辩证的共产主义"(也是劳勒所认可的一种研究方法)则"认为共产主义形成于资本主义的母体之中,在它们之间存在辩证的'中间环节'",因而它"关注的则是资本主义社会中出现的积极成分,即正在形成和发展的现实的共产主义因素。"[①] 劳勒说,"在马克思看来,作为一个共产主义者就要集中关注并培育当前现实中的积极部分,即正在出现、正在发展的现实的共产主义。虚无主义的共产主义则将注意力集中在那些消极的部分上。"[②]《资本论》最为清楚地反驳了"虚无主义的共产主义",也有力地确证了"辩证的共产主义"。《资本论》表明,马克思所展示的"共产主义"同他对资本主义经济规律的揭示是密不可分地联系在一起的,马克思的价值批判同他的经济学批判也是密不可

---

① 詹姆斯·劳勒:《虚无主义的共产主义与辩证的共产主义》,《国外理论动态》2006年第2期。
② 同上。

历史的客观性研究

分地联系在一起的。共产主义不是抽象的人道主义理想,也不是传统形而上学所设定的"最高价值",但马克思是真正的人道主义者。这就是《资本论》所给予我们的最真实的启示。

作为"政治经济学批判",《资本论》不同于国民经济学,它揭示的不仅仅是资本主义的经济状况,而且是人类现实历史的运动过程。马克思说,"有一个英国人把人变成帽子","这个英国人就是李嘉图"。① 李嘉图把人变成帽子,意味着他把现实的人抽象为帽子式的"物",进而把由人的感性活动所创生的现实历史抽象为拟自然的运动。与李嘉图等国民经济学家不同,《资本论》从商品的二重性来透视人的感性活动的二重性,因而以商品这个经济范畴作为逻辑的出发点,其实也就是从人的感性活动出发来理解人类历史的运动过程,尤其是资本主义的运动过程。马克思说,"劳动过程的每个一定的历史形式,都会进一步发展这个过程的物质基础和社会形式。这个一定的历史形式达到一定的成熟阶段就会被抛弃,并让位给较高级的形式"。② 这也即是说,"人类始终只提出自己能够解决的任务,因为只要仔细考察就可以发现,任务本身,只有在解决它的物质条件已经存在或者至少是在生成过程中的时候,才会产生"。③ 资本主义作为人类的共产主义运动的有机环节,既具有深层的合理性和历史必然性,又具有深层的局限性和历史暂时性。正因为如此,马克思既看到了资本主义较之封建主义在发展生产力和社会交往关系上的积极意义,同时又看到了资本逻辑对剩余价值的无止境追逐而导致的人的异化。如果抛开资本的积极意义而只看到资本对现代文明所带来的负面效应,则必然把马克思恩格斯所创立的科学共产主义蒸馏为以往的空想共产主义。共产主义作为基于资本主义而又超越资本主义的信念,它一再昭示我们,历史并没有终结,当代人的历史使命和历史任务是,瓦解资本的逻辑,把物的独立性和能动性变成人的独立性和能动性,使人的自由不再依赖于

---

① 《马克思恩格斯选集》第一卷,人民出版社 1995 年版,第 136 页。
② 《马克思恩格斯选集》第二卷,人民出版社 1995 年版,第 587 页。
③ 同上书,第 33 页。

第五章 《资本论》与现实历史的澄明

物,而是真正变成"全面的人"。

《资本论》是马克思为之付出毕生心血的巨著,它构成了马克思关于资本主义历史和共产主义运动的实质内容。发掘《资本论》中所蕴含的共产主义思想,对于理解人类的未来来说,具有诸多的启发意义。首先,共产主义以现实的资本主义为基础,所以它是现实的"人的解放"的历史性过程,而不是超历史的抽象理想。在马克思看来,人作为历史文化的产物,既是"历史的经常的前提",又是"历史的经常的产物和结果"。正因为如此,现实的历史条件,包括物质条件和精神条件,是共产主义得以生成的现实前提,换言之,一切的共产主义运动都要以特定的历史背景和具体的历史情境为根基。这就是为什么马克思在《共产党宣言》中始终强调,共产主义"随时随地都要以当时的历史条件为转移"。在具体分析德国的历史现状时,马克思曾指出,德国除了较强的哲学思辨能力之外,在现实政治、经济等方面都远远落后于英法国家,因而作为无产阶级的现实利益的理论表达,英法共产主义转嫁到德国之后,就只能同德国特有的思辨哲学结合在一起,形成被形而上学所改装了的共产主义理想。因此,正像康德哲学是法国革命的德国理论一样,青年黑格尔派的共产主义理想同样只是理论地表征了法国现实的共产主义运动,但却被去除了一切经验的、唯物的因素,而只剩下了干瘪的抽象理想。这表明,德国不具备共产主义运动的现实土壤,因而它只能把共产主义的现实运动哲学地演绎为"人的本质的实现"。思辨哲学家们把根植于现实历史条件的共产主义运动理解为某种超历史的终极目的,必然导致历史的虚无主义。

其次,共产主义作为现实的历史运动,它总是表现为以"退步"的形式来实现自身的"进步"和发展,而绝不是简单地呈现为线性的进步过程。在这一点上,马克思主义的共产主义运动和人的解放的历史性过程,同基督教的历史进步观有着本质的区别。基督教历史观把人类的历史发展过程看作是不断迈向终极目标的各个环节,它坚信历史的运动过程作为上帝意志的实现必然体现为单一的进步过程。基督教历史观一直以不同的面孔呈现在近代哲学中,并最终在黑格尔的历史哲学中得到了系统的重演。与这种单一线性

历史的客观性研究

的历史观不同,马克思提出,片面性才是历史发展的形式。资本主义内生的资本逻辑,一方面促成了普遍的社会交往关系,从而为创生更高级的人类文明形态和现实的共产主义运动提供了基础;但另一方面也把现代人彻底推入对"物的依赖性"的异化状态之中。

最后,《资本论》一再提示我们,所谓的共产主义运动,具体来说,就是使现代人摆脱对资本的依赖性,让资本从属于人,而不是让人继续依赖于资本。"把资本的独立性和个性变为人的独立性和个性,这既是作为真正的人道主义者的马克思所追求的价值理想,也是超越了抽象的人道主义的马克思主义所揭示的人类解放和人的全面发展的现实道路。"①

总之,马克思主义的共产主义信念之所以同传统形而上学所设定的"最高价值"有着本质的区别,就在于前者真正深入到了现实的资本主义历史的本质性一度之中了,从而科学地确证了共产主义是根植于资本主义历史而又超越于资本主义历史的现实运动过程,而后者则对人类现实的历史仅仅采取了一种外在的反思态度,因而它只能形成形形色色的意识形态理论,而不可能实质性地触动现实历史的辩证发展。《资本论》既揭示了共产主义的历史性,又为缩短和减轻人类历史发展过程中的阵痛指明了现实的道路。这就是《资本论》对于人类未来的最真实的意义。

---

① 孙正聿:《"现实的历史":〈资本论〉的存在论》,《中国社会科学》2010年第2期。

第 六 章
唯物史观与虚无主义

现代哲学中，在质疑历史客观性的诸多思潮背后，实质上是虚无主义这一现代性的精神症结。可以说，学界对历史客观性的质疑，只是理论地表征了现代人无家可归的精神状态而已。可以说，离开对虚无主义这一重大问题的考量，所谓的历史客观性的课题，必然会被蒸馏为一个无关紧要的纯粹"理论"问题，似乎与现实毫无关联。因此，要真正达到对质疑历史客观性的思潮的克服，归根到底，就是要消解现代性的虚无主义。发掘马克思主义哲学中克服虚无主义的理论资源，是确保马克思主义的领导地位、坚持和发展马克思主义的必由之路。

第一节 马克思与虚无主义的两次相遇

虚无主义是在现代哲学中占据核心位置的重大课题，也是马克思哲学极为关切的理论话题。马克思在同施蒂纳等青年黑格尔派思想搏斗的过程中首次遭遇了虚无主义，意识到施蒂纳的"无"在宗教批判中的软弱无力。从对宗教和形而上学的批判转向对现实历史的政治经济学批判，马克思再次与虚无主义相遇了。此时的马克思把现代人价值虚无主义的命运归结于资本的逻辑。而诉诸对资本逻辑的批判，马克思为克服价值虚无主义提供了现实的道路。重思马克思在其思想发展历程中与虚无主义的相遇，对于当代人的精神家园的重建，具有重大的启示意义。

马克思之所以能够超出同时代人并实现真实的哲学变革，很大程

历史的客观性研究

度上是源于他对现代人价值虚无主义命运的深刻体认。与后来的尼采、海德格尔相比，马克思不仅先行剖析了现代人的价值虚无主义命运，发掘了现代性的价值虚无主义的根源——资本，而且还自觉立足于人们现实生活世界的平面来探索在基督教伦理崩溃之后现代人的精神归宿。本节试图对此课题作一初步探讨，以期引起学界更多的关注。

一　施蒂纳批判——马克思同虚无主义的首次相遇

"虚无主义"（nihilism）一词来源于拉丁词"nihil"，意指"无"（nothing at all）。《牛津哲学词典》指出，"一种主张'无'，不效忠于任何国家、信仰或个人，没有目标的理论立场。"① 按照古德斯布洛姆的追溯，虚无主义最早出现在18世纪的法国大革命时期，本来是个辱骂性词汇，主要意指那些希望幻灭的知识分子及青年人的价值观，但由于此时关于这一概念的讨论空间狭小、深度不够，所以虚无主义并未引起学者们的过多关注。德国哲学家雅各比最早在哲学的意义上使用了虚无主义。在给费希特的信中，雅各比把自己所反对的唯心论指责为虚无主义。此后，虚无主义开始广为流传，其形式也日益变得混杂多样。《西方哲学英汉对照词典》具体把虚无主义的形式概括为："形而上学的虚无主义认为世界和人生没有我们假定它们具有的价值和意义。认识论的虚无主义坚持没有任何知识是可能的。伦理的虚无主义提出，不存在任何能为绝对的道德价值辩护的基础。政治上的虚无主义则建议，任何政治组织必是腐败的。"②

马克思尽管没有明确使用过"虚无主义"这一词汇，但却在同"把无当作自己事业的基础"的施蒂纳的思想交锋中，较早地在哲学的意义上遭遇了虚无主义。施蒂纳等青年黑格尔派普遍把宗教看作是人类走向自由的基本障碍，甚至把德国的衰败原因直接归结于宗教，因而发起了一场相当激进的宗教批判运动。施蒂纳不仅批判教堂里的上帝，而且还着力于揭露宗教在人们的政治、经济、

---

① Oxford Dictionary of Philosophy, Shanghai: Shanghai Foreign Language Education Press, 1996, p. 263.

② 尼古拉斯·布宁、余纪元编著：《西方哲学英汉对照词典》，人民出版社2001年版，第679页。

第六章 唯物史观与虚无主义

社会生活等诸多领域中的形态。随着宗教批判的日益极端化，施蒂纳甚至干脆把虚化所有神灵形态的"无"推向了至高无上的地位，并明确宣称"我把无当作自己事业的基础"，这就引起了马克思的不满和批判。马克思尽管同施蒂纳一样，也发动了对宗教的猛烈攻击，把宗教指认为"是那些还没有获得自己或是再度丧失了自己的人的自我意识和自我感觉"，但他却并没有在批判宗教的过程中走向虚无主义，更没有把无当作自己事业的基础，反而很早就敏锐地洞察到了施蒂纳的"无"在宗教批判中的理论局限性，因而在《德意志意识形态》中用大量的篇幅来批判这位以"无"为事业的青年黑格尔派学者。在马克思看来，施蒂纳彻底地把想象中占统治地位的、形而上学的、政治的、法律的、道德的以及其他的观念归入宗教观念的领域，把政治的、法律的、道德的人宣布为宗教的人，表明他在根本上没有突破老黑格尔的这样一个信念，即宗教、概念、普遍的东西统治着现存的世界。既然施蒂纳同老黑格尔一样，仅仅相信观念、思想、概念是统治人们的真正枷锁，那么，他就只要同意识的这些幻想进行斗争就可以了，即以他所谓的利己的"唯一者"的意识来代替现在的宗教意识。马克思说，"这种改变意识的要求，就是要求用另一种方式来解释现存的东西，也就是说，借助于另外的解释来承认它。青年黑格尔派玄想家们尽管满口讲的都是所谓'震撼世界的'词句，却是最大的保守派。如果说，他们之中最年轻的人宣称只为反对'词句'而斗争，那就确切地表达了他们的活动。"①

在马克思看来，基督教只是世俗狭隘性的结果，而不是世俗狭隘性的原因。人们信奉宗教，归根到底，并不是因为人们的意识的迷失，而是因为人们的现实生活存在着根本的缺陷。正是因为人们在现实生活中无法实现自己的全部价值，所以才会把自己的全部价值对象化给虚无的上帝。因此，要消灭宗教这种颠倒了的世界观，就必须要现实地消灭产生宗教的这个颠倒了的世界本身。早在《论犹太人问题》中，马克思就明确指出，社会只有消除犹太精神

---

① 《马克思恩格斯选集》第一卷，人民出版社1995年版，第66页。

历史的客观性研究

的经验本质，即做生意及其前提，犹太精神的主观基础才会被人化，犹太教才能真正被消除。因为只有在那时，个体的感性存在与类存在之间的矛盾才会被消除，人们才不再需要到宗教中去寻求虚幻的慰藉。但施蒂纳却不去触及宗教的存在论根基，而企图以他所谓的"无"来思辨地消解宗教，在马克思看来，施蒂纳所谓的"无"只是超然于世界之外的、任凭想象自由驰骋的产物，是软弱无力的，它没有也不可能真正消解宗教。施蒂纳对宗教的批判只是表明，如果仅仅囿于传统形而上学的视域来批判宗教，则必然导致虚无主义。其实，不仅施蒂纳说明了这一点，我们看到，后来的尼采同样也说明了这一点。正是因为洞见到了施蒂纳的"无"在宗教批判中的软弱无力，所以马克思并没有径直加入到青年黑格尔派喧嚣的宗教批判运动之中，而是很快同青年黑格尔派发生了决裂，从对宗教的哲学批判逐渐转向了对现实历史的政治经济学批判，力求在批判旧世界中去发现新世界。显然，这种批判视域的转向，极为重要，因为它使得马克思在根本上规避了虚无主义。

从马克思的思想演进历程来看，马克思是借助于费尔巴哈来实现这种视域转向的，正是费尔巴哈的旧唯物主义哲学的引入，使得他不再迷恋于形而上学和价值论的问题，而开始关注人们感性的现实生活。马克思说，"我劝你们，思辨神学家和哲学家们，假如你们愿意明白事物存在的真相，即明白真理，你们就应该从先前的思辨哲学的概念和偏见中解放出来。你们只有通过火流（德文费尔巴哈的谐音）才能走向真理和自由，其他的路是没有的。费尔巴哈，这才是我们时代的滌罪所。"[①] 不过，在肯定费尔巴哈的理论功绩的同时，马克思也指认了费尔巴哈哲学深层的理论症结，即费尔巴哈尽管揭示了基督教的虚无本质，但他在把宗教归结为它的世俗基础之后，在世俗生活面前，就止步不前了，这就导致他的半截子唯物主义。"当费尔巴哈是一个唯物主义者的时候，历史在他的视野之外；当他去探讨历史的时候，他决不是一个唯物主义者。在

[①]《马克思恩格斯全集》第1卷，人民出版社1956年版，第33页。

第六章 唯物史观与虚无主义

他那里，唯物主义和历史是彼此完全脱离的。"① 归根到底，费尔巴哈由于对现实的历史采取了感性直观的非批判态度，所以同施蒂纳一样，他对宗教的批判也是软弱无力的。费尔巴哈一方面批判宗教世界观、批判基督教伦理；但另一方面在面对宗教世界观破产之后的价值虚无主义困境时，他不得不重新又求助于某种抽象的人道主义原则和人性价值。马克思曾一针见血地指出，费尔巴哈把"现实的人及其历史发展"完全抽象为"单个人所固有的抽象物"，因而在他那里，所谓的"感性的人"，依然是在传统形而上学和神学的视域中展开的，它本质上仍是一个神学概念。费尔巴哈尽管终其一生都在批判宗教的虚无本质，但他却甚至都没有真正认识到宗教批判的真实意义，即批判宗教就是间接地批判以宗教为精神慰藉的那个现实世界、批判宗教就是对苦难世界——宗教是它的灵光圈——的批判的胚胎。在反思费尔巴哈的旧唯物主义哲学的过程中，马克思说，"费尔巴哈是从宗教上的自我异化，从世界被二重化为宗教的、想象的世界和现实的世界这一事实出发的。他致力于把宗教世界归结于它的世俗基础。他没有注意到，在做完这一工作之后，主要的事情还没有做哪。因为，世俗的基础使自己和自己本身分离，并使自己转入云霄，成为一个独立王国，这一事实，只能用这个世俗基础的自我分裂和自我矛盾来说明。"② 正是立足于对现实历史的批判，马克思真正开启了一个批判宗教的内在性平面。

总体上看，施蒂纳尽管专注于揭露人在宗教这个神圣形象中的自我异化，但却不自觉地陷入了推崇无的虚无主义深渊。在马克思看来，施蒂纳以"无"展开对诸种宗教形态的批判，看似激进，但实质上却是极为保守而封闭的，它只是理论地表达了资产阶级的软弱无力。正因为如此，马克思虽然同施蒂纳等青年黑格尔派一道展开了对宗教的批判，但却很快实现了视域的转换，从对宗教的批判转向对现实历史的批判，并进一步明确把揭露人在非神圣形象中的自我异化确定为自己的理论目标和任务。马克思说，"人的自我

---

① 《马克思恩格斯全集》第3卷，人民出版社1960年版，第51页。
② 《马克思恩格斯选集》第一卷，人民出版社1972年版，第17页。

异化的神圣形象被揭穿以后，揭露非神圣形象中的自我异化，就成了为历史服务的哲学的迫切任务。"① 正是在揭露人在非神圣形象中的自我异化的过程中，马克思与虚无主义再次相遇了。马克思发现，资本而非宗教才是阻碍人的自由的真正因素，资本尽管不像上帝那样直接有着神圣的外表，但在现代社会中，它却在根本上规范着人们的整个世界观和价值观。正是在资本逻辑的运作下，现代人始终处于一种价值虚无主义的困境之中。

二 政治经济学批判：马克思与虚无主义的第二次相遇

在批判施蒂纳的过程中，马克思首次遭遇了虚无主义。但此时的马克思仅仅关注的是施蒂纳的"无"在宗教批判中的软弱无力，而并没有更多地分析这个"无"所潜在地暗含的在宗教世界观破产之后现代人的价值虚无主义命运。其实，这一点施蒂纳本人也可能没有意识到。施蒂纳显然只是把"无"理解为消解宗教的积极力量，而没有像后来的尼采那样以虚无主义来标示现代人无家可归的精神困境，在这个意义上，"无"与"虚无"之间是有一定差别的。从哲学史上看，自尼采首次以价值虚无主义来标示现代人无家可归的精神困境之后，人们才真正意识到价值虚无主义这个"危险中的危险"（尼采语），并把对价值虚无主义的克服，看成是一种当务之急。但是，对价值虚无主义的克服，从尼采到海德格尔，由于仅仅囿于价值论的视域，并没有能够真正实现。

马克思尽管没有像后来的尼采那样，过多地讨论过现代人的价值虚无主义命运，但其实在对现实历史的政治经济学批判中，具体来说在《资本论》中，他已经十分真切地意识到了现代人的这一精神症结。只不过，马克思并没有把价值虚无主义看成是现代人无法跨越的精神深渊，所以他并没有在《资本论》中花费大量的笔墨来专题讨论价值虚无主义。在马克思看来，现代人无家可归的价值虚无主义宿命根源于金钱、资本对人的奴役，因此只要瓦解资本的逻辑，价值虚无主义这个看似"危险中的危险"自然而然也就烟消云散了。正因为如此，在《资本论》中，马克思着力于破解

---

① 《马克思恩格斯全集》第 1 卷，人民出版社 1956 年版，第 453 页。

第六章　唯物史观与虚无主义

资本的逻辑，并最终通过确证资本的虚无本质，开启了一条克服价值虚无主义的可能道路。《资本论》可算作是马克思同虚无主义的第二次相遇。

具体来说，马克思认为，价值虚无主义，表面上看，根源于基督教伦理在现代社会的崩溃，但从本质上说，则是因为金钱取代了上帝而成为统治现代人的新的上帝。金钱是现代人连接的唯一纽带，也是现代人的自由和独立性的基本保证，离开金钱，人们就毫无自由可言。正因为如此，现代人不再信任传统的价值和伦理，总是唯利是图，对金钱顶礼膜拜。显然，金钱才是价值虚无主义的真正魁首，正是它消解了以往柏拉图主义的"最高价值"，把现代人推向无家可归的深渊之中。因此，对价值虚无主义的克服，根本上说，就是要解除金钱这个"非神圣形象"对人的统治。

在《资本论》中，马克思系统地把对金钱的批判升华为对资本的批判。《资本论》不仅探寻到了现代人价值虚无主义的深层根源——资本，而且还具体通过对资本逻辑的反思，开启了一条克服价值虚无主义的可能道路。表面上看，《资本论》是由一系列的经济范畴所组成的一部纯粹的经济学著作，但事实上，《资本论》与一般的政治经济学有着本质的区别。一般的政治经济学总是以科学的名义自居，宣称要客观如实地描述现实历史中的各种经济现象，因而它只关注物与物的交换关系，而不去触及被"物和物的关系"所掩盖的"人和人的关系"。《资本论》尽管"从分析商品开始"，但马克思说，"最初一看，商品好像是一种简单而平凡的东西。对商品的分析表明，它却是一种很古怪的东西，充满形而上学的微妙和神学的怪诞。"① "商品"之所以"充满形而上学的微妙和神学的怪诞"，是因为它作为"无差别的人类劳动的单纯凝结"，总是以"可以感觉到的""物和物的关系"掩盖了"人和人的关系"。正是因为洞见到了"商品"等经济范畴同人的存在方式的内在关联，所以《资本论》自觉地从对经济范畴的存在论觉解着手，在经济学的语境中考量现代人的真实生存境遇。

---

① 《马克思恩格斯文集》第五卷，人民出版社2009年版，第88页。

历史的客观性研究

马克思指出，资本的本性是不断地实现自我的增值，这一点使得它无情地摧毁了传统社会的等级关系及价值秩序，把一切可靠的价值准则都被动摇了。不仅如此，在废弃任何真正的价值秩序和标准之余，资本又把整个社会都卷入到利己主义的旋涡之中。因此，资本是价值混乱和价值的无政府主义的始作俑者，正是它最终催逼出现代性的价值虚无主义。《资本论》表明，恪守资本逻辑的资本主义必然导致价值虚无主义，价值虚无主义是资本主义的必然宿命。马歇尔·伯曼说，"对于现代资产阶级社会的虚无主义力量，马克思的理解要比尼采深刻得多。"[1]

但是，"自我异化的扬弃同自我异化走的是一条道路"。《资本论》又进一步通过确证资本的虚无本质，开启了一条克服价值虚无主义的现实道路。马克思发现，资本的效应是双向的。一方面，资本的逻辑促使拜物教迅速取代了拜神教，并催逼出现代性的价值虚无主义；但另一方面，资本自身内在的自否定机理也为人类真正克服虚无主义、实现人的解放带来了契机。换言之，资本的增值逻辑，既是加剧人们劳动异化的逻辑，使人们变得愚蠢而片面，又是人们超越异化劳动的逻辑，因为"资本的积累就是无产阶级的增加。"[2] 在马克思看来，广大的无产阶级能够意识到人的本质是社会性的力量，而不是私人的力量，因而他们不会像资产阶级那样，以资本的逻辑行事，不会陷入以个人价值来消解社会价值的价值虚无主义困境之中。正因为如此，马克思极为重视无产阶级的历史地位，把无产阶级看作是克服资本主义所产生的虚无主义的现实的革命力量。马克思说，"只有当社会生活过程即物质生产过程的形态，作为自由联合的人的产物，处于人的有意识有计划的控制之下的时候，它才会把自己的神秘纱幕揭掉。"[3] 到那时，价值虚无主义自然而然也就消退了。

与后来的尼采、海德格尔等人相比，马克思并没有在价值的意义上系统刻画现代人的价值虚无主义命运，但这并不意味着马克思

---

[1] 马歇尔·伯曼：《一切坚固的东西都烟消云散了》，商务印书馆 2003 年版，第 144 页。

[2] 《马克思恩格斯文集》第五卷，人民出版社 2009 年版，第 709 页。

[3] 《马克思恩格斯全集》第 44 卷，人民出版社 2001 年版，第 97 页。

第六章 唯物史观与虚无主义

不关注这一问题。可以猜度,马克思会认为,尼采、海德格尔等"哲学家们"的思辨路向依然是在"解释世界",而不可能真正"改变世界";只有诉诸社会历史的平面,才能抓住价值虚无主义的现实根源,最终使现代人走向无家可归的精神宿命。在马克思那里,现代人能否走出价值虚无主义的困境,要依托于无产阶级的革命力量,但无产阶级能否像马克思所设想的那样最终瓦解资本的逻辑,依然值得后人去深入研究。但不管怎么说,《资本论》在拒斥形而上学和宗教的抽象的"最高价值"的过程中保留了启蒙以来的理想追求,确实为人们展开对价值虚无主义的批判提供了丰富的理论资源。长期以来,人们把《资本论》仅仅看作是一部描述资本主义社会经济事实的经济学著作,而不是一部关于人的存在的哲学著作,这就使得《资本论》同现代性的价值虚无主义的内在关联始终蔽而不彰。但事实上,《资本论》不仅仅是一部"包含"了某些哲学思想的经济学著作,而且本身就是一部关于人的存在的哲学著作,它关注的不是资本主义的经济事实,作为"政治经济学批判",它是"关于现实的人及其历史发展的科学"。因此,我们应该发掘《资本论》潜在地暗含着的克服价值虚无主义这一课题的丰富的理论资源。

三 马克思克服虚无主义的当代启示

马克思考量虚无主义的思路同后来海德格尔的探索有着惊人的相似之处。在海德格尔看来,虚无与存在相对,而不是与价值相对,所以要真正克服虚无主义,必须要从追问存在、世界开始。尼采始终没有认识到这一点,所以他并没有能够克服虚无主义。海德格尔的这一深刻洞见在根本上澄清了虚无主义批判的价值论视域及其克服的限度。它表明,如果仅仅囿于形而上学和价值论的视域,则永远无法完成对虚无主义的克服;只有从形而上学和价值论的视域中超离出来,从"存在"着手,才可能找到真正克服虚无主义的路径。对于马克思来说,"意识在任何时候都只能是被意识到了的存在","而人们的存在就是他们的现实生活过程"。[①] 而对作为

[①] 《马克思恩格斯选集》第一卷,人民出版社1995年版,第72页。

历史的客观性研究

"存在"的现实生活过程的探讨,只能在政治经济学中寻求。马克思认识到,如果像以往的思辨哲学家那样从抽象的人出发来理解人,则只能形成关于人的抽象理解;只有从经济范畴出发来规定人,这就形成关于人的现实理解。马克思说,如果"抛开构成人口的阶级,人口就是一个抽象。如果我不知道这些阶级所依据的因素,如雇佣劳动、资本等等,阶级又是一句空话。而这些因素是以交换、分工、价格等等为前提的。比如资本,如果没有雇佣劳动、价值、货币、价格等等,它就什么也不是。"[①] 这就是为什么马克思不再继续沿着思辨哲学的道路来从事"哲学"研究,而是从经济范畴出发来理解"现实的人及其历史发展",并最终创作出《资本论》。《资本论》是马克思付出毕生心血的巨著,它表明,现代人的独立性和自由是依赖于资本这个"物"的,资本才是消解宗教并致使价值虚无主义的现实力量,正是它把现代人推向了无家可归的虚无主义困境之中。因此,只有瓦解资本的逻辑,才能使现代人摆脱无家可归的虚无主义状态。

马克思没有像后来的尼采等人那样把宗教消解之后的价值虚无主义看作是现代人无法跨越的精神深渊,看作是"危险中的危险"。相反,马克思把宗教世界观破产之后的价值虚无主义看作是积极的精神症候,因为当彼岸世界的真理消失之后,同时也就意味着此岸现实幸福生活重建的契机和可能。价值虚无主义之所以没有在马克思那里形成一个严重的理论话题,恰恰是源于马克思对价值虚无主义的这种独特考量。相比之下,尽管海德格尔等"解释世界"的哲学家们天才式地预感了价值虚无主义的来临,但却始终不愿意触及资本主义社会内在的资本逻辑,因而也就没有抓住虚无主义的现实根源——资本,这就注定他们不可能真正克服价值虚无主义。尼采、海德格尔克服价值虚无主义的限度与他们缺乏经济学背景有关,他们没有也不可能深入到现实的经济关系之中来进一步探讨价值虚无主义的现实根源。

马克思不再像以往的"哲学家们"那样企图重建某种抽象的

---

① 《马克思恩格斯选集》第二卷,人民出版社1995年版,第18页。

第六章　唯物史观与虚无主义

最高价值来抵制价值虚无主义，而是在根本上超越了形而上学和价值论的视域，力求通过对现实历史的政治经济学批判来重建人类失落了的精神家园，这就真正触及了价值虚无主义的深层症结。对于今天这样一个价值虚无主义肆虐、精神家园迷失的时代来说，重思马克思对虚无主义的深刻考量，依然具有深刻的启示意义。

首先，价值虚无主义根源于对抽象的最高价值的悬设，因而拒绝任何抽象的最高价值是规避价值虚无主义的基本前提。我们知道，马克思之所以批判传统的思辨哲学和宗教，就是因为思辨哲学家和神学家始终游离于现实生活世界之外，从任意的、想象的前提出发来"解释世界"，总是企图去发现某种最高价值和绝对真理来为人类的精神生活奠基。可以想象，这样一种凌驾于人们生活世界之外的"独立的哲学"，本身就是遗忘人们生活世界的虚无主义。历史上看，思辨哲学家和神学家所虚构的最高价值和终极真理，不但没有能够确立人的安身立命之本，反而日益成为人的生命中的不能承受之重。近代启蒙以来，人们逐渐意识到了宗教的虚无本质，进而发起了对宗教的批判。在马克思看来，对宗教的批判，根本上说，就是要把异化给上帝的人的本质归还给人自身，意识到人才是人的最高本质，并最终确立人自身的自由和尊严。这才是在根本上规避虚无主义的路径。

其次，《资本论》表明，资本这个"物"是现代性的价值虚无主义的始作俑者，因而要真正走出现代性的价值虚无主义困境，就必须要摆脱物化逻辑，使人从对"物"的依赖性中摆脱出来，把"物"的独立性变成人的独立性，而不是相反，使人的独立性更加依赖于资本这个"物"。我们知道，早在1858年末至1859年初，马克思就完成了《政治经济学批判》的第一册，但马克思此后并没有接着写《政治经济学批判》的第二册和第三册，而是在1867年出版了《资本论》的第一卷，而在此时，"政治经济学批判"仅仅成为《资本论》的副标题。这表明，马克思在对"政治经济学"这个"论域"进行长期的研究过程中逐渐提炼出了自己的核心论点——资本。在他看来，现代人无家可归的精神状态根源于资本，资本是现代社会的秘密之所在，因而只有对资本展开批判才能在根

历史的客观性研究

上探寻到现代社会的出路。《资本论》表明,现代社会的发展既要以资本这个"物"来驱动个人的积极性和能动性,又要最大限度地限制资本的负面效用,规避它对社会正义和价值秩序的侵蚀。

最后,《资本论》内蕴的巨大历史感表明,我们应该历史性地理解人类社会的发展,从而也应该历史性地理解人类的价值追求。马克思说,"人类始终只提出自己能够解决的任务,因为只要仔细考察就可以发现,任务本身,只有在解决它的物质条件已经存在或者至少是在生成过程中的时候,才会产生。"① 正因为如此,《资本论》尽管一方面深入地批判了资本主义,极为强调资本对价值的侵蚀;但另一方面马克思也指出,资产阶级的历史功绩是不容置疑的,因为它在历史上瓦解了封建主义的等级秩序及其价值观念,彻底打破了人对人的依附性关系。马克思,"一个社会即使探索到了本身运动的自然规律","它还是既不能跳过也不能用法令取消自然的发展阶段。但是它能缩短和减轻分娩的痛苦"。② 而《资本论》则正是试图通过对"现实的历史"的理论自觉,来缩短和减轻社会发展进程中的痛苦。《资本论》同时也表明,不仅人类的发展体现为历史性的过程,基于人类历史性发展的人类价值追求也是历史性的。人类不可能一劳永逸地确立作为"绝对之绝对"的"最高价值",但也并不能由此而完全崇尚作为"绝对之相对"的相对主义和虚无主义,而是应该努力探索作为"相对之绝对"的时代价值。这对于思索现代性和当代人类的虚无主义困境,显然具有极为深刻的启发性。

第二节 唯物史观与价值虚无主义课题

传统形而上学本来是试图通过对"最高价值"的承诺来支撑个人的生命价值和意义,但它却不自觉地走向了对个人的价值和尊严的蔑视。唯物史观意识到了传统形而上学的这一内在悖论,因而

---

① 《马克思恩格斯选集》第二卷,人民出版社 1995 年版,第 33 页。
② 《马克思恩格斯全集》第 44 卷,人民出版社 2001 年版,第 9—10 页。

它一方面深刻地揭露了传统形而上学所设定的"最高价值"的虚无本质以及由此而导致的价值虚无主义困境;另一方面又通过对现实历史的存在论澄明,以"人的解放"的旨趣为人类的未来指明了道路。作为"关于现实的人及其历史发展的科学",唯物史观内蕴着丰富的克服价值虚无主义的理论资源,但这一点至今没有被教条化的马克思主义者认识到。

长期以来,人们在没有澄清唯物史观对传统的历史哲学的内在超越的前提下,把唯物史观教条化地理解为关于社会历史发展规律的一般学说。这就不可避免地遮蔽了唯物史观对现实的人的价值和尊严的强烈观照,而将作为"关于现实的人及其历史发展的科学"的唯物史观抽象为一种放之四海而皆准的万能公式和万能钥匙。考量唯物史观对现代性的价值虚无主义的克服,无疑有利于破解对唯物史观的教条化理解,释放出唯物史观本有的"人本情怀"。这无论是对于深化马克思主义研究来说,还是对于当代人的精神家园的重构来说,都具有重大的理论和现实意义。

一 "最高价值"的幻象与马克思对价值虚无主义根源的指认

价值虚无主义根源于传统形而上学对抽象的"最高价值"的悬设,这是马克思对价值虚无主义的基本判定。传统形而上学本来是试图通过对世界的终极追问来确立人自身的安身立命之本和生命的逻辑支撑点,但它却不自觉地蒸馏了现实的人的全部价值,把现实的人的价值完全对象化给了彼岸的世界,进而以彼岸世界的"抽象价值"来宰制人们此岸的现实生活,导致现实的人完全沦为他所创造的虚幻价值的奴仆。柏拉图是传统形而上学的奠基者,在他那里,现实的世界被看作是变幻无常的,超现实的理念世界则被看作是真实可靠的。在柏拉图看来,个人的人生价值和意义只有同超现实的理念世界勾连在一起时,才是完美的,才能摆脱尘世的苦闷和生命的短暂,获得人生的意义和尊严;相反,如果离开理念世界所悬设的"最高价值"的支撑,个体的生命将会陷入一种无意义的窘境之中,其生活也就不值得一过。基督教是柏拉图哲学的具象化,因而它最能够体现柏拉图主义的形而上学的运作机制。在基督教中，人们彻底掏空了自己的全部价值，把自己的一切价值都对象化给彼岸的上帝，误以为上帝才是自己个人价值的源泉，因而对上帝顶礼膜拜，而始终意识不到，人创造了宗教，而不是宗教创造人。近代以来，伴随着人的觉醒和世界的发现，人们逐渐认识到，上帝只不过是人的本质的异化，它不是人生价值和意义的源泉，相反，它只是人类现实苦难的表征。然而，现代人一旦意识到宗教的虚无本质，人们的世俗生活就会变得黯然失色和毫无意义可言了，甚至陷入一种前所未有的价值虚无主义深渊之中。19、20世纪之交的尼采彻底挑明了现代性的价值虚无主义困境，他甚至把现代性的价值虚无主义看作是"危险中的危险"。

价值虚无主义根源于传统形而上学的内在运作机制，它是传统形而上学的必然宿命，或者可以说，传统形而上学实质上就是一种漠视现实的价值虚无主义。在马克思看来，18世纪的法国唯物主义就已经同17世纪的形而上学和以往的一切形而上学进行了公开而鲜明的斗争。但18世纪的法国唯物主义者，如拉美特里、爱尔维修、狄德罗和霍尔巴赫等，由于仅仅把现实的人理解为感性的人、自私自利的人，所以并没有在对宗教和形而上学的批判中真正确立起人的价值和尊严，反而加速了价值虚无主义的进程和人类精神家园的失落。这就是为什么18世纪的唯物主义会遭到人们的谴责和误解，恩格斯说，"庸人把唯物主义理解为贪吃、酗酒、娱目、肉欲、虚荣、爱财、吝啬、贪婪、牟利、投机，简言之，即他本人暗中迷恋着的一切龌龊行为"①。也正因为如此，18世纪的法国唯物主义导致了19世纪的德国思辨哲学的强有力的反弹和复辟。马克思说，"被法国启蒙运动特别是18世纪的法国唯物主义所击败的17世纪的形而上学，在德国哲学中，特别是在19世纪的德国思辨哲学中，曾有过胜利的和富有内容的复辟。"② 19世纪的德国思辨哲学之所以"曾有过胜利的和富有内容的复辟"，是因为当时流行的黑格尔哲学一方面认识到了传统形而上学所悬设的"最高

---

① 《马克思恩格斯选集》第四卷，人民出版社1995年版，第232页。
② 《马克思恩格斯全集》第2卷，人民出版社1957年版，第159—160页。

价值"的彼岸性质；但另一方面它又没有完全走向对个人的主观任意的盲目崇拜，而是以"实体即主体"的思路改造了以往独断论的形而上学。

在黑格尔看来，人类现实的历史进程本身，作为上帝意志的显现和理性的自我展开，就是合目的的过程，是人类逐渐自我实现和走向自由的历程，而现实的人的生命正是由于根植于人类文明史的厚重土壤之中，所以才会有自由和尊严可言。黑格尔辩证地实现了个体理性同普遍理性的和解，拒斥了自笛卡尔以来人们对单子式的个人的抽象自由的追求，在某种意义上确实重建了已经失落了的"最高价值"和人类伦理共同体。黑格尔具体指出，现代的资产阶级国家就是地上的神，在资产阶级社会里，个人获得了前所未有的自由和尊严，人不仅意识到了人之为人的神圣本性，而且还彻底实现了人的这种神圣本性。伴随着人类全部的价值理想的实现，历史由此而走向终结。

尽管黑格尔创造性地将辩证的原则灌注到了僵化而教条的传统形而上学之中，在一定程度上和解了传统形而上学所割裂了的此岸的人的价值和彼岸的最高价值，确证了人类现实历史进程本身的价值和意义，但不得不承认，黑格尔并没有在根本上突破以往柏拉图主义的形而上学视域，他同样抽离了人类感性的现实历史本身，掩盖了现实的资产阶级社会中人的自私自利和无产者的苦难，误把资产阶级所宣传的价值看作是人的实现了的价值。正因为如此，黑格尔哲学不仅没有真正解决在宗教世界观破产之后的现代人的价值虚无主义命运，反而以美化资产阶级社会的方式彻底掩盖了现代人的价值虚无主义困境。黑格尔哲学是资产阶级自我辩护的意识形态，这也是它会受到现代哲学群起而攻之的原因。

在马克思看来，黑格尔哲学颠倒了历史的主客体，把"历史"本身理解为合目的的绝对主体，而把真正创造历史的现实个人抽象为历史的客体。这样一来，现实的个人的主体能动性和价值就被彻底抹杀了，取而代之的不过是历史自身的僵化的合目的运动。"黑格尔历史观的前提是抽象的或绝对的精神……人类的历史变成了抽象的东西的历史，因而对于现实的人来说，也就是变成了人类彼岸

历史的客观性研究

精神的历史。"① 归根到底，同以往的形而上学一样，黑格尔哲学在本质上是教条的和独断论的，作为一种凌驾于人们现实历史之上的"独立的哲学"，它从来都没有认真反思过自己所盲目悬设的"绝对理念"，更没有意识到自己所悬设的"绝对理念"的虚幻本质，而一味地以"绝对理念"的名义来压抑个人的价值和尊严。黑格尔的历史哲学只是世俗化了神学历史观，是神学目的论的现代版本，它在实质上依然是虚无主义的。因此，只有彻底颠倒已经被黑格尔所颠倒了的历史主客体关系，揭露黑格尔历史观的神正论实质，才能真正确证现实的人的价值，走出价值虚无主义的困境。

基于这种洞见，唯物史观彻底以历史性原则终结了以超历史的先验标准出发的传统形而上学，它不再从"任意的和想象的前提出发"，拒绝任何的神圣形象和最高价值，力求在现实的历史中来寻求规范人们生活的标准和尺度，并反过来以人们的现实生活本身来考量这些规范人们生活的标准和尺度的合法性。马克思说，"历史什么也没有做"，"历史不过是追求自己的目的的人的活动"②，因而历史的主体是现实的人，而不是抽象的绝对理念。历史的主体是现实的个人，同时也就意味着在人的目的之外并不存在抽象的历史目的，或者说，现实的人的目的，就是历史应当与之相适应的发展目标和方向。在这里，唯物史观较之历史唯心主义实现了最为深刻的理论变革，它彻底消解了历史自身的主体能动性，破解了黑格尔历史哲学的封闭体系，张扬了现实的人的自由和尊严。

然而，为了使唯物史观获得所谓的科学的名义，为了谈论历史的必然性，那些教条化的马克思主义者总是不自觉地抹去了历史中的现实的人的主体能动性，总是大谈特谈所谓的历史目的，而从来都不关注现实的人的目的和价值。这样一来，马克思在哲学史上所实现的深刻的哲学变革就化为泡影了，唯物史观被抽象化为传统的历史哲学。很显然，教条化的唯物史观没有也不可能真正正视个人的价值和尊严，因而也就不可能真实地应对现代性的价值虚无主义

---

① 《马克思恩格斯全集》第 2 卷，人民出版社 1957 年版，第 108 页。
② 同上书，第 105 页。

思潮的挑战,这也是马克思主义之所以在当代越来越被人们所疏远的根本症结之所在。可以说,破解教条化的马克思主义,发掘唯物史观中潜在的应对现代性的价值虚无主义的理论资源,已经成为一个刻不容缓的理论任务。

二 现实历史的澄明与人类价值诉求的历史性原则

黑格尔撇开人的现实活动而考量历史的必然性,抹去了历史中的人的主体能动性和价值,最终致使历史自身成为在人之外的、有着独立目的的能动主体,而现实的人的价值和尊严则被完全抹杀。尽管同黑格尔一样,马克思的历史观也具有统一性和整体性,但在马克思那里,历史的主体不再是抽象的绝对主体,而是内蕴于历史中的、具有实践本性的有限主体,也就是"现实的人及其历史发展"。在这里,现实的人已经不再被动地从属于历史,历史的抽象目的完全被还原为人的目的,而作为"追求自己目的的人的活动",历史只不过是现实的人的外在存在形式而已。唯物史观彻底彰显了历史中的人的能动性和自主性,从而也就为真正确证人的价值和尊严、克服价值虚无主义提供了可能。

人们一般把《德意志意识形态》看作是系统表述唯物史观的经典文本,并主要是从该著作出发来解读唯物史观的基本原理。在该著作中,马克思着重表达了唯物主义的历史观与历史唯心主义的本质不同,并在具体批判黑格尔历史哲学以及青年黑格尔派的历史观的基础上强调了唯物史观全新的运思路向。我们知道,青年马克思受到黑格尔的深刻影响,经历了从一位黑格尔主义者逐渐转向同黑格尔进行对抗的道路。《德意志意识形态》正是马克思同黑格尔及青年黑格尔派彻底决裂的一个节点。在这里,马克思着重强调,不管是黑格尔对传统形而上学所悬设的"最高理想"的抽象性的指责,还是青年黑格尔派对老黑格尔的反思,都是在传统形而上学的地基上进行的,都把人的现实价值蒸馏为抽象的彼岸的价值。而与这种历史唯心主义不同,历史唯物主义则是从"现实的人及其历史发展"出发的,而且一刻也没有离开过现实历史的地基。"我们开始要谈的前提不是任意提出的,不是教条,而是一些只有在想象中才能撇开的现实前提。这是一些现实的个人,是他们的活动和

历史的客观性研究

他们的物质生活条件，包括他们已有的和由他们自己的活动创造出来的物质生活条件。"① 也正是在针对思辨的历史哲学以及客观的历史编纂学的意义上，马克思才针锋相对地提出，"不是人们的意识决定人们的存在，相反，是人们的社会存在决定人们的意识。"② 但这里需要指出的是，一旦脱离了与传统历史哲学的争辩，马克思就已经不再教条地强调所谓的"决定关系"了，更没有抛开"现实的人及其历史发展"而抽象地谈论过所谓的历史的规律和目的。其实，在《德意志意识形态》中，马克思就已经处处透露出对那些"哲学家们"离开现实的历史而抽象地思考历史规律的反感。然而，教科书哲学中所谓的唯物史观原理，却恰恰是脱离了马克思对思辨的历史哲学及历史编纂学批判的语境，而无限度地放大了马克思所强调的经济基础决定上层建筑的观点，这就不可避免地陷入把唯物史观解读为西方学者所一再批评的"经济决定论"。教科书哲学对唯物史观的教条化理解，导致了极为严重的理论后果，这就是，它在根本上窒息了马克思对"现实的人及其历史发展"的强烈关注，把观照人的现实价值的唯物史观抽象化为同黑格尔三段论式的历史哲学同质的普遍公式和万能钥匙。

尽管同黑格尔的思想搏斗，几乎贯穿了马克思的一生，但不得不承认，成熟时期的马克思，特别是在《资本论》中，已经彻底摆脱了思辨哲学的阴影，开始自觉转向了对现实历史的系统的政治经济学批判。如果说《德意志意识形态》表达的是唯物史观的基本纲领及其全新的运思路向的话，那么，《资本论》则是马克思哲学及其所创立的唯物史观的成熟表达。阿尔都塞的"认识论断裂"说主张存在两个马克思，并否定人道主义的青年马克思而肯定创立历史唯物主义理论的老年马克思，这一论断受到了国内外学界的广泛质疑，但不得不承认，这个判断至少已经意识到了马克思在其思想成熟过程中的思考重点的转换。《资本论》是"现实的人及其历史发展的科学"，在这里，马克思早已经不再教条地强调所谓的

---

① 《马克思恩格斯选集》第一卷，人民出版社 1995 年版，第 66—67 页。
② 《马克思恩格斯全集》第 2 卷，人民出版社 1957 年版，第 82 页。

第六章 唯物史观与虚无主义

"决定关系"了,而是着重在经济学的语境中来深入考量物对人的奴役以及由此而导致的现代人的价值理想的丧失。但遗憾的是,这一点至今没有被我们今天的马克思主义研究者所重视。

《资本论》是对现实的历史的存在论觉解,它"在人类思想史上史无前例地揭示了'物与物的关系'掩盖下的'人与人的关系',从而揭示了'现实的历史'即'存在'的秘密"①,因而它才是唯物史观的成熟表述。该著作既超越了素朴的旧唯物主义对现实历史的感性直观,又超越了传统历史哲学,特别是黑格尔的历史哲学,对现实历史的思辨表达。作为"现实的人及其历史发展的科学",《资本论》从来没有脱离"现实的人"来外在地谈论历史规律及历史的终极目标,而是直面现代人真实的生存境遇,并基于对现代人的深切关怀而发现了人类的历史性存在形态的演进。马克思说,"人的依赖关系(起初完全是自然发生的)是最初的社会形态,在这种形态下,人的生产能力只是在狭窄的范围内和孤立的地点上发展着。以物的依赖性为基础的人的独立性,是第二形态,在这种形态下,才形成普遍的社会物质交换,全面的关系,多方面的需要以及全面的能力的体系。建立在个人全面发展的和他们共同的社会生产能力成为他们的社会财富这一基础上的自由个性,是第三阶段。"② 这表明,历史不是抽象的过程性原则,而是现实的人的存在方式,每一代人都是在既有的历史条件下来进一步创造历史的。迄今为止,人类历史经历了"人的依赖关系"、"以物的依赖性为基础的人的独立性",以及正在发生的"人的全面解放"三种社会形态。

《资本论》不仅确证了人类存在方式的历史性形态,而且还同时确证了与人类历史性形态相适应的人类的价值诉求。具体言之,在传统社会中,现实的人是依赖于他人、社会和自然的,因而与此相适应,旧形而上学家的任务就是通过确立总体性的伦理共同体和

---

① 孙正聿:《"现实的历史":〈资本论〉的存在论》,《中国社会科学》2010 年第 2 期。

② 《马克思恩格斯全集》第 46 卷(上册),人民出版社 1979 年版,第 104 页。

历史的客观性研究

"最高价值"来为"人的依赖关系"奠基;近代以来的市场经济在本质上呼唤主体意识的觉醒,要求彰显人的自由和独立性,所以近代哲学家们展开了对传统形而上学所悬设的"最高价值"的深入批判,指认了它对现实的人的压抑,但是,由于现代人的独立性依然是建立在对资本这个物的依赖性的基础之上的,所以整个的近代哲学,包括德国古典哲学,并没有在根本上摆脱"抽象"对人的统治,更不可能彻底破解传统形而上学所悬设的"最高价值"的幻象。"黑格尔的哲学是以'最抽象'的形式表达了人类'最现实'的生存状态,这就是人们正在受'抽象'的统治——'以物的依赖性为基础的人的独立性'——的生存状态。"①

哲学作为时代精神的精华和人类文明活的灵魂,从根本上说,它是适应于人类的历史性存在方式的。《资本论》表明,不仅人类的发展是历史性的,而且基于人类历史发展的人类价值诉求也是历史性的。人类不可能一蹴而就地实现哲学家们所设定的"最高价值",哲学家们所设定的"最高价值"只是人类所无法企及的价值幻想,它必然导致价值虚无主义。正因为如此,只有积极建构符合时代发展的价值理想,才能真正指引人类的现实发展。《资本论》正是立足于对现实历史的政治经济学批判,不仅在根本上瓦解了传统形而上学的"最高价值"的幻象,而且还确证了人类价值诉求的历史性原则,这就为彻底规避价值虚无主义提供了可能。在唯物史观的意义上,"人的解放"的价值理想,并不是游离于历史之外的抽象目标,而就是现实的历史的运动过程。马克思说,"共产主义对我们来说,不是应当确立的状况,不是现实应当与之相适应的理想。我们所称为共产主义的是那种消灭现存状况的现实的运动。"②

三 解放的旨趣与价值虚无主义的克服

从思想史上看,尼采对传统形而上学的虚无主义实质的诊断最

---

① 孙正聿:《辩证法:黑格尔、马克思与后形而上学》,《中国社会科学》2008年第3期。

② 《马克思恩格斯选集》第一卷,人民出版社1995年版,第87页。

第六章　唯物史观与虚无主义

为引人注目。在尼采看来,传统形而上学的实质就是"价值形而上学","这种"价值形而上学"设定了最高价值的存在,但同时也就设定了最高价值自我贬黜的可能性。换言之,传统的价值形而上学潜在地暗含了价值虚无主义的可能,"而当这些最高价值表明自己具有不可企及的特性时,它们的贬黜也就已经开始了。生命因此就显得是不适宜于实现这些价值的,根本无能于实现这些价值。因为这个缘故,本真的虚无主义的'预备形式'就是悲观主义。"①尼采由此认为,对价值虚无主义的克服,必须要突破传统柏拉图主义的形而上学视域,因为只有这样,才能在根本上规避"最高价值"的幻象,彻底抵制任何形态的价值虚无主义的可能来袭。这就是为什么尼采对近代以来那些启蒙哲学家们所高歌的理性、自由嗤之以鼻,不屑一顾。尼采说,"虚无主义不能从外部来加以克服。仅仅用另一个理想,诸如理性、进步、经济和社会的'社会主义'、单纯的民主之类的东西,来取代基督教的上帝,从而试图把虚无主义强行拆毁和排除掉——这样做,是克服不了虚无主义的。"②然而,尼采以反传统形而上学的方式来克服价值虚无主义的思路(以权力意志的绝对价值来取代传统形而上学的最高价值)也并不成功,所以后来的海德格尔深刻地批判了尼采克服价值虚无主义的设想。

马克思尽管在其全部著作中没有像后来的尼采那样系统地讨论价值虚无主义的问题,但在对宗教和形而上学的批判中,他已经深刻地体认到了现代人的价值虚无主义命运。马克思说,"宗教是这个世界的总理论,是它的包罗万象的纲领,它的具有通俗形式的逻辑,它的唯灵论的荣誉问题,它的热情,它的道德约束,它的庄严补充,它借以求得慰藉和辩护的总根据。"③但随着资产阶级登上历史的舞台,作为世俗国家的基础的宗教就被彻底消解了,人们的现实生活由此而失去了田园诗般的温情脉脉。马克思说,"资产阶

---

① 海德格尔:《尼采》(上卷),孙周兴译,商务印书馆2002年版,第910页。
② 同上书,第431页。
③ 《马克思恩格斯选集》第一卷,人民出版社1995年版,第1页。

级在它已经取得了统治的地方把一切封建的、宗法的和田园诗般的关系都破坏了。它无情地斩断了把人们束缚于天然尊长的形形色色的封建羁绊，它使人和人之间除了赤裸裸的利害关系，除了冷酷无情的'现金交易'，就再也没有任何别的联系了。它把宗教虔诚、骑士热忱、小市民伤感这些情感的神圣发作，淹没在利己主义打算的冰水之中。它把人的尊严变成了交换价值，用一种没有良心的贸易自由代替了无数特许的和自力挣得的自由。总而言之，它用公开的、无耻的、直接的、露骨的剥削代替了由宗教幻想和政治幻想掩盖着的剥削。"①《资本论》表明，资产阶级之所以能够彻底摧毁以往一切的神圣形象和最高价值，根本上说，是源于资本逻辑的运作机制。正是资本逻辑的运作，以往形而上学所设定的一切价值都被瓦解了，人类陷入无所适从的价值虚无主义困境之中。马克思说，"浪漫主义者为此流下的伤感的眼泪，我们可没有。"②

在马克思看来，资本主义摧毁以往封建主义的等级秩序及与其相适应的价值观念，是积极的和进步的，但问题在于，资本主义并没有在瓦解"人的依附性关系"的同时，真正挺立起人的自由和尊严。根本上说，现代人的自由和独立性是建立在对物的依赖性的基础之上的，离开资本这个物，现代人的一切价值理想都是空谈。马克思说，"摆脱了宗教的政治解放，不是彻头彻尾、没有矛盾地摆脱了宗教的解放，因为政治解放不是彻头彻尾、没有矛盾的人的解放方式。"③可以说，政治解放的局限性在一开始就决定了资产阶级所宣称的所有价值理想都具有了伪善的性质。在资产阶级社会里，所谓的人权，"无非是市民社会的成员的权利，就是说，无非是利己的人的权利，同其他人并同共同体分离开来的人的权利。"④在这里，"自由这一人权不是建立在人与人相结合的基础上，而是相反，建立在人与人相分离的基础上。""这种自由使每个人不是

---

① 《马克思恩格斯选集》第一卷，人民出版社1995年版，第274—275页。
② 马克思：《1844年经济学哲学手稿》，人民出版社2000年版，第44页。
③ 《马克思恩格斯文集》第一卷，人民出版社2009年版，第28页。
④ 同上书，第40页。

第六章 唯物史观与虚无主义

把他人看做自己自由的实现,而是看做自己自由的限制。"① 显然,在人们热情高涨地呼喊资产阶级所主张的平等、人权、自由的时候,马克思则早已经识破了这些价值的伪善本质。资产阶级的政治解放的限度在根本上决定了现代人不可能获得真实的尊严和价值,而只会陷入一种无所适从的价值虚无主义困境之中。尼采对现代性的价值虚无主义的洞见,可以说是进一步证实了马克思对资本主义的诊断。正因为如此,《资本论》早已经不再像那些"解释世界"的"哲学家们"那样,企图通过重建某种"最高价值"来抵制价值虚无主义的来袭,而是直接诉诸对现实历史的政治经济学批判,力求在批判旧世界中发现新世界,并最终通过瓦解资产阶级社会内在的资本逻辑,以"人的解放"的旨趣为人类的未来指明了道路。

海德格尔曾指出,尼采仅仅探讨价值而遗忘了价值的来源即存在,因而尽管他深刻地揭露了现代人的价值虚无主义命运,但却没有完成对价值虚无主义的克服。对于马克思来说,"意识在任何时候都只能是被意识到了的存在,而人们的存在就是他们的现实生活过程"。② 马克思恩格斯所创立的唯物史观,与历史唯心主义的本质不同在于,它真正深入到现实历史的本质性一度之中了,进而通过对现实历史的政治经济学批判,不仅揭露了资产阶级价值观的伪善性质,而且还为人类真正走出价值虚无主义的困境提供可能的道路。海德格尔说,"马克思在体会到异化的时候深入到历史的本质性的一度中去了,所以马克思主义关于历史的观点比其余的历史学优越。但因为胡塞尔没有,据我看来萨特也没有在存在中认识到历史事物的本质性,所以现象学没有、存在主义也没有达到这样的一度中,在此一度中才有可能有资格和马克思主义交谈。"③《资本论》作为现实历史的存在论,发现了现代人真实的生存困境,同时也发现了历史运动的规律这就是恩格斯所概括的"两个发现"。

---

① 《马克思恩格斯文集》第一卷,人民出版社 2009 年版,第 41 页。
② 《马克思恩格斯选集》第一卷,人民出版社 1995 年版,第 72 页。
③ 孙周兴:《海德格尔选集》(上卷),上海三联书店 1996 年版,第 383 页。

第三节 《资本论》与虚无主义的克服

尼采在价值的意义上系统地探讨了现代性所暗含的虚无主义困境,从而使得虚无主义成为一个必须克服的当务之急。但是,对虚无主义的克服,从尼采到海德格尔,由于始终囿于价值论的视域,因而并没有能够真正实现。其实,在尼采之前,马克思就已经意识到了"神圣形象"的解体和虚无主义的来临,但马克思并没有把对虚无主义的克服寄托于如何在哲学的意义上重建新价值,而是很快实现了视域的转换,转向了对现实历史的政治经济学批判,这就是后来《资本论》的诞生。《资本论》不仅发现了虚无主义产生的现实根源——资本,而且也通过确证资本的虚无本质,为克服虚无主义提供了现实的道路。

虚无主义是尼采、海德格尔等大哲极为关切的话题。这些大哲学家探讨虚无主义,显然不是为了赞美它,而是为了克服它,但是,对虚无主义的克服,从尼采到海德格尔,由于始终囿于价值论的视域,并没有能够真正实现。马克思尽管没有使用虚无主义这个字眼,但从其诸多文本中都可以看出,马克思深刻地意识到了虚无主义的问题。只不过,马克思无意于停留在哲学的层面上来考察虚无主义的思想谱系,进而凸显现代人的精神危机,而是出离了价值论的视域,把对虚无主义的克服,诉诸了对现实历史的批判。根本上说,马克思真正澄清了后来的海德格尔意识到但却始终没有澄清的"存在",这个"存在"就是人们的现实生活过程。通过对现实生活的政治经济学批判,马克思为克服虚无主义、实现人的解放,提供了可能的现实道路。这也是被尼采称为"危险中的危险"的虚无主义,在马克思那里却并没有成为一个严重的理论话题的根本原因之所在。立足于《资本论》来探讨虚无主义的问题,无论对于深化当前的虚无主义研究来说,还是对于推进《资本论》的研究来说,都具有重大的理论意义。笔者不才,发表浅见,以期唤起学界对这一重大课题的重视。

第六章 唯物史观与虚无主义

一 虚无主义的价值论视域及其克服的限度

按照海德格尔的考证，雅可比首先在哲学的意义上使用了"虚无主义"一词。在给费希特的信中，雅可比把唯心论指责为"虚无主义"。① 不过，虚无主义真正成为一个严格的哲学概念，则始于尼采。尼采说，"虚无主义意味着什么呢？——最高价值的自行贬黜。"② 这里的"最高价值"，涉及西方形而上学的起源问题。

据说，古代学者安德罗尼柯在整理亚里士多德的著述时首创了"形而上学"（metaphysics）的概念，但一般认为，柏拉图才是"形而上学"的奠基者。柏拉图区分了现实世界和超感性的理念世界，并以超感性的理念世界来规范现实世界。在尼采看来，柏拉图所谓的超感性的理念世界，其实就是以"至善"为原则的价值世界，它悬设了最高价值的存在，并以这个最高价值来规范感性的生活世界。基督教把柏拉图所悬设的"最高价值"具体投射到上帝那里，因而基督教只是"民众的柏拉图主义"。但尼采认为，伴随着现代社会的来临，柏拉图主义所谓的"最高价值"开始自行贬黜了，人类由此而失去任何的目标和意义，在精神上变得无家可归。这就是现代人价值虚无主义的困境。

从逻辑上看，最高价值的悬设并不必然导致它的自行贬黜。尼采之所以断定最高价值的自行贬黜，显然是因为他先行否认了最高价值的存在。尼采认为，上帝只是缺乏生命意志力的"奴隶道德"的产物。正是由于人们生命意志力的脆弱，在现实社会中无法实现自己的全部价值，所以才会把自己的价值对象化给上帝，误认为上帝才是自己价值的源泉。然而，当人们把自己的一切价值都归于上帝时，人们自己的人生价值就被掏空了。"人作为诗人、作为思想家、作为神、作为强力：呵，他把何种君王般的慷慨大方赠送给事物，为的是使自身贫困化并且使自己感到可怜！迄今为止，他最大的无自身状态就是，他赞赏、崇拜，而且懂得如何对自己隐瞒以下

---

① 海德格尔：《尼采》（下卷），商务印书馆2010年版，第716页。
② 尼采：《权力意志》（上卷），商务印书馆2007年版，第399页。

事实：他就是创造所有他所赞赏的东西的人。"① 既然上帝的本质只不过是人的外化了的本质，那么，它的虚假性就已经先行决定了它的自行贬黜。遗憾的是，在传统社会中，人们始终意识不到上帝的虚无本质，因而处于不自觉的虚无主义状态之中，但现在，尼采挑明了上帝的虚无本质，虚无主义就全面来临了。

尼采讨论虚无主义，不是为了赞美它，而是为了克服它。但尼采认为，虚无主义不能外在地加以克服，例如以理性、民主等最高理想来代替基督教的上帝，因为这在根本上并没有摆脱柏拉图主义的形而上学视域，因而同样会导致虚无主义。因此，只有对柏拉图主义实行一场彻底的革命，才可能真正克服虚无主义。具体来说，既然虚无主义根源于缺乏生命意志力的"奴隶道德"，那么，以权力意志的"主人的道德"来代替"奴隶道德"，通过对以往价值的重估，来建构权力意志的绝对价值，就能在根本上克服由柏拉图主义所导致的虚无主义。由此，尼采公开宣称"上帝死了"，他不再尝试用彼岸的"最高价值"来衡量人们此岸的生活，而是凭借"主人的道德"来构建权力意志的绝对价值。在尼采的意义上，权力意志始终处于不断创造新价值的永恒轮回之中，它创造出来的价值并不重要，关键在于这种创造活动本身，或者说，正是这种创造活动本身不断地充实了权力意志的生命意义。对此，邓晓芒说，权力意志"创造出来的东西本身没有价值，或者说，任何创造出来的东西都是该毁灭的，只有同一个创造本身是永恒的。"② 尼采意在通过权力意志的"永恒轮回"来抵制虚无主义给现代人所带来的失落和沮丧，但这一方案受到了海德格尔的质疑。

众所周知，海德格尔极为关注尼采关于"欧洲虚无主义"的讨论，并十分认同尼采对虚无主义的界定。海德格尔说，"虚无主义是一个过程，是最高价值贬黜、丧失价值的过程。"③ 但海德格尔同时指出，由于尼采仅仅在价值上而不是存在上讨论了虚无主

---

① 海德格尔：《尼采》，商务印书馆2002年版，第757页。
② 邓晓芒：《欧洲虚无主义及其克服》，《江苏社会科学》2008年第2期。
③ 海德格尔：《尼采》，商务印书馆2002年版，第683页。

义，因而他并没有真正克服虚无主义。就是说，尼采尽管力倡权力意志的永恒轮回和绝对价值，但权力意志并不能离开对世界、存在的思考，相反，它只能在世界、存在中来设定价值，"至少，一个人强力意志的大小，要看他的意志在这个世界中实现出来的大小，这就仍然不能脱离这个世界中的统一性、真理性尺度，不能脱离针对这个世界而设立的目的。"① 尼采企图超越世界来确证权力意志的绝对价值，这就导致他不但没有克服虚无主义，反而把虚无主义发挥到了极致。在海德格尔看来，虚无不是相对于价值而言的，而是相对于存在而言的。因此，要真正克服虚无主义，必须要从追问存在、世界开始。然而，尽管海德格尔终其一生都在追问存在，但他却始终没有对存在有任何积极的说明。为了不陷入传统的柏拉图主义，海德格尔只能以对存在打叉的方式来提示存在。这就导致他始终处于克服虚无主义的途中。

尽管海德格尔也没有能够克服虚无主义，但他对尼采虚无主义批判的通盘考量，在根本上澄清了虚无主义批判的价值论视域及其克服的限度。海德格尔对尼采的批判表明，如果仅仅囿于价值的视域，则永远无法完成对虚无主义的克服；只有从价值的视域中超离出来，才可能找到真正克服虚无主义的路径。归根到底，海德格尔之所以始终处于克服虚无主义的途中，就是因为他也没有彻底摆脱价值论的视域。作为一位纯粹的形而上学哲学家，海德格尔依然坚信虚无的背后有一个关于人的本质的价值设定，而正是因为这个关于人的本质的价值设定面临崩溃，所以他才把对虚无主义的克服看作是刻不容缓的当务之急。在这一点上，海德格尔和尼采是一致的，不管他是否意识到这一点。显然，这里的关键问题是，如何出离价值的层面来思考"存在"。让我们"回到马克思"。

二 视域的转换：从价值虚无主义批判到政治经济学批判

德国虚无主义的思想谱系，从雅各比到尼采再到海德格尔，始终囿于价值论的领域，都是在形而上学的层面上展开的。尽管这些"哲学家们"对虚无主义的揭示是深刻的，但在对虚无主义的克服

---

① 邓晓芒：《欧洲虚无主义及其克服》，《江苏社会科学》2008 年第 2 期。

历史的客观性研究

上，却基本上都是失败的。其实，比尼采稍早的马克思，同尼采一样，也意识到了虚无主义的全面来临，但马克思却自觉出离了形而上学和价值论的视域，力求去捕捉虚无主义的存在论根基——现实的历史，这就为真正克服虚无主义提供了可能。

就像尼采把宗教归结为"奴隶道德"所产生的幻象一样，马克思同样指出，宗教只是那些没有获得自己或者再度丧失了自己的人的自我意识和自我感觉。人创造了宗教，而不是宗教创造人。① 但一旦当彼岸的真理消失之后，人类此岸的世俗生活也就变得黯然失色了。人类失去了田园诗般的温情脉脉和一切职业的灵光。虚无主义来临了。显然，在对宗教虚无本质的指认上，马克思与尼采有着一致性，前者把宗教归结为人的异化状态，后者把宗教归结为缺乏生命意志力的"奴隶道德"所产生的幻象。然而，在对宗教世界观破产之后的虚无主义的考量上，两位大哲却有着本质的区别。尼采始终游离于形而上学的层面上，没有意识到虚无主义的存在论根基，更没有触碰到人们的现实生活，因而他在把宗教的本质归结为人的本质之后，又把现实的人理解为超越于世界之上的抽象存在物，即所谓的权力意志，这就导致他不可能真正克服虚无主义。

马克思尽管也强调，"对宗教的批判最后归结为人是人的最高本质这样一个学说"。② 但是，他同时意识到，人不是抽象地栖息在世界以外的绝对存在物，人就是人的世界，就是国家、社会。马克思说，"人的本质就是人的真正共同体"。③ "人的本质不是单个人所固有的抽象物，在其现实性上，它是一切社会关系的总和。"④ 因此，对人的本质的理解，必须诉诸对社会历史的批判性考察，而不能仅仅停留于对单个人的形而上学思辨上。早在青年时期，马克思就曾借助于费尔巴哈批判了思辨的哲学家们对人的本质的抽象理解。他说，"我劝你们，思辨神学家和哲学家们，假如你们愿意明白事物存在的真相，即明白真理，你们就应该从先前的思辨哲学的

---

① 《马克思恩格斯全集》第 1 卷，人民出版社 1956 年版，第 2 页。
② 同上书，第 9 页。
③ 《马克思恩格斯全集》第 3 卷，人民出版社 2002 年版，第 394 页。
④ 《马克思恩格斯选集》第一卷，人民出版社 1995 年版，第 56 页。

第六章 唯物史观与虚无主义

概念和偏见中解放出来。你们只有通过火流（德文费尔巴哈的谐音）才能走向真理和自由，其他的路是没有的。费尔巴哈，这才是我们时代的涤罪所。"① 但在肯定费尔巴哈的理论功绩的同时，马克思也指出，费尔巴哈由于把人的本质仅仅理解为"单个人所固有的抽象物"，因而他在把宗教归结为它的世俗基础之后，在世俗生活面前，就止步不前了，这就导致他的半截子唯物主义，即自然唯物主义而历史唯心主义。"当费尔巴哈是一个唯物主义者的时候，历史在他的视野之外；当他去探讨历史的时候，他决不是一个唯物主义者。在他那里，唯物主义和历史是彼此完全脱离的。"② 归根到底，费尔巴哈与后来的尼采一样，都没有在批判宗教的过程中自觉打开人们的现实生活世界的平面，因而在面对现代性中的虚无主义困境时，他们只能求助于某种抽象的人性价值和理想，并没有为现代人的未来找到现实的出路。

马克思指出，宗教作为颠倒了的世界观，本身就根源于这个颠倒了的世界本身。正是因为人们在现实生活中无法实现自己的价值，才会把自己的全部价值对象化给虚无的上帝。人们信奉宗教，归根到底，并不是因为人们意志力的软弱，而是因为人们的现实生活存在着根本的缺陷。正因为如此，要真正消灭宗教这种虚幻的世界观，就必须消灭产生这种世界观产生的现实根源。在《论犹太人问题》中，马克思明确指出，社会只有消除犹太精神的经验本质，即做生意及其前提，犹太精神的主观基础才会被人化，犹太教才能真正被消除。因为只有在那时，个体的感性存在与类存在之间的矛盾才会被消除，人们才不再需要到宗教中去寻求虚幻的慰藉。然而，费尔巴哈尽管揭示了基督教的虚无本质，但却并没有深刻地认识到这一点，他甚至都没有真正认识到宗教批判的真实意义，即批判宗教就是间接地批判以宗教为精神慰藉的那个现实世界、批判宗教就是对苦难世界——宗教是它的灵光圈——的批判的胚胎。马克思说，"费尔巴哈是从宗教上的自我异化，从世界被二重化为宗

---

① 《马克思恩格斯全集》第 1 卷，人民出版社 1956 年版，第 33 页。
② 《马克思恩格斯全集》第 3 卷，人民出版社 1960 年版，第 51 页。

教的、想象的世界和现实的世界这一事实出发的。他致力于把宗教世界归结于它的世俗基础。他没有注意到，在做完这一工作之后，主要的事情还没有做哪。因为，世俗的基础使自己和自己本身分离，并使自己转入云霄，成为一个独立王国，这一事实，只能用这个世俗基础的自我分裂和自我矛盾来说明。"① 马克思则自觉把对宗教的批判回溯到对社会历史的批判上来，力求在社会历史的平面上来思考宗教的根源，这就使得他在根本上突破了价值论和形而上学的视域。马克思说，"人的自我异化的神圣形象被揭穿以后，揭露非神圣形象中的自我异化，就成了为历史服务的哲学的迫切任务。"②

马克思不仅在社会历史的层面上考量了宗教的虚无本质，而且还在此平面上展开了对虚无主义的批判。虚无主义，表面上看，根源于基督教伦理在现代社会的崩溃，但从本质上说，则是源于资产阶级政治解放的不彻底性。资产阶级的政治解放尽管把国家从宗教中解放出来，但却促使个人受到金钱的统治，或者说，金钱这一"非神圣形象"取代了作为"神圣形象"的上帝，成为新的统治人们的"独立主体"。正是因为金钱消解以往柏拉图主义的"最高价值"，成为新的主宰人们的"主体"，所以人们才会在精神上处于无家可归的虚无主义的困境之中。显然，金钱是虚无主义的根源，而对虚无主义的克服，根本上说，就是要解除作为"非神圣形象"的金钱对人的统治。在《资本论》中，马克思系统地展开了对现实历史的政治经济学批判，最终发现了资本的运作逻辑，并通过确证资本的虚无本质，为人类真正走出虚无主义的困境指明了现实的道路。

马克思克服虚无主义的思路与海德格尔的探索有着惊人的相似。海德格尔指出，对虚无主义的克服，不能从价值出发，而应该从追问存在开始，因为虚无与存在相对，而不是与价值相对，尼采

---

① 《马克思恩格斯选集》第一卷，人民出版社1972年版，第17页。
② 《马克思恩格斯全集》第1卷，人民出版社1956年版，第453页。

始终没有认识到这一点，所以他并没有克服虚无主义。① 对于马克思来说，与虚无相对的存在，就是人们的现实生活过程。马克思说，"意识在任何时候都只能是被意识到了的存在，而人们的存在就是他们的现实生活过程。"② 因此，从存在出发来克服虚无主义，也就是从人们的现实历史过程出发。马克思真正触及虚无主义的存在论根基，进而发现了人们现实历史的内在运作机制，所以他为克服虚无主义提供了可能。对此，海德格尔指出，"马克思在体会到异化的时候深入到历史的本质性的一度中去了，所以马克思主义关于历史的观点比其余的历史学优越。但因为胡塞尔没有，据我看来萨特也没有在存在中认识到历史事物的本质性，所以现象学没有、存在主义也没有达到这样的一度中，在此一度中才有可能有资格和马克思主义交谈。"③

三 《资本论》的"解放"旨趣与虚无主义克服的可能

马克思在批判宗教虚无本质的过程中，一方面意识到了虚无主义的来临；但另一方面也深刻地洞见到，对虚无主义的克服，不能仅仅囿于形而上学和价值论的视域，而应该在人们现实历史的平面上来展开。只有诉诸对现实历史的批判，才能重建人类失落了的精神家园，走出虚无主义的困境。马克思对现实历史的批判，集中地体现在他为之付出毕生心血的《资本论》之中。《资本论》真正切入到了人们的现实生活世界，从而也就开启了一个克服虚无主义的内在性平面。

表面上看，《资本论》是由一系列的经济范畴所组成的一部纯粹的经济学著作，但事实上，《资本论》的根本意蕴在于描述人们的现实生活世界，揭示"物与物的关系"掩盖下的"人与人的关系"。马克思深刻地意识到，如果像以往的"哲学家们"那样从抽象的人出发来理解人，则必然形成关于人的抽象理解；只有从经济

---

① 邓晓芒对此做了专门的分析，参见邓晓芒《欧洲虚无主义及其克服》，《江苏社会科学》2008 年第 2 期。
② 《马克思恩格斯选集》第一卷，人民出版社 1995 年版，第 72 页。
③ 孙周兴选编：《海德格尔选集》，生活·读书·新知三联书店 1996 年版，第 383 页。

历史的客观性研究

范畴出发来规定人，才可能形成关于人的现实理解。马克思说，如果"抛开构成人口的阶级，人口就是一个抽象。如果我不知道这些阶级所依据的因素，如雇佣劳动、资本等等，阶级又是一句空话。而这些因素是以交换、分工、价格等等为前提的。比如资本，如果没有雇佣劳动、价值、货币、价格等等，它就什么也不是。"① 这就是为什么马克思从经济范畴出发来理解"现实的人及其历史发展"，并最终创作出《资本论》，而没有继续沿着思辨哲学的道路来从事"哲学"研究。

我们知道，以往的思辨哲学，甚至包括后来的尼采，总是把现实的人归结为人的观念，进而把人的生活世界抽象为纯粹的意识世界，他们总是游离于现实生活世界之外，从任意的、想象的前提出发来解释世界，而从来都没有触及现实生活世界。可以想象，这样一种凌驾于人们生活世界之外的"独立的哲学"，本身就是遗忘人们生活世界的虚无主义。海德格尔尽管意识到了包括尼采在内的虚无主义遗忘了"存在"，但他却始终没有从对"存在"的形而上学理解中解脱出来，没有发现人们现实生活世界的平面，所以他最终并没有真正克服虚无主义。马克思则径直从"独立的哲学"下降到它的世俗基础，试图通过对人们的生活世界的批判来拷问全部的传统哲学，来寻求人的解放和现实幸福，这就为克服虚无主义提供了可能。关于人们的现实生活世界，马克思说，"我们开始要谈的前提不是任意提出的，不是教条，而是一些只有在想象中才能撇开的现实前提。这是一些现实的个人，是他们的活动和他们的物质生活条件，包括他们已有的和由他们自己的活动创造出来的物质生活条件。"② 这一思考理路直接促使马克思展开对现实的历史即资本主义的政治经济学批判，并最终生成《资本论》这一巨著。

《资本论》内蕴着巨大的历史感，它意在表明，资本才是消解宗教并导致虚无主义出现的现实力量和始作俑者，因而对虚无主义的克服，只能诉诸对资本的批判。马克思在《资本论》中发现，

---

① 《马克思恩格斯选集》第二卷，人民出版社 1995 年版，第 17 页。
② 《马克思恩格斯选集》第一卷，人民出版社 1995 年版，第 66—67 页。

第六章 唯物史观与虚无主义

资本增值的秘密在于，资本家在市场上找到了一种特殊的商品——劳动能力或劳动力。劳动力的使用价值本身具有成为价值源泉的独特属性，"因此，它的实际消费本身就是劳动的对象化，从而是价值的创造。"① 劳动力是创造价值的源泉，"资本是通过占有他人劳动而使自己的价值增殖。"② 资本为了增值，就像吸血鬼一样通过吸吮活劳动来作为自己的灵魂。资本增值的逻辑颠倒了劳动的主客体关系，就像在宗教中主客体的关系被颠倒一样。马克思说，"正像人在宗教中受他自己头脑的产物的支配一样，人在资本主义生产中受他自己双手的产物的支配。"③ 对于资本主义世界，马克思指出，"这是一个着了魔的、颠倒的、倒立着的世界。在这个世界里，资本先生和土地太太，作为社会的人物，同时又直接作为单纯的物，在兴妖作怪。"④

资本颠倒了整个世界，所以它也必然间接地颠倒人们的整个世界观。马克思说，在资本主义社会里，资本已经成为衡量一切的价值尺度，它可以把黑的变成白的，把丑的变成美的。因此，"一切固定的僵化的关系以及与之相适应的素被尊崇的观念和见解都被消除了，一切新形成的关系等不到固定下来就陈旧了。一切等级的和固定的东西都烟消云散了，一切神圣的东西都被亵渎了。人们终于不得不用冷静的眼光来看他们的生活地位、他们的相互关系。"⑤ 资本把社会的一切价值都浸泡在利己主义的冰水之中，因而它才是真正消解以往"神圣形象"和"最高价值"的动力，才是虚无主义的始作俑者。伯曼说，"对于现代资产阶级社会的虚无主义力量，马克思的理解要比尼采深刻得多。"⑥

尼采尽管天才式地预感到了最高价值的自行贬黜，虚无主义的来临，但他却没有抓住最高价值贬黜的真实根源——资本。这就注

---

① 《马克思恩格斯全集》第44卷，人民出版社2001年版，第194页。
② 《马克思恩格斯全集》第46卷（上册），人民出版社1979年版，第267页。
③ 马克思：《资本论》第一卷，人民出版社2004年版，第717页。
④ 《马克思恩格斯全集》第46卷，人民出版社2003年版，第940页。
⑤ 《马克思恩格斯选集》第一卷，人民出版社1995年版，第275页。
⑥ 马歇尔·伯曼：《一切坚固的东西都烟消云散了》，商务印书馆2003年版，第144页。

历史的客观性研究

定他不可能真正克服虚无主义。尼采克服虚无主义的限度与他缺乏经济学背景有关，他没有也不可能深入到现实的经济关系之中来进一步探讨虚无主义的现实根源。马克思则深刻地洞见到了这一点，所以他自觉地从对国家的批判转向政治经济学批判。

马克思发现，尽管资本击碎了拜神教，并催逼出虚无主义，但它也为人类真正克服虚无主义、实现人的解放带来了契机。这是因为，资本的增殖逻辑，既是加剧人们劳动异化的逻辑，即使人们变得愚蠢而片面，又是人们超越异化劳动的逻辑，因为"资本的积累就是无产阶级的增加。"[①] 资本主义真正为克服虚无主义、实现人的解放积累了现实的革命力量。马克思说，"在资本对雇佣劳动的关系中，劳动即生产活动对它本身的条件和对它本身的产品的关系所表现出来的极端的异化形式，是一个必然的过渡点，因此，它已经自在地、但还只是以歪曲的头脚倒置的形式，包含着一切狭隘的生产前提的解体，而且它还创造和建立无条件的生产前提，从而为个人生产力的全面的、普遍的发展创造和建立充分的物质条件。"[②] 随着广大无产阶级的"阶级意识"的觉醒，资本的虚无本质必然会明显地显现出来，甚至可以说，无产阶级的不断壮大，同时就意味着资本逻辑的自行瓦解。

如果说尼采试图通过权力意志来克服虚无主义的话，那么，马克思则通过宣告无产阶级的诞生，为克服了虚无主义寻找到了现实的革命力量。马克思说，"只有当社会生活过程即物质生产过程的形态，作为自由联合的人的产物，处于人的有意识有计划的控制之下的时候，它才会把自己的神秘纱幕揭掉。"[③] 到那时，虚无主义自然也就消失了。

---

① 《马克思恩格斯文集》第五卷，人民出版社2009年版，第709页。
② 《马克思恩格斯全集》第46卷（上册），人民出版社1979年版，第520页。
③ 《马克思恩格斯全集》第44卷，人民出版社2001年版，第97页。

第七章
历史唯物主义与历史学

历史唯物主义的创立，使得历史学成为一门真正的科学。马克思以黑格尔"思想的内涵逻辑"为重要的理论资源，成功地开启了人类现实的历史。而现实历史的开启，又使得现实的人的解放成为可能。可以说，发现人类现实的历史，并进而实现人的解放，是历史唯物主义的根本意蕴。

然而，历史唯物主义并不直接等同于历史学。但是，实证的历史学如果没有历史唯物主义的理论基础，极有可能只形成整体、混沌的表象，而抓不住历史的实质。历史唯物主义所开启的现实历史，并不是指过去的自在历史事实世界，而是指基于人本源性存在方式——实践——的自觉而对人类历史性生存样态的展现。要理解历史唯物主义所开启的现实历史，只有在黑格尔思想内涵逻辑的理论高度上才有可能。马克思继承了黑格尔哲学但又超越了黑格尔。这是因为，历史唯物主义的历史科学，在澄明人类现实历史的基础上实现了哲学解释原则的转变：从"解释世界"走向"改变世界"。

第一节 历史唯物主义与历史哲学的分野

随着近代以来西方自然科学的迅猛发展，历史学是科学抑或艺术受到了史学界乃至哲学界广泛而持久的质疑。一般认为，历史学是以偶然性、个别性的历史事件为研究对象，因此它只能是"学科"而很难称为"科学"。李凯尔特就曾指出，"不可否认历史学

历史的客观性研究

认为对于一次性的、特殊的和个别的东西做出表达是它自己的任务，而且人们必须从这个任务出发去说明历史学的形式本质。"①既然历史学研究的是"一次性的、特殊的和个别的东西"，那么，它就无法得出自然科学式的普遍必然规律，所以任何效法自然科学的研究范式和方法的历史研究不但终究会归于失败，而且还会抹杀历史事件不可复制的个性。波普尔对历史唯物主义的批判是基于对马克思的典型误读，然而不可否认，他却深刻地说明了套用现代自然科学的研究范式去研究历史规律的不可能性。这一点也被越来越多的人尤其是职业的历史学家所认可。

除了套用自然科学的实证主义外，企图去发现历史规律的另一条研究路径是近代以来的历史哲学。所谓历史哲学，就是对历史的哲学考察。黑格尔当之无愧是这一领域的集大成者，他的《历史哲学》也代表了这方面研究的典范。在这部巨著中，黑格尔把亚洲看作历史的起点，而把欧洲看作历史的绝对终点，世界历史由此而像太阳一样从东方升起而在西方降落。尽管黑格尔以其深邃的哲学眼光和令人信服的思辨阐释建构了人类文明的客观演进，但由于历史在他那里被强制性地屈从于逻辑，所以他只是用自己特有的思辨方式重新解释了历史，而并没有真正切中现实的历史本身。历史并没有因此而终结，而是突破了黑格尔封闭式的体系，继续向前发展。可以说，黑格尔的《历史哲学》令人可敬可畏，但它同时也暴露出，任何历史哲学的努力都仅是人类自身一厢情愿的幻想，是人类理性的狂妄。人们开始逐渐自觉到，现实的历史本身根本没有如此整齐划一的规律。在这个意义上，黑格尔的著作代表了历史哲学的最高成就，但他同时也葬送了历史哲学。洛维特由此而说，"黑格尔是最后一位历史哲学家。"② 可见，历史哲学建构历史规律的努力也以失败而告终。马克思曾批评说，"使用一般历史哲学理论这一把万能钥匙，那是永远达不到这种目的的，这种历史哲学理

---

① 李凯尔特：《李凯尔特的历史哲学》，北京大学出版社2007年版，第57页。
② 洛维特：《世界历史与救赎历史》，生活·读书·新知三联书店2002年版，第69页。

第七章　历史唯物主义与历史学

论的最大长处就在于它是超历史的。"① 可见，不管是自然科学的方法还是传统哲学的思辨，都无法从历史中析出历史规律。而受此牵连，即人们对历史规律的拒斥，历史唯物主义也遇到了前所未有的挑战。

恩格斯在马克思墓前的讲话中曾指出，"马克思发现了人类历史的发展规律"②。由此，我们面临一个极为严峻的问题，即怎样理解马克思发现的"历史规律"？对于历史，马克思精辟地指出，它"不过是追求着自己目的的人的活动而已"③。这表明，要把握作为"人的活动"的历史，首要的是真切地把握人的存在方式。马克思说，现实历史中的"个人把自己和动物区别开来的第一个历史行动不在于他们有思想，而在于他们开始生产自己的生活资料。"④ 也就是说，人与动物区别开来的关键是人有意识的物质生产劳动，而不是其思想活动，换言之，物质生产劳动比意识对于人的存在来说有着更加本源性的意义。正是基于对人本源性的存在方式——实践——的真切自觉，历史唯物主义真实地开启了人类现实的历史，并进而揭示了制约历史发展的根本因素。人们的生产活动首先是为了满足人自己的物质需要，但马克思进一步指出，"这种生产方式不应当只从它是个人肉体存在的再生产这方面加以考察。它在更大程度上是这些个人的一定的活动方式，是他们表现自己生活的一定方式、他们的一定的生活方式。个人怎样表现自己的生活，他们自己就是怎样。"⑤ 这说明，人们的生产方式本身就表征着人真实的存在方式，它在深层次上制约着人的存在。人类现实的物质生产活动，总是在既定的历史条件下进行的，并在此基础上获得新的发展。正是基于这种历史性的实践活动，人类现实的历史才得以辩证地生成。历史唯物主义的"历史规律"，既不是要神学式地去预见历史事件的过去及未来的必然性，也不是要通过对既往史

---

① 《马克思恩格斯全集》第 19 卷，人民出版社 1963 年版，第 131 页。
② 《马克思恩格斯选集》第三卷，人民出版社 1995 年版，第 776 页。
③ 《马克思恩格斯全集》第 2 卷，人民出版社 1957 年版，第 118—119 页。
④ 《马克思恩格斯选集》第一卷，人民出版社 1995 年版，第 67 页。
⑤ 同上。

历史的客观性研究

实的规律性组织而使历史得到合乎逻辑的解释,而是要通过对人本源性存在方式(实践)的理解,发掘和指认出制约历史发展的内在因素,并在此基础上寻求人类未来的现实道路。

历史唯物主义并不能代替具体的历史学研究。现实的人类历史活动始终充满着不确定性和偶然性,这就需要专业的历史学家开展多方面、多层次的研究。但是,如果历史学家没有深刻的历史唯物主义的理论自觉,那么,不管史料如何翔实、内容何其丰富,这种具体的史学研究不但会流于肤浅,而且会对历史的遮蔽越来越深。比如,马克思曾指出,"国家内部的一切斗争——民主政体、贵族政体和君主政体互相之间的斗争,争取选举权的斗争等等,不过是一些虚幻的形式——普遍的东西一般说来是一种虚幻的共同体的形式——,在这些形式下进行着各个不同阶级间的真正的斗争。"[①]可见,如果史家看不到阶级斗争而流于对政治事件的描述,势必触及不到真实的历史。当然,历史唯物主义和传统的历史哲学也有着本质的不同。历史哲学表面上把人类历史"打扮"成一个合乎理性逻辑的过程,但其实质则是历史哲学家抛开历史事实,主观抽象、思辨的产物。对于历史唯物主义,马克思曾明确地指出,它"充其量不过是从对人类历史发展的考察中抽象出来的最一般的结果的概括。这些抽象本身离开了现实的历史就没有任何价值。它们只能对整理历史资料提供某些方便,指出历史资料的各个层次的顺序。"[②] 可见,历史唯物主义既不同于实证的历史学,又不同于传统的历史哲学。

近代以来,特别是哲学的认识论转向之后,关于历史客观性的争论在史学界经久不息地持续着。克罗齐曾提出,一切历史都是当代史。在他看来,"只有现在生活中的兴趣方能使人去研究过去的事实。因此,这种过去的事实只要和现在生活的一种兴趣打成一片,它就不是针对一种过去的兴趣而是针对一种现在的兴趣的。"[③]

---

① 《马克思恩格斯选集》第一卷,人民出版社 1995 年版,第 84 页。
② 同上书,第 74 页。
③ 克罗齐:《历史学的理论和实际》,商务印书馆 1982 年版,第 2 页。

第七章　历史唯物主义与历史学

继克氏之后，柯林武德进一步提出"一切历史都是思想史"的学术命题。也就是说，历史永远只能是历史学家在自己的心灵中对过去的"重演"，因此，它只能具有主观的意义，而不可能有任何客观性。至此，在历史哲学—史学理论界出现了一股持续否认历史客观性的理论思潮。人们开始强调历史的文学性并逐渐否认历史的科学性。乃至到后现代主义的理论视域中，史学彻底失去了客观性而被艺术化了。海登·怀特在其《元史学》中，直接把史学等同于诗学，并具体阐释了历史学家历史想象的几种可能建构模式。由此，史学就成为哈多克说的那样，"史家只是用一种蹩脚的方式，在做着诗人们干得很漂亮的事情。"①

我们认为，历史客观性的争论只是康德哲学上的认识论革命在史学界的蔓延而已。其实，对于历史的客观性问题及思想的客观性问题，黑格尔早就有着深刻的理论自觉，并试图去克服这一悖论。他说，"思想的真正客观性应该是：思想不仅是我们的思想，同时又是事物的自身，或对象性的东西的本质——客观与主观乃是人人习用的流行的方便的名词，在用这些名词时，自易引起混淆。"②也就是说在黑格尔看来，历史客观性的争论实质上只不过是建立在主客二元对立的知性立场上的伪问题而已，因为只有"在知性逻辑这里，思维被认为是一种单纯主观的和形式的活动，而客观的东西则和思维相反，被认为是固定的和独立自存的东西。"③黑格尔认为，历史是绝对理念的外化，因此，要真正理解历史就必须诉诸概念式思维以把握作为历史本质的绝对理念。而绝对理念在任何时代首先都以浓缩的方式显现在作为该时代的时代精神的哲学里。这样，黑格尔就把对历史的理解首先诉诸对哲学史的考察，并通过对哲学史的考察而把历史确证为理念的自我扬弃、自我实现的过程。黑格尔的深刻之处在于，他自觉到了历史的发展归根到底不外是人类文明的不断传承和演进，所以他把它思辨地表达为理念的自我展

---

① 哈多克：《历史思想导论》，华夏出版社1989年版，第6页。
② 黑格尔：《小逻辑》，商务印书馆1980年版，第120页。
③ 同上书，第371页。

历史的客观性研究

开。现实的人作为历史性的存在，其生存深深地根植于现实的历史文化之中，并负载、传承着人类文明的积淀。因此，人对历史的认识，既是作为历史性存在的个人（个体理性）不断融合历史（普遍理性）的过程，又是历史自身（普遍理性）不断展开的过程。在此意义上，历史具有绝对的客观性。然而，由于受近代以来哲学的认识论转向的影响，人们开始陷入一种幻觉：把意识逐渐从历史中抽离出来去"观"历史，从而只承认历史的主观意义，而否认其客观意义。黑格尔把这指认为典型的知性立场，并在自己几乎所有的著作里对主观任性进行了近乎苛刻的批评。

马克思认为，黑格尔的深刻之处在于，他自觉到了人类的文明史是一个不断演进的客观过程。然而，由于黑格尔未能深刻地体认到作为历史主体的人的真实存在方式，所以在其历史观中历史的主客体被颠倒了。也就是说，黑格尔把真正创造历史的现实个人抽象为历史的客体，而把普遍的概念确证为历史的主体。这样，"他只是为历史的运动找到抽象的、逻辑的、思辨的表达，这种历史还不是作为一个当作前提的主体的人的现实历史，而只是人的产生的活动、人的形成的历史。"① 马克思指出，物质生产活动以及由此而生成的人们的现实生活，对人而言才具有本源性的意义，而人们的思想、观念则总是随着人们物质实践活动方式的改变而发生变化。人们的社会存在决定社会意识，而绝不是相反。因此，意识活动对人而言从来不具有本源性的意义，更不可能是创造历史的能动主体。黑格尔正是由于对人本源性存在方式的不解，因此，他虽然通过对人类认识史的考察而实现了为思想的客观性奠基，但这种绝对理念的自否定运动只是抽象地表达了现实历史的形式，还没有切中现实的历史本身。在积极地扬弃了黑格尔抽象的历史概念的基础上，马克思成功地开启了人类现实的历史。在他看来，人类客观的历史奠基于人类客观的感性物质活动。或者说，正是这种感性的物质生产活动，人与他人、人与自然才实现了历史性的辩证统一，人类现实的历史才得以生成。人既是历史的"前提"，又是历史的

---

① 马克思：《1844年经济学哲学手稿》，人民出版社2000年版，第97页。

第七章 历史唯物主义与历史学

"结果",历史作为追求自己目的的人的活动,深刻地体现了人自身的存在方式。诉诸人类感性的物质活动,而不是像黑格尔那样从意识出发,马克思真实地切中了人类现实的历史。对现实历史的敞开,也为实现人类现实的解放指明了道路。

马克思在积极扬弃黑格尔的历史观念——思想的内涵逻辑——的基础上,成功地开启了人类现实的历史。而对现实历史的澄明,又使得现实的人类解放成为可能。可以说,实现人类的解放,是历史唯物主义的根本旨趣和使命。

马克思指出,历史不过是追求自己目的的人的活动。而每一代人的"人的活动"又总是在既定的历史条件下进行的,即它总是要受到以前各代遗留的生产力的制约,并在此基础上获得新的发展。可见,历史并不是抽象的过程性原则,而是在人类丰富的历史性活动过程中不断生成的。对人本源性的存在方式——感性的物质活动——的真切体认,以及对人类现实历史的真实把握,马克思彻底变革了黑格尔及青年黑格尔派对历史的抽象思辨和解释,而转向对现实历史的政治经济学批判,也就是由传统的"解释世界"而转向力求去"改变世界"。

既然现实的历史并不是无人身的理性的自我展开过程,而是在人类对象性的物质活动中不断澄明的,那么,在现实历史中人与人之间的关系,也并不是像哲学家想象的那样是意识与意识对象的关系,而是在感性活动的实践中所形成的现实的经济关系。在对资本主义生产方式的政治经济学批判中,马克思深刻地指出,私有制是制约历史发展、导致人的异化的根本因素。正是由于私有制和分工的存在,社会日益被分化为两大对立的阶级。在资本逻辑的运作下,人们的生产生活出现了异化,即出现了物的人格化和人的物化。劳动本来不仅是为了满足人自身基本的物质需求,而且更是出于人作为类存在物确证自身类生命的需要。然而在私有制的前提下,工人自己的劳动所创造的劳动产品却成为统治自身的异己力量,而且工人在劳动中创造的产品越多,统治他的异己世界的力量就会越强大。由此,工人在自己的劳动过程中不是感到幸福,而是感到不幸。与此相应,现实的历史本来是由人自身创造的,但对于

历史的客观性研究

异化了的人们来说，历史却表现为某种不以人的意志为转移的、在人之外的东西。如此，一种诡异的事情就发生了：作为真正创造历史的主体的人变得被动和抽象，而本来作为被创造的历史客体（资本）却获得了主动性和个性。历史的主客体在资本主义社会里被彻底地颠倒了。而这种"颠倒"在黑格尔哲学中最明显地体现出来。黑格尔哲学的抽象性是人人皆知的，但它同时却也是最具体的。因为作为思想中所把握到的时代，黑格尔以"最抽象"的思辨方式表达了最现实的人类生存状况，即人们由于受到抽象资本的统治而变得同样抽象。

对资本主义的深刻批判，也使得马克思真实地通达了人类全部的历史。因为只有立足于对资本主义的批判，才不至于把资本主义的生产关系永恒化、超历史化，也才能真实地直面现实的历史本身。国民经济学家和黑格尔之所以不能通达人类现实的历史，就在于其把资本主义固有的生产关系绝对化了。资本主义作为人类历史发展的高级形态，它为我们透视以往社会的社会结构和生产关系提供了钥匙，但它本身作为有阶级存在的特定历史阶段，理应在理论上受到批判，并在实践中受到积极的改造。遵循"从后思索法"，马克思提出了以人的依赖关系为根本特征的前资本主义社会形态、以物的依赖性为基础的人的独立性的资本主义社会形态，并深刻地指出，迄今为止，人类始终处于有阶级斗争的"史前时期"。正是基于对人类实现历史的深刻自觉，马克思提出了当代人类面临的历史任务和使命：解除资本逻辑对人的统治，努力实现人自身的全面个性。他说，"人的自我异化的神圣形象被揭穿以后，揭露具有非神圣形象的自我异化，就成了为历史服务的哲学的迫切任务。"[①] 人们自己创造自己的历史，因此，人本身才是历史的真实主体。当前人类现实的历史任务就是要把资本主义已经颠倒了的主客体关系重新颠倒过来，实现人的解放。可见，作为革命家的马克思，不管是对现实抑或历史的研究，绝非出于一种学院式的兴趣，而是真切地指向人类的现实解放。

---

① 《马克思恩格斯选集》第一卷，人民出版社1995年版，第2页。

所谓人的解放，就是要推翻那些"使人成为被侮辱、被奴役、被遗弃和被蔑视的东西的一切关系"①。而解放本身并不是思想活动，而是一种历史活动。也就是说，"批判的武器当然不能代替武器的批判，物质力量只能用物质力量来摧毁"，但是"理论一经掌握群众，也会变成物质力量。理论只要说服人，就能掌握群众；而理论只要彻底，就能说服人。"② 可见，历史唯物主义的根本旨趣并不是去还原自在历史的本来面目，而是通过对制约人类历史的深层因素的指认，使得现实的人们能够自觉到自己的历史使命和地位，进而追求人的解放。历史唯物主义虽为"理论"，却有着深刻的现实自觉和解放诉求。

第二节　作为史学理论基础的历史唯物主义

众所周知，马克思历史唯物主义的创立使得历史学成为一门真正的科学。然而，历史唯物主义如何真实地"指导"历史学研究，或者说，历史唯物主义比传统的历史哲学有哪些理论优越性，却依然是学界悬而未决的问题。一方面，在当代中国的历史学实践中，史学家已经越来越反感、拒斥所谓的历史哲学，甚至包括历史唯物主义在内，而一味沉迷于对历史事件烦琐的考据之中，以求通达客观的历史；而另一方面，自近代的哲学认识论转向以来，直至今天的后现代思潮，在历史哲学—史学理论界，学者们越来越倾向于否认历史的客观性，把史学文学化、艺术化。这就导致了历史学和历史哲学—史学理论越来越大的割裂甚至对立。

我们认为，传统历史哲学与正统历史学产生隔阂乃至对抗很大程度上是在对历史客观性问题的理解上。传统历史哲学只是指责专业史家的历史研究不够客观，进而把史学划入想象式的文学领域；专业史家则对历史哲学家的指责弃之不顾，试图通过考证史料的真实性而把历史学做成科学。在笔者看来，重新阐释历史唯物主义的

---

① 《马克思恩格斯选集》第一卷，人民出版社 1995 年版，第 10 页。
② 同上书，第 9 页。

历史的客观性研究

历史科学，首要的就是要在理论上回应历史哲学对历史的客观性的挑战。

历史学自古典时期发端以来直至 19 世纪所谓"历史学的世纪"，一直将如实地还原客观历史作为己任。然而，自近代认识论转向以来，历史学客观性的问题被明确地提出来并受到持续的关注。克罗齐否认历史客观性的口号首先引起人们极大的关注。他曾提出，一切历史都是当代史，即"只有现在生活中的兴趣方能使人去研究过去的事实。因此，这种过去的事实只要和现在生活的一种兴趣打成一片，它就不是一种针对过去的兴趣而是针对一种现在的兴趣的。"① 继克氏之后，柯林武德进一步提出"一切历史都是思想史"的学术命题。他说，"思想史，并且因此一切的历史，都是在历史学家自己的心灵中重演过去的思想。"② 布莱德雷更直接地指出，"一部历史学而没有所谓的偏见，乃是纯属幻觉，到处存在的全都是建立在幻觉之上的历史，而所应有的历史则是以真正的先入为主的观念在整个这一领域内所通体一贯地展开的历史。"③ 沃尔什具体地思索了史家的主观"偏见"，他说，"历史学就以有关人性的普遍命题为其前提；不能确切地领会这一事实，就没有什么对历史思维的论述会是完全的。"④ 在后现代主义的视域中，史学彻底失去了客观性而被艺术化了。海登·怀特在其《元史学》中，直接把史学等同于诗学，并具体阐释了历史学家历史想象的几种可能建构模式。由此，史学就成为哈多克说的那样，"史家只是用一种蹩脚的方式，在做着诗人们干得很漂亮的事情。"⑤

面对史学文学化的理论思潮，一些人试图通过素朴的"移情"、"体验"来捕捉真实的历史。然而，任何对过去的体验依然不可能就是过去本身，因而它根本无力回击史学文学化的思潮。为此，一些人试图通过自然科学的严谨方式来为历史知识的客观性奠

---

① 克罗齐：《历史学的理论和实际》，商务印书馆 1982 年版，第 2 页。
② 柯林武德：《历史的观念》，商务印书馆 1997 年版，第 303 页。
③ 布莱德雷：《批判历史学的前提假设》，北京大学出版社 2007 年版，第 15 页。
④ 沃尔什：《历史哲学导论》，北京大学出版社 2008 年版，第 16 页。
⑤ 哈多克：《历史思想导论》，华夏出版社 1989 年版，第 6 页。

第七章 历史唯物主义与历史学

基,但实践证明,这种方法同样没有能够很好地解决历史的客观性问题。相反,越来越多的史学家开始抛弃这样的方法。康德的先验哲学令人信服地解决了自然科学知识何以可能的问题,但他对人类历史的"臆测"表明了,先验哲学根本无法为历史知识的客观性奠基。或许,"先验的"和"历史的"本来就是一对相对立的范畴。现代分析的历史哲学家将历史知识的客观性问题转变为一个语言分析的问题。就是说,作为人类过去活动的历史对人而言只能是"有之非有,存在着的无"。我们唯一拥有的是作为历史文献的语言文本材料。可以说,哲学的语言学转向对深化人们历史意识的研究具有十分重要的意义。然而,哲学语言学不但没有切中人类现实的历史,反而彻底否定了作为人类过去活动的历史。

面对历史学逐渐被艺术化的理论倾向,固守历史学作为严格科学的史学家并没有能给予其有力的回击,反而只是消极地回避了对这一问题的讨论,继续默默无闻地通过对史料的精细考订和论证来确立历史学的客观性。职业史家对这一论题的回避不但没有解决实质性问题,恰好证实了历史哲学—史学理论家对其工作无根基性的指责。既然历史唯物主义的创立,使得历史学成为一门真正的科学,那么,回应历史哲学—史学理论对历史客观性的质疑就成为历史唯物主义一项本职的理论任务。然而,正是这一极为关键的问题却被以往的研究所忽略,由此也导致了历史唯物主义极为丰厚的理论内涵未能被阐发出来。长期以来,人们形成的一种普遍看法是,把历史唯物主义教条地僵化为可以套用到任何时代的万能公式,这就是学界长期流行的所谓五形态说或者三形态说。毫无疑问,所谓的五形态说或者三形态说并非空穴来风,而是有一定的学理依据。然而,如果我们不顾历史唯物主义对历史客观性问题的创造性转化和思考,极容易把历史唯物主义混同于传统历史哲学,即可以随意套用在任何历史形态上的万能公式。

笔者认为,传统历史哲学的那些大而空的"豪言壮语"被职业历史学家所抛弃,是极为合情合理的。显然,人类历史是和自然界有着根本的不同。诚如黑格尔所说,对于自然界而言,真可谓太阳下面没有新东西。而人类历史却是五彩斑斓的,因此,它根本不

历史的客观性研究

可能存在自然科学式的整齐划一的规律。或者说，自然的逻辑只是知性的形式逻辑，而历史所遵从的是理性的辩证逻辑。传统的历史哲学试图效法近代以来兴起的自然科学的研究范式来寻求人类历史的发展的一般规律。这种做法只能是形而上学或者形而上学的残余，即它只是给人以知识的幻想却不给人以任何真知识。那么，如何理解和表达历史？让我们重新回到黑格尔！

黑格尔将历史区别为原始的历史、反省的历史和理性的历史。如果仅仅囿于原始的历史，即将历史理解为过去了的客观存在，则历史的客观性问题根本无法回答。在职业的历史学研究中，历史的客观性通常表现为对历史活动、历史事件的客观性的求证。也正是在这个意义上，人们把历史学界说为一门实证科学。然而不容否认，这只是历史"表层"的客观性问题。如果仅仅以历史"表层"的客观性为追求，那么历史学永远都无法回应历史哲学—史学理论对历史客观性的质疑，因为历史作为人类已经过去的活动，任何精细的还原都是可疑的。其实，这样一种基于知性思维的对历史的理解已经先行堵死了任何解决历史客观性的可能道路，因为它已经预设了主体与客体的二分法。这也是黑格尔把如此这般对历史的理解称为源始的历史的根本原因之所在。在素朴实在论的立场上，人们总是认为有充足证据证明的历史必然是客观实在的。然而，随着近代以来的认识论自觉，人们逐渐认识到，史学家对历史的任何认识只能是被认识到的历史，而不可能是自在的历史本身。特别是在认识论转向的理论背景下，思维被无限地抽象夸大，使得人们陷入一种幻觉：历史只能是意识化了的历史，毫无客观性可言。然而在事实上，思维并不是一个僵死凝固的孤立基点，而本身就根植于不断生成的历史之中。黑格尔的伟大之处就在于他发现了这一点。以思辨思维看，正是作为理性展开的历史实现了为思想客观性的奠基。黑格尔认为，知性是有限而片面的，它只是理性的一个内在环节。理性的自我展开即历史才奠定人的思维的现实性及现实的人。这样，在黑格尔的意义上，历史的客观性奠定了人的现实性。或者说，任何现实的历史认识主体本身都是历史文化的产物，因而它深深地根植于历史之中。然而，虽然黑格尔隐隐约约地捕捉到了历史

第七章 历史唯物主义与历史学

的本性，但他的理性的历史还不是现实的历史本身。相对于黑格尔把历史理解为绝对理念的自我扬弃和自我实现，马克思则把它理解为人类物质活动的历史性进步和发展。历史，更确切地说人类文明史，是在现实个人的物质活动中不断生成并获得发展的。历史唯物主义正是通过对人类文明史的客观确证，才真实地深入到历史的本质一度中去了。

历史理论—史学理论界把历史的客观性问题仅仅归结为历史表层的历史事件、历史活动的客观性问题，而没有从深层上把历史理解为人类文明史的客观演进过程。马克思则沿着黑格尔把历史理解为文明史的路向，真正深入到历史的本质一度中去了，进而也为理解历史的客观性问题提供了可能。马克思不再把历史的客观性问题理解为如何还原自在的历史事件及历史活动，而是把历史的客观性理解为历史趋势的可把握性，并在对人类文明史的觉解的基础上，把历史的客观性问题转化为历史观的"现实性和力量"的问题。就是说，历史的客观性首先并不是指如何还原历史表层的历史事件，而是指如何确证人类文明史的客观性。只有理解人类文明史的客观性才能深刻理解历史表层事件的意义。人类文明是客观运演的过程，而对人类文明所能达到的最高度即现实的资本主义的理解，是把握人类文明全部历程及未来走向的理论前提。由此，马克思从对现实的资本主义的理解着手，为我们理解人类全部的历史提供了钥匙。

首先，马克思对资本主义的分析是实证主义的。他自己明确地指出，"在思辨终止的地方，在现实生活面前，正是描述人们实践活动和实际发展过程的真正的实证科学开始的地方。"① 然而，这种实证主义的分析方法，既没有囿于纯粹微观的角度，也不是完全诉诸宏大的理论框架，而是基于微观考察与宏观分析的辩证结合的方法。这种史学的分析方法很好地展现在《路易·波拿巴的雾月十八》这部堪称史学研究的典范之作中。我们知道，当时与这部经典作品差不多同时出现的，而且也是论述同一问题的著作，还有

---

① 《马克思恩格斯选集》第一卷，人民出版社 1995 年版，第 73 页。

历史的客观性研究

雨果的《小拿破仑》和蒲鲁东的《政变》(《从十二月二日政变看社会革命》)。然而,雨果把这次政变归罪于一个人,并对政变的负责发动人作了一些尖刻的和机智的痛骂。可是马克思说,雨果没有觉察到,"当他说这个人表现了世界历史上空前强大的个人主动性时,他就不是把这个人写成小人而是写成巨人了。"① 而与此相反,蒲鲁东则力图把政变描述成以往历史发展的客观结果。对这样做的结果,马克思说,"但是,在他那里关于政变的历史构想不知不觉地变成了对政变主人公所作的历史的辩护。"② 相比之下,马克思则睿智地指出,"我则是证明,法国阶级斗争怎样造成了一种局势和条件,使得一个平庸而可笑的人物有可能扮演了英雄的角色。"③ 现实个人对政变的发动是基于一种阶级斗争所造成的历史形势,而现实个人对政变的发动所造成的历史局势又使得一个平庸者变成了英雄。可以说,在马克思那里,历史中的个人与历史的时局始终处于辩证的统一之中。我们也可以看到,马克思彻底抛开了任何抽象神秘的思辨,而以一种实证主义的态度展开对历史的分析。这一点无论如何是一个优秀史学家必须具备的专业品格。

其次,马克思对历史的研究和分析又并不是非批判的实证主义,而是力图在批判旧世界中发现新世界。站在国民经济学家立场上的史学家和哲学家,表面上宣称不带任何偏见地描述客观的历史事实,实则他们是在有意无意地为资产阶级的利益辩护。在他们眼中,资产阶级社会中一切社会关系都是合情合理的,历史好像由此真的要终结了似的。这样一种所谓的对历史的客观描述实则是隐秘的资产阶级意识形态。因此,它只是打着客观主义的旗号而在容忍着违反人性的东西。而在国民经济学家们认为合理的地方,马克思发现了其背后剥削的实质。在马克思看来,政治解放并不等于人的解放,它甚至比封建主义等级制对人的压迫更残酷。《资本论》的存在论意蕴正是在于揭露物与物的关系下所掩盖的人与人之间的不

---

① 《马克思恩格斯选集》第一卷,人民出版社 1995 年版,第 580 页。
② 同上。
③ 同上。

平等关系。应当说，马克思对历史的觉解更符合历史的本性。也正是在这个意义上，海德格尔称他真正深入到历史本质的一度中去了。这也在深刻地启示专业的史学家们：任何对历史的客观描述都根基于一定的隐性或显性的政治立场，甚至一个史学家的政治立场影响着他的史学见识。马克思说得好："旧唯物主义的立脚点是'市民'社会；新唯物主义的立脚点则是人类社会或社会化的人类。"①

最后，立足于对资本主义批判性的实证考察，我们可以说，马克思对资本主义做出的诊断并不是神学式预言，而是奠基于人类文明史而对人类未来命运的观照。马克思极为反感教条主义，他也无意去发现什么永恒的真理，而总是力求在批判旧世界中发现新世界。马克思主义自创始以来之所以具有如此之大的影响力，恰恰就因为它深深根植于人类的现代文明之中。他对人类现代文明的深刻分析是任何其他理论所无法比拟的。这一点甚至连非马克思主义者也是承认的。马克思主义，也只有马克思主义才符合我们的时代！它是时代应运而生的理论产物，是我们这个时代的时代精神的精华和活的灵魂。也正因为如此，任何一位现代意义上的史学家都必须要有马克思主义的理论自觉。只有有着深刻的历史唯物主义的理论自觉，才能真实地保证历史学家自身是在从事历史学研究，而不是从事虚假的文学创作。

第三节 唯物史观与中国语境中的历史虚无主义课题

正像虚无主义意味着最高价值的自行贬黜一样，历史虚无主义意味着历史的终极目标和价值的坍塌。在马克思主义的意义上，传统的历史哲学与现代的历史编纂学都是以超历史的虚幻理念出发来解释历史的历史唯心主义，因而二者也都是历史虚无主义的基本形态。然而，反观当代中国语境中的历史虚无主义批判，批判者们既

---

① 《马克思恩格斯选集》第一卷，人民出版社1995年版，第61页。

历史的客观性研究

没有在根本上摆脱对唯物史观本身的拟历史哲学的理解,又没有真正切中被指认为历史虚无主义的历史编纂学的理论要害,因而在对历史虚无主义的批判上,收效甚微。基于此,澄清历史虚无主义的来龙去脉,特别是唯物史观对历史虚无主义的内在性超越,是在根本上克服历史虚无主义的前提,也是稳固唯物史观在历史研究中的指导性地位的前提。

自习近平总书记近年来多次谈及历史虚无主义之后,学界较为集中地展开了对历史虚无主义的批判。可以说,历史虚无主义已经成为当前人们关注的一个学术热点。但从总体上看,这场正在持续的历史虚无主义批判,由于缺乏对教条化的唯物史观的应有反思,因而收效甚微。在此背景下,真实地澄清马克思对历史虚无主义的内在超越性,已经成为一个刻不容缓的理论任务。这不仅有助于在根本上推进当前的历史虚无主义批判,而且也有助于在新的语境下重新唤起唯物史观的理论魅力。

一 从虚无主义到历史虚无主义:历史虚无主义的由来

"虚无主义"(nihilism)一词来源于拉丁词"nihil",意指"无"(nothing at all)。关于虚无主义,《牛津哲学词典》指出,"一种主张'无',不效忠于任何国家、信仰或个人,没有目标的理论立场。"[①]《西方哲学英汉对照词典》指出,"一种主张没有可信的东西和没有有意义的区分的理论。"[②] 显然,虚无主义是指拒绝承认世界、人生的终极意义和价值的哲学理念。按照海德格尔的考证,雅克比最早在哲学的意义上使用了"虚无主义"的概念。在给费希特的信中,雅可比把自己所反对的唯心论称作虚无主义。他说,"真的,亲爱的费希特,如果您或者无论是谁想把我要反对的唯心论称作喀迈拉主义的话,我是不会不高兴的;我自己就骂它是虚无主义……"[③] 雅可比把唯心论指责为虚无主义,表明虚无主

[①] Oxford Dictionary of Philosophy, Shanghai: Shanghai Foreign Language Education Press, 1996, p. 263.

[②] 尼古拉斯·布宁、余纪元编著:《西方哲学英汉对照词典》,人民出版社2001年版,第679页。

[③] 海德格尔:《尼采》(下卷),商务印书馆2010年版,第716页。

第七章　历史唯物主义与历史学

义和唯心主义有一定的牵扯关系。

当然，虚无主义真正变成一个广为人们熟知的概念，则是始于俄国文学家屠格涅夫的作品《父与子》。有学者指出，"'虚无主义'和'虚无主义者'并非屠格涅夫首创，而是两个来自西欧的古老的词……'虚无主义'之名迅速流行并获得新的内涵，是在《父与子》问世、巴扎罗夫的形象引起普遍注意和激烈争辩之后。"① 在《父与子》中，主人公巴扎罗夫是一个典型的虚无主义者，他轻蔑和质疑俄罗斯传统的规范、规则和价值，从不向任何权威低头、从不接受正面原则。巴扎罗夫只相信实证主义的自然科学，他甚至把整个世界看作是没有任何形上意义和目标的工厂和实验室。这种唯科学主义的立场把虚无主义推向了极致。对于巴扎罗夫式的虚无主义，海德格尔指出，"这种观点否定了所有建立在传统、权威以及其他任何特定的有效价值基础上的东西。"② 由于虚无主义拒斥任何的道德规范和价值传统，而只承认感性存在的东西，所以虚无主义又必然和实证主义纠缠在一起，"人们通常用'实证主义'这个名称来表示这种世界观。"③

尽管尼采并不是第一个在哲学的意义上讨论虚无主义的人，但他却系统性地构筑了虚无主义的哲学话语，把虚无主义与现代性勾连起来，从而使得虚无主义成为一个必须予以克服的当务之急。尼采指出，"虚无主义意味着什么呢？——最高价值的自行贬黜。"④ 这里的"最高价值"，是指西方传统的柏拉图主义所悬设的理念世界，它凌驾于现实的感性世界之上，但却始终规范着现实的人们的所思所想和所作所为。尼采断言，现在，这个最高价值自行贬黜了，伴随着"上帝之死"，人类失去了任何的目标和意义，在精神上变得无家可归。这就是虚无主义的来临。

但尼采同时指出，虚无主义并不可怕，因为传统的柏拉图主义所悬设的"最高价值"本来就是不真实的存在，它只是缺乏生命

---

① 蒋路：《俄国文史采薇》，东方出版社 2003 年版，第 64—65 页。
② 海德格尔：《尼采》（下卷），商务印书馆 2010 年版，第 717 页。
③ 同上。
④ 尼采：《权力意志》（上卷），商务印书馆 2007 年版，第 399 页。

意志力的"奴隶道德"所产生的幻想。因此，只要以"主人的道德"来取代"奴隶道德"，重建权力意志的绝对价值，就能克服柏拉图主义，进而走出价值虚无主义的困境。尽管后来的海德格尔对尼采克服虚无主义的方案表示怀疑，但不可否认的是，尼采确实深刻地意识到了西方文明中所固有的虚无主义事实。海德格尔说，"尼采用'虚无主义'这个名称来命名一种由他本人最先认识到的历史运动，一种已经完全支配了先前各个世纪，并且将规定未来世纪的历史运动；对于这种历史运动，尼采用一句简洁的话做了最本质的解释：'上帝死了'。"① 海德格尔之所以重视尼采的"欧洲虚无主义"，也是源于尼采对虚无主义的深刻见地。

尼采的深刻之处在于，他意识到了现代社会急速的世俗化运动必然催逼出否认超感性价值的虚无主义思潮。德勒兹曾指出，所谓对超感性价值的质疑和否认，"不再是借更高价值的名义来贬低生命，而是对更高价值本身的贬低。这种贬抑不再指生命具有虚无的价值，而是指价值的虚无，指更高价值本身的虚无"②。尼采也说，"现代人试验性地一会儿相信这种价值，一会儿相信那种价值，然后又把它们取消了：过时的和被取消的价值的范围变得越来越丰富；价值的空虚和贫乏越来越明显可感。"③

虚无主义真实地折射出了现代西方文明的内在困境，表明了人们对现代文明的本质和前景的忧虑。施特劳斯指出，"一位虚无主义者便是知晓文明原则的人，哪怕只是以肤浅的方式。一个单纯的未开化者、野蛮人，并不是虚无主义者"④。可见，虚无主义绝非危言耸听，而是基于对现代文明的内在症结的深刻洞见。作为现代文明的根本症结，虚无主义必然体现在现代社会的方方面面。《西方哲学英汉对照词典》把虚无主义的形式概括为："形而上学的虚无主义，认为世界和人生没有我们假定它们具有的价值和意义；认

---

① 海德格尔：《尼采》（下卷），商务印书馆2010年版，第718页。
② 德勒兹：《尼采与哲学》，社会科学文献出版社2001年版，第217页。
③ 尼采：《权力意志》（下卷），商务印书馆2007年版，第732页。
④ 施特劳斯：《德国虚无主义》，载刘小枫编《施特劳斯与古典政治哲学》，上海三联书店2002年版，第751页。

识论的虚无主义，坚持没有任何知识是可能的；伦理的虚无主义，提出不存在任何能为绝对的道德价值辩护的基础；政治上的虚无主义，建议任何政治组织必是腐败的。"① 在历史研究中，虚无主义同样不可避免地出现了，这就是历史虚无主义。历史虚无主义集中地体现在它对传统历史哲学的质疑上。我们知道，传统的历史哲学，从基督教的神本史学到黑格尔的《历史哲学》，总是首先悬设了历史的终极目标，然后把历史的发展过程看作是不断迈向终极目标的各个环节，而从来都没有质疑过这个终极目标。但随着虚无主义的来临，人们不再相信以往的历史哲学对历史的终极目标的设定。因此，正像虚无主义意味着最高价值的自行贬黜一样，历史虚无主义则意味着历史的终极目标和价值的坍塌，历史仅仅被理解为杂乱事件的堆积。

二　历史哲学与历史编纂学：马克思所指认的历史虚无主义形态

尼采通过宣告"上帝之死"，预言了虚无主义的来临。但其实在尼采之前，马克思已经通过对宗教虚无本质的批判，认识到了这一点。马克思说，宗教是有缺陷的定在，它是人们没有获得自我意识或者再度丧失自我意识的人的自我意识和自我感觉。当人们还不能围绕现实的太阳旋转时，宗教总是围绕人而旋转。批判宗教的根据在于，人创造了宗教，而不是宗教创造人。② 但天国的谬误一经被驳倒，人类的世俗生活也就随之失去了昔日田园诗般的脉脉温情和一切职业的灵光。于是，虚无主义来临了。如果说尼采把形而上学的"最高价值"归结为"奴隶道德"的话，那么，马克思则把作为"神圣形象"的宗教归结为人的异化状态。显然，二位大哲都在质疑传统柏拉图主义所悬设的"终极存在"的同时，意识到了西方文明中固有的虚无主义事实。

马克思不仅批判了宗教的虚无本质，而且还具体批判了基督教

---

① 尼古拉斯·布宁、余纪元编著：《西方哲学英汉对照词典》，人民出版社 2001 年版，第 679 页。

② 参见《马克思恩格斯选集》第一卷，人民出版社 1995 年版，第 2 页。

的神本史观，把它指认为一种不自觉的历史虚无主义。在他看来，基督教史学是一种颠倒了的历史观，它为了获得对历史的统一性理解，把历史的统一性原理对象化给了虚幻的上帝，把上帝看作是历史的创造者和终极目标。基督教史学家向来都坚信自己的历史观是奠定在坚实的实在论基础之上的，但正是这种良好的感觉，使得他们从来都没有真正思考过的"目标"、"意义"、"统一性"、"真理"等这些字眼，也从来都没有意识到历史终极目标的虚无本质。正因为如此，基督教历史观只是一种不自觉的历史虚无主义。

近代以来的历史哲学，特别是在黑格尔的历史哲学，只是以绝对理念代替了上帝，却同样没有质疑过历史的终极目标和意义，因而它根本上也是一种不自觉的历史虚无主义。马克思说，"黑格尔历史观的前提是抽象的或绝对的精神。这种精神正在以下面这种方式发展着：人类仅仅是这种精神的有意识或无意识的承担者，即群众。"① 黑格尔对历史主客体的颠倒，使得他尽管在《历史哲学》中极为详尽地讨论了世界历史从东方向西方的具体进展历程，但现实的历史还是被他完全地遮蔽了起来。而青年黑格尔派对老黑格尔的历史哲学进行了方方面面的修补，但却在根本上延续了老黑格尔的运思路向，在他们那里，"人和历史所以存在，是为了使真理达到自我意识。因此，历史也和真理一样变成了特殊的个性，即形而上学的主体，而现实的人类个体反倒仅仅变成了这一形而上学的主体的体现者。"② 因此，"尽管青年黑格尔派思想家们满口讲的都是'震撼世界'的词句，而实际上他们是最大的保守分子。"③ 马克思把以往历史哲学这种历史唯心主义，也称为不自觉的历史虚无主义。其实，雅克比首次在哲学的意义上提出虚无主义的概念时，就已经隐隐约约地意识到了虚无主义和唯心主义的内在关联，只是马克思明确地挑明了这一点。

正是因为意识到了传统的历史哲学在根本上是不自觉的历史虚

---

① 《马克思恩格斯全集》第2卷，人民出版社1957年版，第108页。
② 同上书，第101页。
③ 《马克思恩格斯选集》第一卷，人民出版社1972年版，第23页。

第七章　历史唯物主义与历史学

无主义,所以马克思极力把自己的"历史科学"与传统的历史哲学划清界限。马克思说,"使用一般历史哲学理论这一把万能钥匙,那是永远达不到这种目的的,这种历史哲学理论的最大长处就在于它是超历史的。"① 对于俄国民粹派理论家、主观社会学者米海洛夫斯基对唯物史观的拟历史哲学的理解,马克思说,"他一定要把我关于西欧资本主义起源的历史概述彻底变成一般发展道路的历史哲学理论,一切民族,不管他们所处的历史环境如何,都注定要走这条道路,……但是我要请他原谅。他这样做,会给我过多的荣誉,同时也会给我过多的侮辱。"②

历史虚无主义意味着历史的终极目标和价值的失落,同时也就意味着传统历史哲学的"宏大叙事"的彻底终结。在此背景下,客观的历史编纂学在 19 世纪兴盛起来。历史编纂学尽管在古典时期就已经有所发端,但只有在经历了对传统的历史哲学的反思之后,才获得了纯粹的意义,因为只有在此时,史学家才真正意识到了传统的历史哲学所悬设的最高目标的虚无本质,所以他们开始自觉地拒绝任何形式的历史哲学,而力求把历史知识建立在扎实的史料考据学的基础之上,甚至干脆就把历史研究当作一种文献研究。德国历史编纂学的代表人物兰克明确宣称,"严谨的事实陈述,即使这些事实或许是偶然的和枯燥无味的,无疑是历史编纂学的最高法则。"③ 根本上说,历史编纂学是一种自觉的历史虚无主义形态,或者说是历史虚无主义的"完成"形态,因为它有意识地拒斥历史的终极目标和意义,因而完全把史学看作是一门由在专业上训练有素的史学家所从事的实证主义科学。正像屠格涅夫和海德格尔表明的那样,虚无主义和实证主义之间存在着先天性的内在关联。既然历史编纂学家在史学中彻底地贯彻了实证主义,那么,它也必然把历史虚无主义推向极致。

马克思认为,现代历史编纂学作为自觉的历史虚无主义,与传

---

① 《马克思恩格斯全集》第 19 卷,人民出版社 1963 年版,第 131 页。
② 同上书,第 130 页。
③ 易兰:《兰克史学研究》,复旦大学出版社 2006 年版,第 98 页。

历史的客观性研究

统历史哲学的不自觉的历史虚无主义，具有深刻的内在一致性。历史编纂学尽管拒斥传统历史哲学的宏大叙事，拒绝讨论历史的终极目标和动力，但它在实质上并没有出离历史哲学的范式。这是因为，历史编纂学在根本上依然是以某种超历史的"理念"来解释历史，而不是像它自己所宣称的那样，是在客观如实地描述历史。具体来说，历史编纂学由于没有自觉到感性的物质活动才是历史的现实基础，所以"只能在历史上看到政治历史事件，看到宗教的和一般理论的斗争，而且在每次描述某一历史时代的时候，它都不得不赞同这一时代的幻想。例如，某一时代想象自己是由纯粹'政治的'或'宗教的'动因所决定的——尽管'宗教'和'政治'只是时代的现实动因的形式——，那么它的历史编纂学家就会接受这个意见。这些特定的人关于自己的真正实践的'想象'、'观念'变成一种支配和决定这些人的实践的唯一起决定作用的和积极的力量。"[1] 可见，历史编纂学由于只关注历史上的重大的政治事件、宗教斗争，所以必然会把某些特定的人的"政治的"或"宗教的"观念看作是决定历史发展的终极动因。这样一来，"历史总是遵照在它之外的某种尺度来编写的；现实的生活生产被看成是某种非历史的东西，而历史的东西则被看成是某种脱离日常生活的东西，某种处于世界之外和超乎世界之上的东西。"[2] 因此，正像历史哲学在历史之外悬设了一个终极目标一样，历史编纂学同样是以在历史之外的虚无的"观念"来解释历史。马克思说，"所有的历史编纂学家，主要是18世纪以来的历史编纂学家所共有的这种历史观，必然会碰到这样一种现象：占统治地位的将是越来越抽象的思想，即越来越具有普遍性形式的思想。"[3] 显然，历史编纂学总是从既定的思想前提和价值立场出发，而不是像它所宣称的那样，始终保持"客观中立"。

总之，客观的历史编纂学只不过是另一种形式的历史哲学而

---

[1] 《马克思恩格斯选集》第一卷，人民出版社1995年版，第93页。
[2] 同上。
[3] 同上书，第100页。

第七章　历史唯物主义与历史学

已,尽管它在外观上总会表现出拒斥任何历史哲学的实证主义姿态。马克思明确指出,德国的历史编纂学是从资产阶级的立场出发,因而它同样是遮蔽现实历史的德意志意识形态。马克思说,"所谓的客观历史编纂学正是脱离活动来考察历史关系。反动的性质。"① 马克思甚至把历史编纂学同黑格尔的历史哲学等而视之。他说,"黑格尔的历史哲学是整个这种德国历史编纂学的最终的、达到自己'最纯粹的表现'的成果。对于德国历史编纂学来说,问题完全不在于现实的利益,甚至不在于政治的利益,而在于纯粹的思想。"②

马克思对历史编纂学与历史哲学的同质性的指认,得到了后世思想家们的认同。且不说克罗齐后来以"一切真历史都是当代史"的口号来质疑客观的历史编纂学。当代的史学史大师伊格尔斯更为深刻地指出,兰克倡导的史学研究专业化的科学精神最终导致的却是,他的历史著作越来越意识形态化。伊格尔斯说,"兰克把历史学看作是一种严格的科学概念,是以一种紧张的对立关系为其特征的,即一方面是显然要求严格排斥一切价值判断和形而上学的思辨的客观研究,另一方面又有实际上在左右着他的研究工作之隐然的哲学上和政治上的前提设定。"③

综上所述,在马克思主义的意义上,传统的历史哲学与现代的历史编纂学,都是历史虚无主义。传统的历史哲学,从基督教史学直到黑格尔的《历史哲学》,从来都没有质疑过他们所悬设的终极目标,而是独断地承诺了这个终极目标,因而是一种不自觉的历史虚无主义;现代的历史编纂学,由于意识到了传统历史哲学所悬设的历史目标的虚无本质,所以它是一种完成了的历史虚无主义形态,但因为它依然以历史之外的某种尺度来理解历史,所以最终无可避免地堕入自己所批判的历史哲学的窠臼之中。在厘清了马克思所指认的两种历史虚无主义形态之后,让我们再回到中国语境中的

---

① 《马克思恩格斯选集》第一卷,人民出版社 1995 年版,第 94 页。
② 同上。
③ 伊格尔斯:《二十世纪的历史学——从科学的客观性到后现代的挑战》,山东大学出版社 2006 年版,第 26 页。

历史虚无主义讨论上来。

三 立场与史实之争：中国语境中的历史虚无主义讨论

在中国传统的思想谱系中，尽管有道家的虚无哲学，但却从来没有过虚无主义的思想因子。严格来说，虚无主义算是外来的词汇和思潮，它是从德国经俄国而传入中国的。正因为如此，这一概念的含义在中国的语境中也发生了微妙的变化。有学者具体指出，"俄国'虚无主义'一词的历史变化和多样意蕴，使得清末'虚无主义'这个词主要从俄国引入中国时，显得非常混乱。"① 梁启超最初在介绍俄国的虚无主义时，把"虚无主义"混同于俄国当时恐怖的"虚无党"，认为虚无党源于19世纪文学上的虚无主义。但事实上，在屠格涅夫撰写《父与子》的当年，也就是1860年，虚无党作为反抗沙皇政府极端镇压政策的产物，就已经诞生了。周作人后来对此做了纠正，认为虚无主义既不同于虚无党，也不同于东方古老的虚无哲学。他说，"虚无主义实在只是科学的态度，对于无证不信的世俗的宗教法律道德虽然一律不承认，但科学与合于科学的试验的一切，仍是承认的，这不但并非世俗所谓虚无党，（据克鲁泡特金说，世间本无这样的一件东西）而且也与东方讲的虚无不同。"② 不过，朱谦之先生，也就是那位在北大图书馆与时任该馆管理员的毛泽东多次畅聊理想的积极青年，还是以道家的虚无哲学的眼光来理解虚无主义，把虚无主义理解为思想深刻、境界高远的褒义词。这显然不同于尼采、海德格尔等德国哲学家对虚无主义的原本理解。但可能正是因为中国古代有虚无哲学，所以虚无主义一开始传入中国，并没有引起中国思想家对西方文明的消极理解，也没有影响他们对西方民主和科学的接受。

虚无主义虽然是一个舶来品，但作为现代性的基本特征，它还是影响到了近代以来中国社会的方方面面。在近代中国的史学界，历史虚无主义同样以实证主义的历史编纂学的面孔呈现了出来。具

---

① 刘森林：《物与无：物化逻辑与虚无主义》，江苏人民出版社2013年版，第19页。
② 《周作人散文全集》第二卷，广西师范大学出版社2009年版，第261页。

第七章 历史唯物主义与历史学

体来说,伴随着作为"最高价值"的儒家伦理的自行贬黜,史学家们不再按照儒家伦理的解释原则来理解和书写历史,不再探寻历史中的终极意义和价值,而只是把如实地还原历史当作了史学的本职任务。不管是顾颉刚对崔述"经书即信史"的批判,强调崔述"只是儒者的辨古史,不是史家的辨古史"[①],还是傅斯年的"史学即是史料学",都意在消解传统史学中的"以经解史"的路向,力求把实证主义方法在史学中贯彻到底。近代的实证主义史学基本完成了中国语境中的历史虚无主义,史学由此而不再承载"究天人之际"这个最高目标,完全变成了史料学。从史学史上看,近代史学中的历史虚无主义,有着重大的理论功绩,因为它不仅迅速完成了传统史学的现代转型,而且还以"新史学"的名义批判了传统的封建思想,成为近代启蒙运动组成部分。

经过近代中国社会复杂的价值重构,马克思主义逐渐占据了意识形态的主流,历史虚无主义由此而得到了遏制。自马克思主义传播以来,广大的马克思主义史学家以唯物史观为指导,系统地研究了中国与世界的历史,取得了极为可观的史学成就。不过,与此同时,人们也逐渐认识到,中国马克思主义史学中存在着一些问题,特别是对唯物史观的教条化理解和照搬。作为对马克思主义史学的反思,碎片化的实证主义史学自改革开放之后再次兴起,史学界甚至由此而出现了质疑唯物史观的历史虚无主义思潮。

可以说,在当代的中国语境中,历史虚无主义既不同于它在原初语境中的理解,也不同于中国近代史学中自发的历史虚无主义,而是特指对唯物史观的质疑,也就是以还原历史细节的方式来质疑马克思主义史学,它集中体现在对"反右"、"大跃进"、"文化大革命"等重大历史事件以及毛泽东、蒋介石等重要人物的评价上。正因为如此,当代的历史虚无主义批判,不仅是一个重大的学术问题,而且也是一个重大的政治问题。总的来说,当前中国语境中的历史虚无主义讨论,主要体现为立场与史实之争。历史虚无主义的

---

① 顾颉刚:《与钱玄同先生论古史书》,载刘北成、陈新主编《史学理论读本》,北京大学出版社2006年版,第107页。

历史的客观性研究

批判者们，主要是站在维护马克思主义的立场上，分别从含义、研究方法及危害等方面来剖析历史虚无主义；而"历史虚无主义者们"则主要从史实的角度出发，以客观的历史编纂学的形式来反思以往的马克思主义史学。

具体来说，历史虚无主义的批判者们，把历史虚无主义的内涵明确界说为对唯物史观的质疑。例如，杨军说，"历史虚无主义否定唯物史观及其对历史研究的指导意义，认为唯物史观是机械的历史决定论，已经过时，主张用历史选择论取代唯物史观。"① 何怀远说，"历史虚无主义，虚无的是马克思主义、社会主义和共产党的历史，实化的是资产阶级意识形态和资本主义制度。"② 也有学者们指出，"历史虚无主义的本质是历史唯心主义，是对历史唯物主义的背叛。"③ 在研究方法上，批判者认为，历史虚无主义违背实事求是的原则。例如，韦磊说，"依据主观目的随意歪曲历史。历史虚无主义者在历史研究上，伪造、拆解、滥用史料。"④ 杨军说，"历史虚无主义以历史选择论为指导，以假设为前提，从既定的目的出发而不是从历史事实出发，根据一些历史细节、现象和新发现的材料，主观臆断历史发展的应然和可能的结局。"⑤ 而对于历史虚无主义的危害，批判者明确指出，它否定中国共产党、否定新中国的历史。例如，田心铭说，"历史虚无主义是在我国影响较大的错误思潮之一，其主要表现是否定历史，尤其是歪曲和否定中国共产党的历史和新中国的历史，进而否定中国共产党的领导地位和中国的社会主义制度。"⑥ 龚书铎说，"历史虚无主义并不是对历史完全虚无，而是有所虚无有所不虚无。历史虚无主义虚无的是中国革命的历史，是中国共产党的领导、马克思列宁主义的指导，是

---

① 杨军：《历史虚无主义的本质》，《求是》2013 年第 20 期。
② 何怀远：《再评历史虚无主义思潮》，《红旗文稿》2015 年第 6 期。
③ 上海市中国特色社会主义理论体系研究中心：《对历史的自觉自信是抵制历史虚无主义的基石》，《求是》2013 年第 1 期。
④ 韦磊：《海外毛泽东研究中的历史虚无主义》，《马克思主义研究》2014 年第 6 期。
⑤ 杨军：《历史虚无主义的本质》，《求是》2013 年第 20 期。
⑥ 田心铭：《警惕历史虚无主义的新变种》，《红旗文稿》2014 年第 13 期。

第七章 历史唯物主义与历史学

社会主义制度和人民民主专政,但对叛徒、汉奸、反动统治者则不虚无,而是加以美化,歌功颂德,把已被颠倒过来的历史再颠倒回去,混淆是非。"① 与历史虚无主义的"热烈"批判形成鲜明对照的是,历史虚无主义者几乎完全处于"隐匿"的状态,似乎没有人公开承认自己是历史虚无主义者。这倒是一个颇让人尴尬的局面。不过,在当代中国的史学界,不少史学家确实在有意无意地绕开唯物史观,而沉湎于客观的历史编纂学之中,以隐性的方式质疑马克思主义史学的解释原则。

如前文所述,历史编纂学家宣称不带任何立场地叙述历史,主张有一分材料说一分话,但他们遗忘了,没有中性的观察,观察总已经被既定的价值立场所污染了。不管历史编纂学家是否意识到这一点,但其史学著作一再表明,他们总是从某种既定的价值立场出发来理解历史的。马克思看到了历史编纂学同历史哲学的同质性,认为它们都是以在历史之外所悬设的某个思想出发来理解历史,因而都是历史虚无主义。现代的史学理论家海登·怀特尽管没有像马克思那样,认为任何的历史编纂学都是为资产阶级辩护的意识形态,但却同样指出,任何的历史著作都是基于某种特定的情节化模式,进而也基于某种特定的意识形态立场。② 既然历史编纂学只是一种基于某种特定的价值立场来理解历史的历史虚无主义形式,那么当前的立足于唯物史观的历史虚无主义批判在学理上就是完全成立的。历史虚无主义批判意在剥离历史编纂学"客观中立"的伪装,让其坦白自己的政治和价值立场。

但不得不承认,由于批判者们过度地将矛头指向历史虚无主义本身,而没有去认真清理"历史虚无主义"这个基本概念,更没有回过头来澄清唯物史观对历史虚无主义的内在超越性,所以导致他们在对历史虚无主义的批判上,收效甚微。事实上,改革开放以来,史学家们之所以逐渐从以往的马克思主义史学转向客观的历史

---

① 龚书铎:《历史虚无主义二题》,《高校理论战线》2005 年第 5 期。
② 海登·怀特对此有过系统的论述,参见海登·怀特《元史学:十九世纪欧洲的历史想象》,译林出版社 2013 年版。

编纂学，正是由于他们把唯物史观看作是同历史哲学同质的不自觉的历史虚无主义，没有厘清二者的本质关系。如果历史虚无主义的批判者们不能澄清这一点，那么，所谓的立足于唯物史观来批判历史虚无主义，就会沦为一句空话，因为这只是意味着以不自觉的历史虚无主义来批判自觉的历史虚无主义。而要澄清唯物史观与作为不自觉的历史虚无主义的历史哲学的区别，只能回到马克思的原本语境之中。

四　回到马克思：历史虚无主义克服的可能

马克思把传统历史哲学的历史唯心主义指认为不自觉的历史虚无主义。在对历史哲学的批判过程中，马克思创立了历史唯物主义的历史科学。但自"历史科学"创建以来，人们依然是以传统历史哲学的眼光来理解它，而从来没有认真对待马克思对黑格尔及其青年黑格尔派历史哲学的内在超越。洛维特在其《世界历史与救赎历史》中，明确把唯物史观解读为基督教历史观的现代变种。[①]卡尔·波普尔则针锋相对地质疑了历史规律的不可能性。[②] 现代哲学对唯物史观的诸多误解，彻底抹杀了马克思对传统历史哲学的深刻变革，使得唯物史观同样被质疑为不自觉的历史虚无主义。人们之所以嘲弄马克思主义，其根本原因就在这里。

其实，在批判宗教时，马克思就指出，宗教是颠倒了的世界观，同时也是颠倒了的历史观，而这种颠倒了的世界观和历史观，根本上来说，是源于这个颠倒了的现实世界。正是由于人们在现实的历史中无法实现自己的价值和理想，所以才会在历史之外幻化出最高的"历史目标"来寻求精神慰藉。这就是历史虚无主义的真实根源。因此，以往的历史虚无主义——不管是历史哲学还是历史编纂学——的根本症结在于，它从来没有真正追问过人们的现实的历史，而总是游离于人们的现实历史之外，从某种既定的价值立场出发来虚构历史。马克思意识到了历史虚无主义的存在论根基，所

---

① 参见洛维特《世界历史与救赎历史》，上海人民出版社2006年版，第53页。
② 参见卡尔·波普尔《历史决定论的贫困》，上海人民出版社2009年版，第1页。

第七章　历史唯物主义与历史学

以他不再从某种超历史的价值诉求出发，来理解现实的历史，而是自觉把"人的解放"的价值诉求诉诸对现实历史的政治经济学批判，力争在批判旧世界中去发现新世界，这就使得唯物史观在根本上出离了历史虚无主义的窠臼。根本上说，马克思对历史规律的发现是与其"人的解放"的价值理想密不可分的。一方面，马克思把人的解放的价值理想诉诸对现实历史的政治经济学批判；另一方面，马克思又通过对现实的历史的政治经济学批判来探求人的解放的现实道路。

马克思说，"在思辨终止的地方，在现实生活面前，正是描述人们实践活动和实际发展过程的真正的实证科学开始的地方。"① 在对现实的历史即资本主义的实证性批判中，马克思发现了资本的逻辑，提出当代人的自由是建立在对资本的依赖性之上的。正是由于人们在现实的历史中依然受到资本的抽象统治，处于不自由的状态，所以才会陷入价值虚无主义的困境，进而质疑历史的"意义"和"价值"，把社会历史仅仅理解为人物、活动、事件的杂乱堆砌，这就是以历史编纂学为基本形态的现代历史虚无主义的诞生。可见，资本才是生成历史虚无主义的始作俑者。

但资本的逻辑，既是资本增值的逻辑，又是资本瓦解的逻辑，因为资本的增值不仅为"人的解放"奠定了充足的物质基础，而且也在客观上壮大了"人的解放"的革命力量——无产阶级。在此意义上，资本主义既是历史虚无主义的现实根源，又是历史虚无主义得以克服的现实基础。通过对资本主义的政治经济学批判，马克思发现了历史的规律，这就是唯物史观。但马克思同时指出，这些"从人类历史发展的考察中抽象出来的最一般的结果的概括"，"离开了现实的历史就没有任何价值。它们只能对整理历史资料提供某些方便，指出历史资料的各个层次的顺序。"② 唯物史观不同于以往的历史哲学，因为它"绝不提供可以适用于各个历史时代的药方或公式。相反，只是在人们着手考察和整理资料——不管是

---

① 《马克思恩格斯选集》第一卷，人民出版社 1995 年版，第 73 页。
② 同上书，第 74 页。

历史的客观性研究

有关过去时代的还是有关当代的资料——的时候,在实际阐述资料的时候,困难才开始出现。"①

马克思克服历史虚无主义的思路与海德格尔的探索有着惊人的相似。海德格尔指出,对虚无主义的克服,不能从价值出发,而应该从追问存在开始,因为虚无与存在相对,而不是与价值相对,尼采始终没有认识到这一点,所以他并没有克服虚无主义。② 对于马克思来说,与虚无相对的存在,就是人们的现实生活过程。马克思说,"意识在任何时候都只能是被意识到了的存在,而人们的存在就是他们的现实生活过程。"③ 因此,从存在出发来克服虚无主义,也就是从人们的现实历史过程出发。马克思真正触及了历史虚无主义的存在论根基,所以他为克服历史虚无主义提供了可能。对此,海德格尔指出,"马克思在体会到异化的时候深入到历史的本质性的一度中去了,所以马克思主义关于历史的观点比其余的历史学优越。但因为胡塞尔没有,据我看来萨特也没有在存在中认识到历史事物的本质性,所以现象学没有、存在主义也没有达到这样的一度中,在此一度中才有可能有资格和马克思主义交谈。"④ 深入体会马克思对现实历史的存在论觉解,对于推进当代中国语境中的历史虚无主义批判,具有重大的理论意义。

首先,历史虚无主义导源于把奠基于现实历史之上的价值理想抽象为某种历史目的论。不管是历史哲学还是历史编纂学,其最终之所以会陷入历史虚无主义,就是因为它们都把某种超历史的思想、理念看作是历史的终极根源和目标。这样一来,历史永远都是理念的历史,而现实的人则永远只是"历史"的工具和手段。但在马克思那里,"人的解放"的价值理想奠基于对历史发展规律的发现,而不是先行悬设的历史目标,因而它是一个现实的而非虚幻

---

① 《马克思恩格斯选集》第一卷,人民出版社 1995 年版,第 74 页。
② 邓晓芒对此做了专门的分析,参见邓晓芒《欧洲虚无主义及其克服》,《江苏社会科学》2008 年第 2 期。
③ 《马克思恩格斯选集》第一卷,人民出版社 1995 年版,第 72 页。
④ 孙周兴选编:《海德格尔选集》(上册),生活·读书·新知三联书店 1996 年版,第 383 页。

的实现过程。"共产主义对我们来说不是应当确定的状况,不是现实应当与之相适应的理想。我们所称为共产主义的是那种消灭现存状况的现实的运动。"①

其次,马克思把自己的价值理想奠基于对现实历史的澄清,同时也就意味着,我们应该历史地看待人类自由实现的历史过程。回顾近代以来的中国革命史,它在特定的历史背景下,确实走了不少弯路,但这些"历史失误"与中国既定的历史条件有关,并不能由此而全盘否认中国的革命。对于中国革命史上的重大历史事件,比如,"反右"、"大跃进"、"文化大革命"等,只能诉诸中国特定的历史发展阶段和条件来理解,而不能孤立地看待;同样,对于中国革命史上的重要历史人物,比如毛泽东,也应该在整个近代中国革命史的特定历史背景下来理解。然而,客观的历史编纂学为了探求所谓的历史真相,而过度地沉浸于历史的细节之中,彻底遗忘了中国人民在近代史中所面对的具体的历史现实及其探索的过程。从根本上说,以历史编纂学的形式出现的历史虚无主义,是从某种超历史的前提出发,它曲解中国革命的真实历程,因而理应受到批判。

最后,唯物史观表明,当代人的使命,是摆脱人对资本的依赖性,而不是让人更加依赖于资本,因而我们应该在理解现实历史的基础上自觉超越之。尽管对于"现实的历史",人们有不同的理解,但一个不容否认的事实是,伴随着资本这个"非神圣形象"对传统的"神圣形象"的取代,虚无主义全面来临了。如何把资本的独立性和个性还原为人的独立性和个性,才是当代人根本的历史任务,也是克服历史虚无主义的根本前提。而以唯物史观为指导的中国共产党,一开始就在积极吸取西方现代文明的优秀成果的基础上,尽力规避它的负面效应,力求在扬弃现代文明的过程中早日结束资本对人的统治,结束"史前史"时期,真正走出历史虚无主义的困境。在这个意义上,所谓"社会主义市场经济"之前的"社会主义",绝非可有可无,它就具有重大的理论和现实的指导

---

① 《马克思恩格斯选集》第一卷,人民出版社 1995 年版,第 87 页。

意义。它在时刻提醒着我们,只有辩证地看待当代中国的现实,才能真正实现伟大的"中国梦"。

第四节　论唯物史观对历史虚无主义的内在超越
——兼评杨天石、梁柱的历史虚无主义争论

如果说虚无主义意味着最高价值的自行贬黜,那么,历史虚无主义则意味着,传统历史哲学所悬设的历史的终极目标的失落,进而是历史哲学被历史编纂学所取代。在历史编纂学兴盛的今天,唯物史观也被部分学者误解为旧的历史哲学而加以拒斥。这就引起了当前中国语境中的历史虚无主义批判运动。本节在梳理历史虚无主义的理论渊源的基础上,以2014年梁柱与杨天石关于历史虚无主义的几个回合的争论为切入点,重新反思了"何谓历史虚无主义"这一重大的理论问题,以期为当前轰轰烈烈的历史虚无主义批判运动提供借鉴。

无论对于理论研究还是现实政治来说,历史虚无主义在当前中国都的确是一个关键词。如何诊断、理解和克服历史虚无主义,已经成为当代学界和思想家们所关切的焦点问题。梁柱教授和杨天石研究员于2014年关于历史虚无主义先后几个回合的争论无疑是该背景下的重要事件:一方面,其争论所持有的基本观点代表了当代学界关于历史虚无主义的主要理解范式;另一方面,其争论对于澄清历史虚无主义的核心症结也具有重大的启发意义。

学术应在争论中推进。两位教授关于历史虚无主义的争论值得学界认真对待。笔者不才,尝试对历史虚无主义问题发表浅见。由于历史虚无主义这一理论问题本身的复杂性,特别是两位教授的争论牵扯到了如何评价近代史上的一位重要的历史人物——蒋介石,本书无意也不允许再现两位教授的具体争论环节,也不可能对两位教授的争论逐个回应评析。就此而言,笔者将不会为两位教授所持有的历史虚无主义话语所左右,而是立足于两位教授争论的基本概念——历史虚无主义——来评析两位教授的争论。

第七章 历史唯物主义与历史学

一 历史虚无主义的由来

历史虚无主义来源于虚无主义这一概念。尼采说,"虚无主义意味着什么呢?最高价值的自行贬黜"。① 尼采意识到,现代社会急速的世俗化运动消解了传统社会固有的价值伦理,最终致使人们在精神上无家可归。这就是所谓的虚无主义。尼采以虚无主义来刻画现代社会的深层症结,使得人们意识到了虚无主义的恐怖。马克思尽管没有明确使用虚无主义这一概念,但其实在尼采之前,他已经在对宗教的批判上意识到了虚无主义的问题。马克思说,宗教只是没有获得自我意识或者再度丧失自我意识的人的自我意识和自我感觉。批判宗教的根据在于,人创造了宗教,而不是宗教创造人。② 但彼岸世界的真理一旦消失,此岸世界的世俗生活也就变得黯然失色了,人们失去了封建社会的田园诗般的温情脉脉的面纱和一切职业的灵光。③ 虚无主义来临了。

虚无主义意味着基督教世界观的坍塌,同时也就意味着基督教历史观的衰落。这就是历史虚无主义的兴起。在中世纪,基督教史学家为了获得对历史的统一性理解,先行悬设了历史的终极目标,然后把历史的发展过程看作是迈向历史终极目标的各个环节。基督教史学家从来都坚信自己的历史观是建立在坚实的实在论基础之上的,但正是这种良好的感觉,使得他们始终没有意识到历史终极目标的虚无本质。历史虚无主义则意识到了基督教史学所悬设的历史终极目标的虚无本质,因而它仅仅把人类的历史看作是杂乱无章的"一地鸡毛",毫无任何规律可言。从史学史上看,传统的历史哲学之所以最终被现代的历史编纂学所取代,根本上说,就是与历史虚无主义的思潮有关。历史编纂学家不再相信历史背后的终极目标,因而它拒绝任何形式的历史哲学,主张客观中立的描述历史。德国历史编纂学的代表人物兰克明确宣称,"严谨的事实陈述,即使这些事实或许是偶然的和枯燥无味的,无疑是历史编纂学的最高

---

① 尼采:《权力意志》(上卷),商务印书馆2007年版,第399页。
② 参见《马克思恩格斯选集》第一卷,人民出版社1995年版,第2页。
③ 参见《马克思恩格斯选集》第一卷,人民出版社1972年版,第253—254页。

历史的客观性研究

法则。"① 可以说，客观的历史编纂学尽管在古典时期就已经有所发端，但只有经历了对历史哲学的扬弃之后，它才获得了纯粹的意义。

马克思极为反感传统的历史哲学，认为历史哲学在根本上颠倒了历史的主客体，即把人们所创造的历史当成了能动的主体，而把真正创造历史的现实个人抽象为历史的客体。正因为如此，传统的历史哲学，从基督教史学到黑格尔的《历史哲学》，由于独断地在历史之外悬设了虚幻的历史目标，因而都是历史唯心主义，也都是不自觉的历史虚无主义。马克思则不再像以往的历史哲学家那样，在历史之外悬设一个虚幻的终极目标，而是自觉转向了对现实历史的实证性批判，力求在批判旧世界中发现新世界。马克思说，"在思辨终止的地方，在现实生活面前，正是描述人们实践活动和实际发展过程的真正的实证科学开始的地方。"② 但马克思的"实证科学"与实证主义的历史编纂学有着根本的不同，尽管实证主义的历史编纂学同"实证科学"一样，都拒斥以往的历史哲学。在马克思看来，历史编纂学由于对历史仅仅采取了感性直观的态度，把历史看作感性的对象，而不是感性的活动，所以它并没有深入到历史的本质性一度之中，而是依然囿于历史之外的某种价值立场来反观历史。

具体来说，历史编纂学家由于只能在历史中直观到重大的政治事件或宗教斗争，所以他们必然会把"政治的"或"宗教的"原因看作是推动历史的终极动因，而无法认清"政治的"或"宗教的"动因背后的物质基础，这样一来，历史就依然是按照在它之外的某个尺度来书写了。马克思具体指出，历史编纂学"只能在历史上看到政治历史事件，看到宗教的和一般理论的斗争，而且在每次描述某一历史时代的时候，它都不得不赞同这一时代的幻想。例如，某一时代想象自己是由纯粹'政治的'或'宗教的'动因所决定的——尽管'宗教'和'政治'只是时代的现实动因的形式——，那么它的历史编纂学家就会接受这个意见。这些特定的人

---

① 易兰：《兰克史学研究》，复旦大学出版社2006年版，第98页。
② 《马克思恩格斯选集》第一卷，人民出版社1995年版，第73页。

第七章　历史唯物主义与历史学

关于自己的真正实践的'想象'、'观念'变成一种支配和决定这些人的实践的唯一起决定作用的和积极的力量。"① 因此，就像传统的历史哲学在历史之外悬设了虚无的终极目标一样，客观的历史编纂学实质上也是以主观臆想的"观念"来理解和描述历史。在这里，马克思意在表明，历史编纂学尽管在表面上表现出拒斥历史哲学的实证主义姿态，主张客观中立地描述历史，但实质上它依然是从某种隐性的价值立场出发来理解历史的。客观的历史编纂学在本质上依然是历史唯心主义。在《德意志意识形态》中，马克思明确把德国的历史编纂学看作是为德国资产阶级辩护的意识形态。马克思说，"所谓客观的历史编纂学正是脱离活动来考察历史关系。反动的性质。"②

综上所述，历史虚无主义是虚无主义在历史研究中的渗透和影响。如果说虚无主义意味着最高价值的自行贬黜，那么，历史虚无主义则意味着历史终极目标的失落，也就是传统历史哲学的式微。然而，继历史哲学之后兴起的历史编纂学，尽管意识到了历史终极目标的虚无本质，但由于它仅仅对历史采取感性直观的态度，所以并没有真正澄清现实的历史，而是依然以某种先行悬设的价值立场来理解历史。在厘清了历史虚无主义的来龙去脉之后，让我们回到中国语境中的历史虚无主义争论上来。

二　历史虚无主义的中国语境及其争论

中国古代尽管有虚无哲学，但却从来没有过虚无主义的思想因子。严格来说，虚无主义是从德国经过俄国而传入中国的。但是，虚无主义虽然是个舶来品，但由于它所刻画的是现代社会的深层症结，所以伴随着中国传统社会的现代转型，虚无主义还是以各种形式呈现了出来。在近代的中国史学中，虚无主义同样浸染了进来，这就是历史虚无主义。近代中国史学中的历史虚无主义，主要表现为对传统史学"以经解史"理路的拒斥。近代的历史编纂学家们尽管力倡在历史研究中的价值中立，但却又隐性地表达了对儒家伦

---

① 《马克思恩格斯选集》第一卷，人民出版社1995年版，第93页。
② 同上书，第94页。

历史的客观性研究

理这个以往的"最高价值"的拒斥,他们不再关注于历史的终极价值和形上意义,而是完全以还原历史的本来面目为根本追求,促使历史研究逐渐陷入"碎片化"的境地。在经过近代中国社会复杂的价值重构之后,马克思主义逐渐确立了主导性的思想地位,历史虚无主义由此而得到了根本的遏制。广大的马克思主义史学家,以唯物史观为指导,重新解释了中国与世界的历史,一度取得了极为辉煌的史学成就。

然而,自改革开放以来,随着西方诸多史学理论的引入,史学家们在历史研究中不再刻板地套用唯物史观,而是逐渐转向了历史编纂学,以往马克思主义史学中的解释框架和部分提法也受到了挑战。当然,在此过程中,也有一些别有用心的人士借此把唯物史观看作是旧的历史哲学而加以拒斥,而一味强调不偏不倚地还原历史的本来面目,似乎唯物史观与"澄清历史事实"是对立的。这就导致了当前的历史虚无主义批判运动。可以说,当前所谓的历史虚无主义,不是别的,而是特指对唯物史观的质疑。中国语境中的历史虚无主义极为复杂,要真正澄清这一问题显然远非笔者的能力所及。因此,笔者在此专门引入 2014 年梁柱与杨天石关于历史虚无主义的几个回合的争论,力求通过这一具体的案例,来对历史虚无主义做一点思考。

2014 年 4 月 23 日,在《中国社会科学报》的访谈文章《梁柱教授访谈录:历史虚无主义"重写历史"有何诉求?》中,梁柱提出,在当前的历史研究中,特别是近代史研究中,"'翻案'、'重评'之风大行其道"[1],历史虚无主义者企图通过分析具体的历史细节,来抹黑新中国的历史,来质疑唯物史观。梁柱说,"利用我们工作中的失误加以无限夸大、丑化,这就是当前历史虚无主义的具体表现。"而"对毛泽东的诬蔑、抹黑和歪曲是历史虚无主义的一个重点。"[2] 在例证中,梁柱具体指出,"还有学者在美国看到了

---

[1] 梁柱:《梁柱教授访谈录:历史虚无主义"重写历史"有何诉求?》,《中国社会科学报》2014 年 4 月 23 日。

[2] 同上。

蒋介石日记，就认为可以据此认识一个真实的蒋介石，甚至据此可以重写中国近代史"①。但是，日记、信件等尽管可以作为历史研究的材料，但要结合具体的历史背景来使用，不能断章取义。"如果仅仅通过日记就推翻他是大地主、大资产阶级的政治代表的结论，就改写整个中国近代史，那么这不是严肃的历史研究方法。汪精卫投降日本后，曾在诗中哭天抹泪表示忧国，这能说明他爱国吗？这样的研究比唯心主义的旧史学都不如，旧史学至少是以史料为依据的严肃研究。"② 这就不点名地将矛头指向了蒋介石研究的权威专家杨天石。

梁柱不仅把历史虚无主义看作是一个学术问题，而且把它看作是一个政治问题。他指出，本质上说，历史认识上的分歧就是价值观的分歧，而"价值观对立的背后是不同的利益在起作用，更是一种同利益相关的政治诉求在起作用，这就是历史虚无主义背后强烈的现实目的。"③ 因此，"历史虚无主义所散布的种种言论，不仅涉及学术领域的是非，更关系到立党立国的根本立场。"④ 应该说，梁柱的观点代表了正统的马克思主义理论家的基本态度，他们是从政治上而不仅仅是学术上来考量当前的历史虚无主义思潮的。但梁柱在文中尖锐地将历史虚无主义的典型不点名地指向利用蒋介石日记来研究蒋介石的杨天石，势必会引起杨天石的不满。

两个月之后，也就是在6月23日，杨天石首次对梁柱的批评做出了回应。杨天石说："近年来，我先后利用蒋介石日记及大量史料，在海内外出版过4本研究蒋介石的书，学界中人、广大读者，都会知道梁教授批评的是我。""梁教授把我看成是'当前"翻案"、"重评"之风'的典型，因而也是'历史虚无主义'的典型。这是一种不点名的点名。"⑤ 在"主动认领"之后，杨天石

---

① 梁柱：《梁柱教授访谈录：历史虚无主义"重写历史"有何诉求？》，《中国社会科学报》2014年4月23日。
② 同上。
③ 同上。
④ 同上。
⑤ 同上。

历史的客观性研究

进一步指出,在历史研究中,应该严格区分学术问题和政治问题,"不能乱扣政治帽子,轻率地将学术问题往政治问题上牵扯;也必须根据事实,讲清道理,不能按一己需要改动史料,虚构、制造批判对象。"① 作为严格的学术探讨来说,历史研究中出现的"翻案"、"重评"理属正常,因为史学本来就是不断发展和进步的,因此,"不能一概笼统地反对'翻案'和'重评',而要研究'翻'的什么'案',如何'重评',提出了什么样的新看法。"就蒋介石研究来说,杨天石并没有全盘肯定蒋介石日记,但却认可这一史料对于研究和评价蒋介石的重要意义。杨天石还由此对蒋介石的一生做了一个大致的评价:"大陆时期,蒋介石反清、反袁(世凯)、反陈(炯明)、创立黄埔军校,是功;领导北伐,领导国民党和国民政府抗战,直至胜利,是大功;1927年至1936年的'清党剿共'和1946年至1949年的三年内战是大过。台湾时期,实行土改,反对台独,是功;白色恐怖,是过。"②

杨天石的初衷显然并不在于挑战唯物史观,而是意在利用蒋介石日记来展现中国近代史历程的复杂景象,从而改正以往的马克思主义史学中对蒋介石、国民党的一些不公允的评价和提法。杨天石说,"关于蒋介石日记的史料价值的评估,关于蒋介石的功过是非的评估都是学术问题,认识不同,评价高一点、低一点,我觉得都是'百家争鸣'范围之内的问题,和'历史虚无主义'无关。"③至于梁柱所提到的"政治诉求",杨天石明确指出,在历史上,国共两党的关系极为复杂,因而它们对彼此的评价也不尽相同,但在今天,国共关系、两岸关系已非昔时,正视国共两党的历史关系,已经成为促进两岸和平发展的重要基础。"我的民国史研究、国民党史研究、蒋介石研究,就是在这一总的历史背景下进行的。"④这就在根本上回应了梁柱对其历史虚无主义者的指认。

---

① 杨天石:《我为何成了历史虚无主义的代表?》,《经济观察报》2014年6月23日。
② 同上。
③ 同上。
④ 同上。

第七章　历史唯物主义与历史学

梁柱和杨天石关于历史虚无主义的争论，绝非是一个特殊的个案，而是表达了当代中国语境中历史虚无主义争论的基本特征，这就是，历史虚无主义批判的"立场指认"与历史编纂学的"史实诉求"之间的张力关系。梁柱站在维护马克思主义的立场上，力求巩固唯物史观对历史研究的指导地位，其合理性在于，任何的历史编纂学并不像它所宣称的那样恪守价值中立，而总是基于某种特定的价值和政治立场。如果历史编纂学没有一种明确的立场自觉，而一味沉醉于所谓的"历史真相"，那它极有可能被某种隐性的价值和政治立场所裹挟，最终滑向历史虚无主义，即打着"重写历史"的幌子而鼓吹不同的政治诉求。马克思之所以把德国的历史编纂学看作是为资产阶级辩护的意识形态，其原因就在于此。杨天石也同样承认历史编纂学总是受既定的价值立场所左右，而他的价值立场是，在新的历史条件下来推进中国近代史的研究，进而为两岸关系、国共关系未来的和平发展贡献力量。杨天石的合理性在于，历史编纂学极有可能滑向历史虚无主义，但它不一定直接就是历史虚无主义。划清政治立场与学术研究的界限，既是确保学术研究繁荣的基本保证，又是历史虚无主义批判的基本前提。

根本上说，梁柱和杨天石的这一争论在本质上并不冲突，尽管二者在文风上表现出针锋相对之势。客观地讲，以往的近代史研究，由于历史的原因，确实存在过于简单化、教条化的弊端，这不仅不是学术研究的基本态度，而且也不利于在新的历史时期，国共关系、两岸关系的和平发展。杨天石则从史实的层面来修正以往近代史研究的一些结论，给蒋介石、国民党以客观的评价，这显然不仅没有上升到"政治诉求"的高度，而且是深化马克思主义史学研究的必经环节，因而它与历史虚无主义无涉。但从另一方面看，历史编纂学家也应该时刻要有清晰的立场自觉，不能过分沉湎于历史细节之中，因为这样一来，它极有可能被别有用心的政治企图所利用。在这一点上，梁柱的提醒是合理的，甚至是极为必要的。总体上来说，梁柱与杨天石的争论，对于明晰当前轰轰烈烈的历史虚无主义批判运动，具有重要的启发意义。它启发我们，如何在确保学术研究生机勃勃的同时，自觉抵制历史虚无主义的侵蚀。

三 唯物史观对历史虚无主义的内在超越

历史虚无主义根源于对传统历史哲学的拒斥,因而澄清唯物史观与历史哲学的本质区别,特别是唯物史观对历史哲学的内在的超越性,是克服历史虚无主义的基本前提。客观地说,人们以往对唯物史观的理解,确实没有澄清它与历史哲学的区别,而在具体的历史研究上,也存在着对唯物史观生搬硬套的问题。在历史研究中对唯物史观的生搬硬套,不仅遮蔽了唯物史观本有的理论魅力,而且也掩盖了中国现实历史的复杂历程。从学理上讲,可能正是因为这方面的原因,学界才会泛起拒斥唯物史观的历史虚无主义思潮。根本上说,只有破解对唯物史观的教条化理解,焕发出唯物史观本有的理论魅力,特别是厘清唯物史观与历史哲学、历史编纂学的根本关系,才能在理论根源上克服历史虚无主义。

从思想史上看,唯物史观直接导源于马克思对传统的历史哲学(特别是黑格尔历史哲学)这种不自觉的历史虚无主义的超越。黑格尔颠倒了历史的主客体,把历史理解为理性的自我发展过程,而把现实的个人完全看作是理性实现自己目的的工具和手段,这就是所谓的"理性的狡计"。黑格尔说,"理性统治了世界,也同样统治了世界历史"①,"而哲学用以观察历史的唯一'思想'便是理性这个简单的概念;'理性'是世界的主宰,世界历史因此就是一种合理的过程。"②

马克思深刻地指出,黑格尔颠倒了的历史观,根源于这个颠倒了的现实世界。正是由于人们在现实的历史中依然受到抽象的统治,无法实现自己的全部价值,所以才会在历史之外幻化出历史的终极目标来寻求慰藉。"黑格尔的哲学是以'最抽象'的形式表达了人类'最现实'的生存状况,这就是人们现在正在受'抽象'的统治——'以物的依赖性为基础的人的独立性'。"③ 可见,现实历史的症结是传统历史哲学这种不自觉的历史虚无主义产生的真实

---

① 黑格尔:《历史哲学》,生活·读书·新知三联书店1957年版,第64页。
② 同上书,第47页。
③ 孙正聿:《辩证法:黑格尔、马克思与后形而上学》,《中国社会科学》2008年第3期。

第七章 历史唯物主义与历史学

根源。正因为如此,对传统历史哲学的克服,必须诉诸对现实历史的政治经济学批判。因为只有解除人们在现实历史中的制约,才能从根本上颠倒已经颠倒了的历史观。由此,马克思不再从历史之外的某种价值理想出发来推演现实的历史,而是直接把人的解放的价值理想诉诸对现实历史的批判性考察,力求通过对现实历史的政治经济学批判,来寻求人的解放的现实路径。这就在根本上超越了传统历史哲学这种不自觉的历史虚无主义。

马克思尽管拒斥传统的历史哲学,但却并没有走向实证主义的历史编纂学。如前文所述,在马克思看来,实证主义的历史编纂学直接从历史上的重大政治人物或宗教事件出发书写历史,同样没有深入到历史的本质性一度之中。在《〈政治经济学批判〉导言》中,马克思指出,"从实在和具体开始,从现实的前提开始,因而,例如在经济学上从作为全部社会生产行为的基础和主体的人口开始,似乎是正确的。但是,更仔细地考察起来,这是错误的。……抛开构成人口的阶级,人口就是一个抽象。"① 这表明,对现实历史的理解,不能径直从历史表象出发,因为如果触及不到历史内在的阶级结构,就不可能真正理解历史表层的人物、活动及事件。而马克思正是从阶级关系着手,来分析现实的历史即资本主义的。在资本主义条件下,资产阶级与无产阶级是以资本为中介而形成了阶级的剥削关系。资本不是物,它体现的是一种社会关系,表达了资产阶级对无产阶级的剥削关系。资本主义是历史发展的必经阶段,尽管它超越了自然经济条件下的阶级关系,但却远没有实现未来共产主义条件下人的真正的社会关系。而当代人的历史任务,正是解除资本的逻辑,打破了阶级的剥削关系,使人摆脱对物的依赖性,实现人的全面解放。唯物史观表明,马克思的"人的解放"的价值理想与其对历史规律的发现,是密不可分地联系在一起的。资本主义的阶级剥削关系,与资本家个人的人道主义情怀无关,一旦资本家卷入资本的逻辑之中,他就已经在剥削无产者了。马克思说,"社会经济形态的发展是一种自然历史过程。不管个人在主观上怎样超

---

① 《马克思恩格斯选集》第二卷,人民出版社1995年版,第17—18页。

历史的客观性研究

脱各种关系，他在社会意义上总是这些关系的产物。同其他任何观点比起来，我的观点是更不能要个人对这些关系负责的。"① 对于马克思对历史规律的这一深刻理解，海德格尔指出，"马克思在体会到异化的时候深入到历史的本质性的一度中去了，所以马克思主义关于历史的观点比其余的历史学优越。但因为胡塞尔没有，据我看来萨特也没有在存在中认识到历史事物的本质性，所以现象学没有、存在主义也没有达到这样的一度中，在此一度中才有可能有资格和马克思主义交谈。"②

在厘清了马克思历史研究中的阶级分析法之后，让我们继续回到梁柱与杨天石关于历史虚无主义的第二轮争论中来，因为梁柱与杨天石关于历史虚无主义的这一轮争论，进一步触及了唯物史观中的阶级分析方法。梁柱指出，在历史研究中是否坚持唯物史观，而没有陷入历史虚无主义的泥潭，根本上说，就是看有没有采取阶级的分析方法。

在2014年9月5日再度发表的《再谈蒋介石研究中的历史虚无主义倾向——答杨天石研究员》一文中，梁柱提出，对历史人物的评价，包括对蒋介石的评价，不能仅仅囿于历史细节，而应该把具体的人物放在特定的历史背景下，放在阶级关系中来考察。而"认为蒋介石作为中国大地主大资产阶级的政治代表，正是根据他的对内和对外的全部政策及其实际行动，表明他根本违背中国人民的利益和意愿，是阻碍历史发展的反动力量；同时又对他在某个历史时期做了有益的事情，给予了应有的肯定。"③ 然而，在梁柱看来，杨天石在对蒋介石的评价上始终处于就事论事的层次，并没有真正触及蒋介石作为大地主大资产阶级的代表这一属性。梁柱说，"杨天石研究员评价蒋介石有一个特点，就是从来不肯对蒋介石一生作出总体的、基本的评价，相反，他是在否定蒋介石是大地主大

---

① 马克思：《资本论》第一卷，人民出版社1975年版，第12页。
② 孙周兴选编：《海德格尔选集》（上册），生活·读书·新知三联书店1996年版，第383页。
③ 梁柱：《再谈蒋介石研究中的历史虚无主义倾向——答杨天石研究员》，《中国社会科学报》2014年9月5日。

第七章　历史唯物主义与历史学

资产阶级利益代表的前提下，罗列历史现象，不对蒋介石在这些历史事件中的实际表现、变化作具体分析，而是以一个'大功'论定，这样能反映历史的真实吗？"① 换言之，杨天石"不去考察中国社会性质和阶级关系的特点，不去考察蒋介石、国民党的全部政策及其社会后果，而仅仅根据蒋介石的日记研究蒋介石"，试图"抹煞中国革命斗争的性质"，"为蒋介石'脱帽加冕'"，"这难道不是地地道道、不折不扣的历史虚无主义吗？！"②

对于梁柱的批评，杨天石于2014年11月24日，再度做出了回应。一方面，杨天石纠正了梁柱对自己的诸多误读，并坚持日记对于研究蒋介石的重要意义，特别是在迎接"两岸一家亲"的新时期。他说，"如何克服'内战时期的情绪'（毛泽东语），坚持真理，纠正误偏，摒弃歪曲、蔑称，正确、全面地叙述既往的国共关系，既还原历史本相，评价相关人物，不回避分歧，又充分摆事实、讲道理，做出是非、善恶、正误的判断，在既继承，又创新的基础上，建立新的近代史解释体系（或体系话语），这是中国近代史研究者的共同任务。"③ 另一方面，杨天石又提出，"国民党的阶级属性可以讨论、研究"。④ 但是，以往的近代史研究，对蒋介石、国民党的阶级属性的判定确实存在问题，"例如，第一，20世纪中共在'土地革命'中，打土豪、分田地，自然代表贫苦农民利益，国民党围攻苏区，代表谁的利益？难道仅仅代表'大地主'，而与中小地主阶级无涉？第二，1927年，国民党在南京执政后，对外虽仍软弱、妥协，但实行关税自主，力图废除治外法权和不平等条约，自1937年起，即进行抗日战争，难道不是代表中华民族的利益，而是代表'大买办、大资产阶级'的利益？"⑤ 因此，如果片面地将国民党看作是"大地主、大买办、大资产阶级利益的代

---

① 梁柱：《再谈蒋介石研究中的历史虚无主义倾向——答杨天石研究员》，《中国社会科学报》2014年9月5日。
② 同上。
③ 杨天石：《"修辞立其诚"，批判要有根据——再答梁柱教授》，《中国社会科学报》2014年11月24日。
④ 同上。
⑤ 同上。

表",认为它是英美帝国主义的走狗,可能与历史事实相左。在2014年11月24日的《中国社会科学报》的同组文章中,梁柱再度发表了《奉劝走出历史虚无主义的研究误区:再答杨天石先生》一文。他一方面继续批评杨天石"被日记牵着鼻子走",片面根据蒋介石的日记为蒋介石"翻案","历史被颠倒到如此地步,难道还不是历史虚无主义吗?"①另一方面,他对杨天石所提到的重新讨论国民党阶级属性的理由提出了质疑。但总体来看,梁柱与杨天石的争论就此基本接近了尾声。

首先,梁柱与杨天石关于历史虚无主义的这一轮争论,触及一个重大的理论问题,这就是,阶级分析方法的适用性。唯物史观表明,对现实历史的理解,不能像历史编纂学那样,仅仅囿于历史中的事件、人物、活动,而应该诉诸对历史的阶级结构的分析,因为只有这样才能深入到历史的本质性一度之中。但是,马克思始终强调,阶级的分析法必须要依托于具体的历史语境,它不能被当作是放之四海而皆准的教条化公式。马克思曾详细分析了自然经济条件下与商品经济条件下的不同的阶级结构和阶级关系。然而,中国的近代史历程,恰恰处于由传统社会向现代社会转型的过程之中。社会转型的复杂性,增加了人们对各个不同阶级、阶层的分析的困难。在此意义上,对国民党、蒋介石的阶级属性的判定,确实值得我们下大力气去研究,这一研究也是深化我国马克思主义史学的必要环节。在这一点上,应该说,梁柱与杨天石的意见是一致的。

其次,我们应该严格区分对蒋介石个人的评价与对其所代表的阶级的判定,就像马克思把资本家个人与资产阶级区别开来一样。国民党的失败,在于其没有代表中国人民的根本利益和愿望,因而它始终没有能够探寻到真正符合中国现实发展的正确道路,但是,国民党、蒋介石在中国近代社会复杂的背景下,所做出的历史贡献,应该给予肯定。

最后,唯物史观表明,当代人的历史任务,是打破阶级对人的

---

① 梁柱:《奉劝走出历史虚无主义的误区:再答杨天石先生》,《中国社会科学报》2014年11月24日。

制约，力求实现人的全面解放。因此，我们必须从"人的解放"的旨趣来理解人类现代史的发展，包括中国近代以来的历史发展。人类的现代史是以资产阶级登上历史舞台为标志的。资产阶级首次在人类史上打破了过去那种地方的和民族的自给自足和闭关自守的状态，使得"以物的依赖性为基础的人的独立性"成为现代人基本的存在方式，当然也使得破解以资本为中介而形成的现代阶级关系，成为现代人类所共同面临的一个历史任务。马克思"人的解放"的价值诉求，深深地根植于对资本主义文明内在的阶级剥削关系的批判。"人的解放"的尺度，也是我们理解人类整个现代史发展的关键所在。可以说，离开这一尺度，人类复杂而混乱的现代史历程将无法获得真实的理解。中国近代以来的发展历程，尽管体现出自身的特殊性，但它始终是"世界历史"的一个环节，它总的历史任务同样是实现"人的解放"、人民的当家做主。因此，无论对国民党抑或蒋介石的评价，都应该立足于这一大的历史尺度。脱离这一尺度，我们就不能真正深入到历史的本质性一度之中，也不可能真正理解中国近代以来的复杂的历史进程，只会不自觉地沉迷于历史细节之中，滑向历史虚无主义。

第 八 章
编年史・理性史・文明史

第一节 编年史

职业的历史学家极为反感历史哲学家对历史的抽象思辨。在他们看来,任何的历史哲学都不过是对历史挂一漏万的简单化,因而它除了体现历史哲学家们的丰富想象之外别无他用。而真实的历史则只有依靠踏踏实实的史料收集和考证才能真正得到还原和呈现。然而,历史学家以史料碎片还原客观历史的做法并没有如愿以偿,因为现代的历史哲学已经充分证明,实证主义历史学并不像想象的那么"客观",而本身就受到一种隐匿的历史哲学的支撑和支配。对此,海登・怀特早有所言:"请注意,叙述的历史总是自命不凡地叙述'事物,恰如其实际所发生的'。兰克在做如此声明时是深信不疑的。然而,叙述的历史实际上以其特有的隐秘方式成为一种解释、一种真正的历史哲学。在叙述史学家看来,人们的生活屈从于戏剧性的偶然事件和那些偶然出现的特殊人物的行为。那些特殊人物常常不仅是他们自己命运的主宰,而且更是我们的命运的主宰。因而,当他们谈及'一般历史'时,他们真正想的是这类特殊命运之间的交织。"[①] 因此,"尽管以一种历史的思路取代了黑格尔的哲学思路,兰克却和黑格尔一致认为现存的政治状态就其作为

---

① 布罗代尔:《论历史》,北京大学出版社 2008 年版,第 12 页。

第八章 编年史·理性史·文明史

历史成长的结果而言,就构成了'道德的能量'、'上帝的思想'"①。很清楚,兰克的"历史思路"在表面上崇尚秉笔直书,但实质上只是另一种形式的形而上学罢了。这也说明,任何一种企图客观中立地还原历史面目的研究路径都是徒劳的。克罗齐指出,"语文性历史当然能是正确的,但不是真实的。"②"一切脱离了活凭证的历史都像这些例子,都是些空洞的叙述,它们既然是空洞的,它们就是没有真实性的。"③ 一句话,史学离不开史料,但以史料堆积而成的编年史却并不一定等于历史。其实,即使史料本身也并不是客观如实的,而本身就是人们意识化了的产物。由此可见,历史学家们所宣称的并自认为把握到的客观历史只是一种拙劣的编年史而已。

施特劳斯曾指出,"对于不存偏见的历史学家来说,'历史过程'本身就像是由人们的所作所为和所思所想织成的一张毫无意义的网,纯粹由偶然造成——就像是一个白痴讲述的故事。历史的标准——也即由这个毫无意义的过程所抛出来的标准,不再能够号称是由那一过程背后的神圣权力赋予了神圣性。唯一能够继续存在的标准,乃是那些纯属主观性的标准,它们除了个人的自由选择之外别无其它依据。从而,在好的与坏的选择之间的分别并无任何客观标准可言。历史主义的顶峰就是虚无主义。"④ 如果以抛弃"主观偏见"的思路来理解历史,历史只能被认作一堆混沌的杂多。而这样的历史则必然在人们各抒己见的过程中丧失客观性和确定性,并最终堕入虚无主义的深渊。黑格尔早已看出传统历史学的弊端,所以海登·怀特分析说,"他(黑格尔)对严格意义上关于过去实在的历史表现可能采取的各种形式进行了分析,这种分析显示出,历史编纂必然造成有关过去相互冲突的记述的混沌状态,如果不借助哲学从这种混乱中找到秩序,历史学注定只具有一种原始科

---

① 伊格尔斯:《二十世纪的历史学》,山东大学出版社2006年版,第27页。
② 克罗齐:《历史学的理论和实际》,商务印书馆1982年版,第17页。
③ 同上书,第6页。
④ 施特劳斯:《自然权利与历史》,生活·读书·新知三联书店2003年版,第19页。

学的地位。"① 历史学总是在小心翼翼地抵制历史哲学对它的侵蚀，可历史学在抵制时已经堕入历史哲学的牢笼之中。历史学家总是不自觉地将主观的东西加入其对历史的思考中。海登·怀特提出，"在编年史中，这个事件只是作为事件系列中的一个要素存在，不起一种故事要素的作用。史学家通过将事件确定为充当故事要素的不同功能，将编年史中的事件编排到一种意义等级之中。"② 可见，"人们没有注意到，故事的意义是由被挑选来构成故事的情节化模式赋予的，运用这种情节化模式可以讲述一种特殊类型的故事。人们也不理解，选择一种情节化模式本身就反映出承诺了某种历史哲学。"③ 海登·怀特还进一步指出，"我认为，可以根据一个史学家在预构史学领域时使用的语言规则来描绘出他的风格，那一领域是在他以各种各样的解释策略施加于它之前就已经预构好了，而借助于这些解释策略他就从历史记录所包含的事件'编年'中形成了一个故事。"④ 如此的话，职业的历史学家只是伪装的文学家而已。"每个历史学家所寻求的都不是赤裸裸地复述各种不相联系的事实，而是一种流畅的叙述，每一桩事件在其中都仿佛是放在它的自然位置上并且是属于一个可以理解的整体。在这方面，历史学家的理想在原则上与小说家的或戏剧家的理想是完全一样的。"⑤

第二节 理性史

人们永远不可能如其本然地还原历史。因此，历史学家的专业化研究不但无法从根本上摆脱历史哲学的纠缠，而且可能并不是理解历史的最好方式。海登·怀特指出，"黑格尔阐明了一种纯粹机械论的方式研究历史的局限性。真正首要之处在于，这种屈从于因果解释概念的研究将不可避免地导致这样的结论，即不仅整个的历

---

① 海登·怀特：《元史学》，译林出版社2004年版，第365页。
② 同上书，第4页。
③ 同上书，第193页。
④ 同上书，第564页。
⑤ 同上书，第25页。

第八章 编年史·理性史·文明史

史被完全决定了,而且历史中从未出现过任何实质意义上的变化。"① 据说"黑格尔本人曾经说过,兰克只'不过是一个平凡的历史学家'。"② 传统历史学以知性眼光理解历史的方式,实际上早已经先行地将历史独断为毫无实质变化的自然史(编年史)。克罗齐明确地区分了历史与编年史,并认为:"编年史与历史之得以区别开来并非因为它们是两种互相补充的历史形式,也不是因为这一种从属于那一种,而是因为它们是两种不同的精神态度。历史是活的编年史,编年史是死的历史;历史是当前的历史,编年史是过去的历史;历史主要是一种思想活动,编年史主要是一种意志活动。一切历史当其不再是思想而只是用抽象的字句记录下来时,它就变成了编年史,尽管那些字句一度是具体的和有表现力的。"③ 可见,历史并不是完全过去了的、冷冰冰的现成存在,而是和自然之间存在深刻差别的辩证发展过程。按照柯林武德的说法,"历史的过程不是单纯事件的过程而是行动的过程,它有一个由思想的过程所构成的内在方面;而历史学家所要寻求的正是这些思想过程。一切历史都是思想史。"④ 很显然,柯林武德在这里将历史理解为思想史,首先并不是为了凸显历史只是主观任意的产物,而是旨在揭示历史与自然的本质差别。黑格尔曾一方面把历史理解为理性史;但另一方面他又声称,人们并不能随心所欲地解释历史。海登·怀特说,"黑格尔不像浪漫主义者那样断定人们由此便能随心所欲地解释历史,他坚持认为,只有理性可以声称具有这样的权威,即从这些过去的不完整的记录中提取真实的内容(无论它多么不完善),并将它们融合成一门真实的历史科学的基础——注意,不是融合成一门历史科学,而是一门历史科学的理论基础。"⑤

对于如何理解历史,康德早已经提出了一条发人深省的思路:"历史学却能使人希望:当它考察人类意志自由的作用的整体时,它

---

① 海登·怀特:《元史学》,译林出版社 2004 年版,第 110 页。
② 伊格尔斯:《二十世纪的历史学》,山东大学出版社 2006 年版,第 166 页。
③ 克罗齐:《历史学的理论和实际》,商务印书馆 1982 年版,第 8 页。
④ 柯林武德:《历史的观念》,商务印书馆 1997 年版,第 303 页。
⑤ 海登·怀特:《元史学》,译林出版社 2004 年版,第 138 页。

历史的客观性研究

可以揭示出它们有一种合乎规律的进程,并且就以这种方式把从个别主体上看来显得是杂乱无章的东西,在全体的物种上却能够认为是人类原始的禀赋之不断前进的、虽则是漫长的发展。"① 而"在上述这一开展过程之中,使得历史的进步之成为必要而且可能的,端有赖于一个重要的契机,即人类'非社会的社会性'。世界是上帝的作品,所以它的历史是由善而开始;社会是人的作品,所以它的历史是由恶而开始的。"② 可见,借助人"非社会的社会性",康德首先将历史臆测为人类自由实现的历程。这种对历史的理解方式极大地影响了黑格尔。然而,"康德式的那种由反思而来的内在自由的情境,亦即意志是自己决定自己的,一切正义的和道德的行为均建筑在这种自由上面,由于其与现实的内容分离隔绝,所以只是纯粹空疏的理智;并且由于它仅仅从属于理智的抽象的同一性,所以最终是完全形式主义的。"③ 正因为如此,黑格尔一方面深刻地继承和丰富了康德对历史的天才式猜想,但另一方面他又批评康德对历史的形式主义理解。在黑格尔看来,历史并不是应当被看作人类自由的实现过程,而本身就是这样一条现实道路。就是说,自由并不是彼岸的绝对化实体,而就是展现在人类的历史进程之中。由此伽达默尔指出,"黑格尔哲学通过对主观意识观点进行清晰的批判,开辟了一条理解人类社会现实的道路,而我们今天仍然生活在这样的社会现实中。"④ 在对主观任意的清算中,黑格尔真正打破了对历史传统的编年式理解,而将历史理解为理性的自我展开,亦即理性史。

黑格尔指出,历史作为理性的自我展开过程,它深层上决定了现实的人及其意识。或者说,正是奠基于理性史的无限运动,个人及其意识才获得真正的现实性。在这里,黑格尔突破了知性的寡臼,把对历史的理解上升到了存在论的高度。就是说,如果人们仅仅囿于知性立场,不但会把历史理解为毫无质变的编年史,而且势必以独立化

---

① 康德:《历史理性批判文集》,商务印书馆1990年版,第1页。
② 何兆武:《历史理性的重建》,北京大学出版社2005年版,第12页。
③ 吴晓明:《社会现实的发现:黑格尔与马克思》,《马克思主义与现实》2008年第2期。
④ 伽达默尔:《哲学解释学》,上海译文出版社1994年版,第111页。

的抽象意识将历史意识化，从而否定历史的客观性。从存在论的高度理解历史，我们就会看到，正是历史（理性史）的客观性确证了思想的客观性，而思想的客观性实质上就是我们理解世界的现实方式。这样，借助于对历史的重新理解，黑格尔对近代以来日益凸显的主观任意进行了尖锐的批判。这一点也极大地影响了马克思。

第三节　文明史

黑格尔认为，人们并不能随心所欲地解释历史，相反，任何对历史的理解形式本身是由历史所决定的。当然，这里的"历史"并不是原始的编年史，而是意指理性史。在这里，黑格尔已经以一种抽象朦胧的方式将历史理解为人类文明的客观演进过程，亦即文明史。马克思则在批判性地继承黑格尔的基础上转变了黑格尔的思路，并提出，人们自己创造自己的历史，但人们并不能随心所欲地创造。尽管黑格尔和马克思在对历史的理解上依然存在着深刻的差异，但二位大哲共同自觉到：对历史的理解只能诉诸辩证法，而不能是知性的直观方式。正像卢卡奇指出的那样，"如果摒弃或者抹杀辩证法，历史就变得无法了解。这并不是说，没有辩证法的帮助，就无法对特定的人或时代做出比较确切的说明。但是，这的确使得不可能把历史了解为一个统一的过程（这种不可能，在资产阶级科学中，一方面，表现为孔德和斯宾塞类型的抽象社会学的历史概念；现代资产阶级历史学家，其中最明显的是李凯尔特，令人信服地揭露了这些概念之间的矛盾。另一方面，这种不可能也表现为建立'历史哲学'的要求，而历史哲学与历史现实的关系又成为在方法论上无法解决的问题）。对历史的一个方面的描述同时对历史作为一个统一过程的描述之间的对立，不是像断代史与通史之间的区别那样只是范围大小的问题，而是方法的对立，观点的对立。无论是研究一个时代或是研究一个专门学科，都无法避免对历史过程的统一理解的问题。"① 卢卡奇进一步指出，"辩证法不是被

---

① 卢卡奇：《历史与阶级意识》，商务印书馆1999年版，第61页。

历史的客观性研究

带到历史中去的，或是要依靠历史来解释的（而黑格尔就常常这样做）。辩证法来自历史本身，是在历史的这个特定发展阶段的必然的表现形式，并被人们所认识。"① 就是说，虽然黑格尔对历史的理解也诉诸辩证法，但是在他那里历史被强制性地屈从于逻辑，所以历史本身只能以抽象的思辨形式显现。

辩证法并不是外在于历史、仅仅为理解历史的方法，而就是历史的自我显现。从深层上说，正是人自身辩证的生存方式才使得历史以辩证发展的样态展现。就是说，历史作为追求自己目的的人的活动，它是人的存在方式。现实的个人既是创造历史的前提，又是历史的结果和产物。正因为如此，任何对现实个人的考察必须诉诸历史，而任何对历史的考察反过来也必须从对现实个人的理解着手。马克思说，"这种观察方法并不是没有前提的。它从现实的前提出发，而且一刻也不离开这种前提。它的前提是人，但不是处在某种幻想的与世隔绝、离群索居状态的人，而是处在于一定条件下进行的现实的、可以通过经验观察到的发展过程中的人。只要描绘出这个能动的生活过程，历史就不再象那些本身还是抽象的经验论者所认为的那样，是一些僵死事实的搜集，也不再象唯心主义者所认为的那样，是想象的主体的想象的活动。"② 现实的人就是从事社会性物质活动的个人，而"人们所以有历史，是因为他们必须生产自己的生活，而且是用一定的方式来进行的。"因此，"这种历史观和唯心主义历史观不同，它不是在每个时代中寻找某种范畴，而是始终站在现实历史的基础上，不是从观念出发来解释实践，而是从物质实践出发来解释观念的东西。"③ 然而，"过去的一切历史观不是完全忽视了历史的这一现实基础，就是把它仅仅看成与历史过程没有任何联系的附带因素。根据这种观点，历史总是遵照在它之外的某种尺度来编写的；现实的生活生产被描述成某种史前的东西，而历史的东西则被说成是某种脱离日常生活的东西，某

---

① 卢卡奇：《历史与阶级意识》，商务印书馆1999年版，第264页。
② 《马克思恩格斯选集》第一卷，人民出版社1972年版，第31页。
③ 同上书，第43页。

第八章 编年史·理性史·文明史

种处于世界之外和超乎世界之上的东西。这样就把人对自然界的关系从历史中排除出去了,因而造成了自然界和历史之间的对立。因此这种观点只能在历史上看到元首和国家的丰功伟绩,看到宗教的、一般理论的斗争,而且在每次描述某一历史时代的时候,它都不得不赞同这一时代的幻想。"① 人们自己创造自己的历史,历史实质上就是人们的交往形式不断适应现实生产力的过程。马克思说,"为了不致丧失已经取得的成果,为了不致失掉文明的果实,人们在他们的交往方式不再适合于既得的生产力时,就不得不改变他们继承下来的一切社会形式。"② 可见,正是在人们的交往形式不断适应生产力的过程中,历史才显现为时代的依次交替。也仅仅因为这样,历史既在根本上制约着现实个人自由的实现,又深刻地表征了人们自由实现的最大化。马克思说,"由于这些条件在历史发展的每一阶段上都是与同一时期的生产力的发展相适应的,所以它们的历史同时也是发展着的、为各个新的一代所承受下来的生产力的历史,从而也是个人本身力量发展的历史。"③

现实历史是人的产物,但随着人们的物质生产活动而不断生成的历史反过来又在根本上制约着现实的个人。就是说,现实的个人本身就负载着人类历史文化的积淀,并总是在既定的物质条件下来创造历史的。正因为如此,历史一方面总是表现为不以个人的意志为转移的社会力量,表现为一个自然历史过程;但另一方面历史却又不是脱离个人的独立人格,而只是人的活动形式、人的存在方式,或者说,现实个人的历史性的社会力量在根本上左右着历史的发展趋势。比如,在资本主义条件下,资本的逻辑驾驭于现实的个人之上,但是资本力量的产生,又恰恰是现实个人社会性劳动的产物。然而,资产阶级经济学家看不到历史与现实个人的辩证发展而鼓吹资本主义的永恒性和历史规律的天然性。对此,马克思不无讽刺地说,"经济学家所以说现存的关系(资产阶级生产关系)是天

---

① 《马克思恩格斯选集》第一卷,人民出版社 1972 年版,第 44 页。
② 《马克思恩格斯全集》第 27 卷,人民出版社 1972 年版,第 478 页。
③ 《马克思恩格斯选集》第一卷,人民出版社 1972 年版,第 79 页。

历史的客观性研究

然的，是想以此说明，这些关系正是使生产财富和发展生产力得以按照自然规律进行的那些关系。因此，这些关系是不受时间影响的自然规律。这是应当永远支配社会的永恒规律。于是，以前是有历史的，现在再也没有历史了。"① 在马克思看来，"历史中的资产阶级时期负有为新世界创造物质基础的使命：一方面要造成以全人类互相依赖为基础的世界交往，以及进行这种交往的工具，另一方面要发展人的生产力，把物质生产变成在科学的帮助下对自然力的统治。"② 可见，资本主义本身只是人类历史发展的一个阶段，而且在这个阶段，作为人的创造物的资本反过来宰制了人的自由。就是说，这种自由是"在资本统治的基础上的自由发展。因此，这种个人自由同时也是最彻底地取消任何个人自由，而使个性完全屈从于这样的社会条件，这些社会条件采取物的权力的形式，而且是极其强大的物，离开彼此发生关系的个人本身而独立的物。"③ 源于人们现实生活的异化，历史被完全幻化为某种不以人的意志为转移的独立人格。马克思说，"个人的这种发展是在历史上前后相继的等级和阶级的共同的生存条件下产生的，也是在由此而强加于他们的普遍观念中产生的，如果用哲学的观点来考察这种发展，当然就不难设想，在这些个人中有类或人在发展，或者是这些个人发展了人，也就是说，可以设想出某种奚落历史科学的东西。"④ 可见，恰好是在资产阶级看来合情合理的地方马克思看到了历史的实质——人与人之间的对抗及剥削关系。而对于在资本主义社会中主客体的这种"颠倒"，马克思指出，"这种颠倒的过程不过是历史的必然性，不过是从一定的历史出发点或基础出发的生产力发展的必然性，但决不是生产的某种绝对必然性，倒是一种暂时的必然性，而这一过程的结果和目的（内在的）是扬弃这个基础本身以及过程的这种形式。"⑤ 就是说，资本主义的发展本身就孕育着否

---

① 《马克思恩格斯全集》第 16 卷，人民出版社 1964 年版，第 32 页。
② 《马克思恩格斯全集》第 9 卷，人民出版社 1961 年版，第 252 页。
③ 《马克思恩格斯全集》第 46 卷（下册），人民出版社 1980 年版，第 161 页。
④ 《马克思恩格斯选集》第一卷，人民出版社 1972 年版，第 83 页。
⑤ 《马克思恩格斯全集》第 46 卷（下册），人民出版社 1980 年版，第 361 页。

第八章　编年史・理性史・文明史

定资本主义的积极因素，即无产阶级的不断发展壮大。这样，马克思就将历史理解为人类在争取自由的过程中所形成的文明演进过程。更为深刻的是，马克思将自己的解放哲学奠基于对人类文明史的自觉，从而为现实历史中的人们指明了实现自由的可能道路。

以上论述也揭示出，立足于对历史内在结构的考察，马克思变革了传统史学对历史的理解模式。有学者指出，"马克思主义的解释之代表着对非马克思历史学的一种挑战，倒并非是由于政治的理由，而更其是因为它质疑了朝着事件和人物定向的传统历史学，并号召人们要更加注重社会的语境和社会的变化。"[1] 社会存在决定社会意识，这是马克思主义的科学结论和基本信念。在对人们的存在——作为现实历史的资本主义——的批判性考察，马克思打破了传统历史学对历史的碎化和遮蔽。阿瑟・丹图指出，"马克思相信（并且相信他已经表明），在社会过程与至少是某些心理过程之间存在着单向的关联，因此，我们所想的和我们如何行为要通过参照我们与占统治地位的生产系统的相应关系得到解释；不论引起生产系统演变的是什么东西，它都不是由人类个体行为带来的。直白地说，我们通过参照关于生产系统的其他事实解释生产系统中的一些事实；我们通过参照关于生产系统的某些事实解释关于人类个体的某些事实；但是，我们从来不是通过参照关于人类个体行为的任何事实对生产系统的任何事实进行解释。总之，我们从来不是通过参照人类个体行为的其他事实对人类个体行为的任何事实进行解释。"[2] 借用卡尔的话来阐释马克思理解历史的方法："在研究历史之前，要研究历史学家。现在我还要补充说：在研究历史学家之前，要研究历史学家的历史环境与社会环境。历史学家是个体，同时也是历史、社会的产物；研究历史的人必须学会从这一双重的角度来看待历史学家。"[3]

---

[1] 伊格尔斯：《二十世纪的历史学》，山东大学出版社 2006 年版，第 96 页。
[2] 阿瑟・丹图：《叙述与认识》，上海译文出版社 2007 年版，第 336 页。
[3] 卡尔：《历史是什么？》，商务印书馆 2007 年版，第 133 页。

参考文献

著作

[1]《马克思恩格斯选集》第一卷,人民出版社 1972 年版。
[2]《马克思恩格斯选集》第二卷,人民出版社 1995 年版。
[3]《马克思恩格斯选集》第三卷,人民出版社 1995 年版。
[4]《马克思恩格斯选集》第四卷,人民出版社 1995 年版。
[5]《马克思恩格斯全集》第一卷,人民出版社 1956 年版。
[6]《马克思恩格斯全集》第二卷,人民出版社 1957 年版。
[7]《马克思恩格斯全集》第三卷,人民出版社 1960 年版。
[8]《马克思恩格斯全集》第六卷,人民出版社 1961 年版。
[9]《马克思恩格斯全集》第九卷,人民出版社 1961 年版。
[10]《马克思恩格斯全集》第十二卷,人民出版社 1962 年版。
[11]《马克思恩格斯全集》第十三卷,人民出版社 1962 年版。
[12]《马克思恩格斯全集》第十六卷,人民出版社 1964 年版。
[13]《马克思恩格斯全集》第十九卷,人民出版社 1963 年版。
[14]《马克思恩格斯全集》第二十三卷,人民出版社 1972 年版。
[15]《马克思恩格斯全集》第二十六卷(Ⅰ),人民出版社 1972 年版。
[16]《马克思恩格斯全集》第二十六卷(Ⅲ),人民出版社 1974 年版。
[17]《马克思恩格斯全集》第二十七卷,人民出版社 1972 年版。
[18]《马克思恩格斯全集》第四十二卷,人民出版社 1979 年版。
[19]《马克思恩格斯全集》第四十四卷,人民出版社 1982 年版。

[20] 《马克思恩格斯全集》第四十六卷（上册），人民出版社1979年版。
[21] 《马克思恩格斯全集》第四十六卷（下册），人民出版社1980年版。
[22] 《马克思恩格斯全集》第四十七卷，人民出版社1979年版。
[23] 《马克思恩格斯全集》第四十八卷，人民出版社1985年版。
[24] 马克思：《1844年经济学哲学手稿》，人民出版社2000年版。
[25] 黑格尔：《小逻辑》，商务印书馆1980年版。
[26] 黑格尔：《历史哲学》，上海书店出版社2006年版。
[27] 黑格尔：《哲学史讲演录》，商务印书馆1959年版。
[28] 黑格尔：《法哲学原理》，商务印书馆1961年版。
[29] 康德：《历史理性批判文集》，商务印书馆1990年版。
[30] 克罗齐：《历史学的理论和实际》，商务印书馆1982年版。
[31] 克罗齐：《黑格尔哲学中的活东西和死东西》，商务印书馆1959年版。
[32] 柯林武德：《历史的观念》，商务印书馆1997年版。
[33] 沃尔什：《历史哲学导论》，何兆武、张文杰译，北京大学出版社2008年版。
[34] 海登·怀特：《元史学》，译林出版社2004年版。
[35] 卢卡奇：《历史与阶级意识》，商务印书馆1999年版。
[36] 布莱德雷：《批判历史学的前提假设》，北京大学出版社2007年版。
[37] 阿瑟·丹图：《叙述与认识》，上海译文出版社2007年版。
[38] 德罗伊森：《历史知识理论》，北京大学出版社2006年版。
[39] 保罗·利科：《历史与真理》，上海译文出版社2004年版。
[40] 卡尔·波普尔：《历史决定论的贫困》，上海人民出版社2009年版。
[41] 海德格尔：《存在与时间》，生活·读书·新知三联书店2006年版。
[42] 伽达默尔：《哲学解释学》，上海译文出版社2004年版。
[43] 施特劳斯：《自然权利与历史》，生活·读书·新知三联书店

2003年版。

[44] 李凯尔特：《李凯尔特的历史哲学》，北京大学出版社2007年版。

[45] 卡尔：《历史是什么?》，商务印书馆2007年版。

[46] 伊格尔斯：《二十世纪的历史学》，山东大学出版社2006年版。

[47] 巴勒克拉夫：《当代史学主要趋势》，北京大学出版社2006年版。

[48] 彼得·伯克：《法国史学革命：年鉴学派，1929—1989》，北京大学出版社2006年版。

[49] 哈多克：《历史思想导论》，华夏出版社1989年版。

[50] 洛维特：《世界历史与救赎历史》，三联出版社2002年版。

[51] 汤因比等：《历史的话语》，广西师范大学出版社2002年版。

[52] 维科：《新科学》，人民文学出版社1986年版。

[53] 布罗代尔：《论历史》，北京大学出版社2008年版。

[54] 怀特编著：《分析的时代》，商务印书馆1981年版。

[55] 孙正聿：《哲学通论》，辽宁人民出版社1998年版。

[56] 孙正聿：《孙正聿哲学文集》（第1—9卷），吉林人民出版社2007年版。

[57] 邹化政：《〈人类理解论〉研究》，人民出版社1987年版。

[58] 何兆武：《历史理性的重建》，北京大学出版社2005年版。

[59] 威廉·斯威特主编：《历史哲学：一种再审视》，北京师范大学出版社2008年版。

[60] 易兰：《兰克史学研究》，复旦大学出版社2006年版。

[61] 孙利天：《论辩证法的思维方式》，吉林人民出版社2006年版。

[62] Peter Gay, *Style in History*, New York, Basic Books, 1974.

[63] Dominick LaCapra, *History and Criticism*, Ithaca, Cornell University pree, 1985.

参考文献

期刊中析出的文献

[1] 孙正聿：《对科学的人文主义理解》，《中国社会科学》1990年第4期。

[2] 孙正聿：《解放何以可能：马克思的本体论革命》，《学术月刊》2002年第9期。

[3] 孙正聿：《历史唯物主义的真实意义》，《哲学研究》2007年第9期。

[4] 孙正聿：《辩证法：黑格尔、马克思与后形而上学》，《中国社会科学》2008年第3期。

[5] 孙正聿：《"现实的历史"——〈资本论〉的存在论》，《中国社会科学》2010年第2期。

[6] 费迪耶等：《晚期海德格尔的三天讨论班纪要》，《哲学译丛》2001年第3期。

[7] 吴晓明：《社会现实的发现：黑格尔与马克思》，《马克思主义与现实》2008年第2期。

[8] 涂纪亮：《历史知识的客观性问题》，《哲学研究》2009年第8期。

[9] 王南湜：《历史合力论新探》，《南开学报》1995年第3期。

[10] 王南湜：《历史唯物主义阐释中的历史目的论批判》，《社会科学》2008年第12期。

[11] 王南湜、谢永康：《历史唯物主义的再理解——以历史概念作为切入点》，《河北学刊》2005年第5期。

[12] 王南湜：《历史唯物主义何以可能——历史唯物主义之"历史"双重意义的统一性》，《学习与探索》2009年第5期。

[13] 王南湜：《马克思的历史概念》，《哲学研究》2007年第10期。

[14] 王南湜：《认真对待马克思的"历史科学"概念——关于历史唯物主义理论特征的再理解》，《哲学研究》2010年第1期。

[15] 王南湜：《我们可以在何种意义上谈论历史规律与人的能动作用》，《学术月刊》2006年第5期。

[16] 吴晓明:《作为历史科学方法论的历史唯物主义》,《中国社会科学》2008 年第 1 期。
[17] 吴晓明:《回到社会现实本身》,《学术月刊》2007 年第 5 期。
[18] 吴晓明:《维科的历史原则及其意义》,《哲学研究》1992 年第 2 期。
[19] 俞吾金:《关于唯物史观及其历史命运的再思考》,《学术月刊》1994 年第 7 期。
[20] 俞吾金:《历史事实与客观规律》,《历史研究》2008 年第 1 期。
[21] Mark bevir,"Objectivity in History", *History and Theoy*, 1994, Vol. 33, No. 3.

后记

我是学历史出身的，尽管从本科开始自己就对哲学充满着兴趣，也阅读了一些著作和论文，但始终处于似懂非懂的朦胧状态。随着读书的增多，我久藏心底的一个愿望变得越来越强烈，这就是，希望能有个机会进行系统的哲学学习和训练。于是，在2009年，也就是在史学理论硕士毕业的那一年，我报考了吉林大学哲学系马克思主义哲学专业的博士研究生，并最终顺利成为孙正聿老师的一名弟子。

衷心感谢我的博士生指导老师孙正聿先生。能师从孙老师，说实话，是我做梦都没想到的，这既是我的幸运，又是我的幸福。还记得我第一次冒昧地走到老师在东荣的办公室说明来意时老师热情接待我的场景。我原以为学习历史出身再读哲学博士是我的短板，但老师随后的一句话彻底打消了我的疑虑。老师说，"你从史学跨专业报考比较冷门的哲学，说明你对哲学确实是有兴趣的。学哲学一是兴趣，二是要下工夫。"老师的话给了我很大信心和鼓励。在追随老师学习的这些年里，我彻底改变了自己的人生道路和人生命运。从2004年第一次听老师讲座算起，到现在我已经认识老师十多个年头了。老师的头发渐渐白了，也稀了，但精神依然那么矍铄。每次看到老师在自己的办公室聚精会神地做研究，总想上去劝老师多休息，但又不忍心把老师从思想的遨游中突然打断。

衷心感谢我的硕士生指导老师许兆昌先生。许老师对自己弟子的培养既是最宽松的，又是最严格的。你可以根据自己的秉性做精细的考据工作，也可以做宏观的思想阐释，但不管做什么，都必须要做实了。除了学问,许老师在生活中对我的呵护也让我备受感动。我有个习惯,有什么事,都不由得询问许老师,但不管大事小事,老师每次都事无巨细地交代、嘱咐。这些年,许老师在自己弟子身上没少操心,甚至超过自己的孩子。也正因为这样,许老师赢得了弟子发自内心的敬重,同门师兄弟都对老师有一种父亲般的依恋。

感谢哲学系孙利天老师、贺来老师、张盾老师,以及历史系马卫东老师,这些老师的思想让我受益良多。感谢王庆丰、朱文君、李慧娟、程彪、王福生、吴友军、隽鸿飞、郭艳君、田忠锋、杨淑静、高广旭、杨晓等师兄师姐,有你们的陪伴,让我的博士生活备感温暖。感谢周丹、王英、赵江飞、邢国凯、孙慧、白音、庄忠正、刘丽红、石佳、刘建卓、高超,还有历史系的王坤鹏等师弟师妹,和你们在一起,让我的生活不再枯燥,变得丰富多彩。感谢侯小丰师姐、高云涌师兄、王海锋师兄、刘君老师、周勤勤老师、谢雨佟老师、刘荣军老师、张家鹿老师、颜关明老师、杨晓伟老师对我的论文的指导和帮助。

感谢博士毕业论文答辩评委王南湜教授、高文新教授、胡海波教授,你们的宝贵意见是本书修改的重要依据。感谢中国社会科学出版社王曦女士,早已听说过王老师,但至今仍未谋面。看到您在我的书稿出版事宜上付出的辛劳,还有您每次在电话里都如此热情,让我备受感动。

最后,我也要感谢我远在陕北农村的父母、弟弟和侄女。在我漫长的求学过程中,他们一直默默地支持着我。感谢妻子张晓明,她几乎承担了家里的全部家务,让我这个"懒汉"能有"闲暇的时间"进行浅薄的理论思考。